国家新闻出版广电总局迎接党的十九大精品出版选题

匠心

——走近中国院士

李舒亚 著

全 国 百 佳 图 书 出 版 单 位
 时代出版传媒股份有限公司
安徽人民出版社

图书在版编目（CIP）数据

匠心——走近中国院士 / 李舒亚著 . -- 合肥：安徽人民出版社，2017.10

ISBN 978-7-212-09893-3

Ⅰ . ①匠… Ⅱ . ①李… Ⅲ . ①院士－生平事迹－中国－现代 Ⅳ . ① K826.1

中国版本图书馆 CIP 数据核字 (2017) 第 247170 号

匠心——走近中国院士

Jiangxin——Zoujin Zhongguo Yuanshi

李舒亚　著

出版人：徐　敏　　　　　　　　　　选题策划：刘　哲　吴　亮
责任编辑：徐　敏　陈　娟　　　　　　责任印制：董　亮
装帧设计：宋文岚　陈　爽　　　　　　责任校对：方贵京

出版发行：时代出版传媒股份有限公司 http://www.press-mart.com
　　　　　安徽人民出版社 http://www.ahpeople.com
地　　址：合肥市政务文化新区翡翠路 1118 号出版传媒广场八楼　　邮编：230071
电　　话：0551-63533258　0551-63533259（传真）
制　　版：合肥市中旭制版有限责任公司
印　　刷：安徽新华印刷股份有限公司

开本：710 毫米 ×1010 毫米　1/16　印张：24.75　字数：323 千
版次：2017 年 10 月第 1 版　　　2017 年 10 月第 1 次印刷

ISBN　978-7-212-09893-3　　　　　定价：60.00 元

中国院士与匠心精神
（代　序）

　　"中国科学院院士、中国工程院院士是我国科学技术界、工程技术界的杰出代表，是国家的财富、人民的骄傲、民族的光荣。"

　　这是习近平总书记给予两院院士的高度肯定与评价。

　　今日之中国，神舟载人、蛟龙潜水、嫦娥探月、"辽宁"巡海、高铁出国……一项项成绩如闪耀的明珠，凝聚着许多两院院士的艰辛付出。他们每个人虽然只是一个或多个学科之一员，但都是一滴滴创新的水珠、一朵朵科技的浪花，都有自己不同寻常的艰辛探索和矢志不移的匠心打造。作为当代中国科学家的杰出代表，他们在航空航天、计算机、数学、医学、生命科学、农业、工业、建筑等多个领域创造了累累硕果，为中国和世界贡献了无数科技创新成果，对世界文明进步影响深远、贡献巨大；他们的人生历程，突出地体现了时代的创新精神，也实践着最宝贵的匠心精神。正是千千万万这种水珠浪花，汇成波澜壮阔的力量，推动着中国这艘巨轮扬帆远航。

　　说起匠心精神，人们很容易想到传统工匠的"斗拱"技术和故宫的角楼，甚至也想到了现代制造业精雕细琢、精益求精的技术打

磨。不错，这些领域确实包括了匠心精神，那么当代中国科学家们是不是也同样具有这种"工匠精神"呢？工匠在他们的日常工作中，是不可以有半点马虎，不允许有丝毫懈怠的。在研究所里、在实验基地、在野外考察中，科学家们难道不是同样需要这种精神吗？做科研很琐碎，甚至很枯燥，有的时候，因为不顺利，甚至遭遇挫折，会让人心烦意乱、退缩不前。在这样的情况下，要想做好研究和实验，就需要克服和战胜这些不良情绪，必须具有忍受孤独、耐住寂寞、持之以恒、坚韧不拔、永不言弃的精神，去努力做好自己的研究课题和实验项目。从工作的场景来看，这样的科学家与工匠们又有多大的区别？新中国成立 68 年来，中国在科技领域取得了令世界瞩目的重大成果，为我国成为一个有世界影响的大国奠定了重要基础。每一项重大科技成果的取得，都映现着以两院院士为代表的中国科学工作者可贵的科学精神和匠心精神。

"聪者听于无声，明者见于未形。"在中华人民共和国六十八华诞，党的十九大召开之际，为彰显时代精神、深化理想信念教育，安徽人民出版社与人民画报社合作，策划出版《匠心——走近中国院士》，可以说，适逢其会、恰逢其机。

这本书精选了 32 位对国家科技进步作出重大贡献、国际知名的杰出院士，以人物传记的笔法、图文并茂的方式，记录这些院士追求真理、报效国家、造福人民的人生历程，从多个方面展现他们的高尚品格与非凡成就，彰显中国当代科学家的精神和人格魅力。书中，有"用杂交水稻战胜饥饿"的袁隆平，"此生最爱'放卫星'"的孙家栋，用"旧基因搭出新世界"的范云六，等等。值得一提的是，文章内容主要来自作者独家、一手的专访，并辅以大量珍贵的院士生平及科研史料，内容的呈现既有广度，也有深度；图片除了有人民画报社的独家拍摄，还有大量来源于院士本人的珍藏，非常珍贵。

匠心精神，就是耐得住寂寞，忍得住诱惑，吃得了苦头！"盖有非常之功，必待非常之人。"面对物质诱惑，能否不忘初心，坚定理想信念？面对浮华喧嚣，能否坚守一份宁静，保持一颗探赜索隐的匠心？匠心精神，也是解放思想，大胆创新，勇于攀登！面对种种质疑，能否敢于不走寻常路，将不可能变为可能？面对无数失败，能否永不言弃，仍有坚持到底的锐气？在科研环境越来越好的今天，32位两院院士的宝贵品质，依然对我们有很强的借鉴意义。他们代表的是一种时代精神，影响的是一代又一代年轻人。真诚希望此书的出版，能让更多普通读者走近院士、了解院士、学习院士，真正做到崇德向善、不断进取、锐意创新、勇攀高峰，努力创造出无愧于时代的业绩！

中国科学院文联主席　郭日方

目录 Contents

陈和生 纳宇宙于粒子

陈和生(1946—　　　),粒子物理学家,中国科学院院士。

"粒子是目前人类认识物质的最小结构单元,粒子物理学家们通过研究粒子试图揭示宇宙更多的奥秘。"

"基础学科看似离人们的生活比较远,但20世纪的许多新技术都是由物理学转化而来。"

引言

Introduction

　　无论从哪个角度看,陈和生都特别符合人们心目中的科学家形象。

　　他高大魁梧,戴着厚厚的眼镜。小时候,他是勤奋好学、名列前茅的好学生。长大后,他是一丝不苟、孜孜不倦的科技工作者。他没什么业余爱好,因为"没有时间"。即便是讲述亲身经历,他也倾向于进行抽象的总结,而不是描述具体的场景和故事。面对相机镜头,他有点拘谨,不知该如何摆出合适的姿势。而一旦谈起粒子物理与宇宙奥秘,他立刻松弛下来,谈笑风生,并辅以丰富的手势。

　　他早年毕业于北京大学物理系,后师从诺贝尔物理学奖得主丁肇中,获美国麻省理工学院博士学位,学成归国后成为新中国自主培养的第一位博士后。他曾任中国科学院高能物理研究所(以下简称"高能所")所长,长年致力于国际前沿的粒子物理学研究,是中国当代最杰出的粒子物理学家之一。

"上帝粒子"：拼图的最后一块

2012 年 7 月 4 日，欧洲核子研究中心（CERN）发现疑似"上帝粒子"的新闻震动了世界科学界，因为这可能意味着"人类对宇宙的理解，将要改变"。

"在探索上帝粒子的过程中，中国科学家是全程参与者。"作为参与了欧洲核子研究中心多项研究的中国学者，陈和生颇感自豪。

所谓"上帝粒子"，它在物理学中的标准名称是"希格斯玻色子"。由于它极其重要而又难以寻觅，故获得了"上帝粒子"的别称。为什么说它极其重要？陈和生解释，这要从物理学在 20 世纪的三次跨越说起。

人类发现原子由原子核和电子构成，形成了原子物理学；又发现原子核由质子和中子构成，形成了原子核物理学；最后发现质子和中子由更小、更基本的"粒子"构成，这就形成了粒子物理学。

经过长期研究和探索，科学家们建立起了粒子物理的"标准模型"，把基本粒子分为三类，即夸克、轻子与玻色子，并对所有已知粒子正确地分类，预言了若干新粒子的存在。这些新粒子中，除希格斯玻色子以外，其余均早已在实验中被发现。而在"标准模型"中，希格斯玻色子是物质的质量之源，其他粒子都是在由它构成的"海洋"中游弋，与其作用而产生质量，进而构筑了大千世界，诺贝尔物理学奖得主利昂·莱德曼曾形象地称它是"指挥着宇宙交响曲的粒子"。然而，恰恰就是这最为关键的希格斯玻色子迟迟未能被发现，成为物质在粒子微观层面的结构拼图中缺失的最后一块。

希格斯玻色子极难寻觅，进行万亿次以上的质子对撞才能产生一个，且信号微弱，寿命也十分短暂。标准模型对其质量大小也没有预言。为了寻找它，全世界的物理学家们已经努力了近半个世纪。

　　欧洲核子研究中心是当今世界上规模最大的粒子物理学实验室,位于瑞士日内瓦,在欧洲有 20 个成员国,并吸纳了中国、美国、日本等其余大洲的多个成员国参与合作,被视为国际合作的典范。陈和生介绍说:"寻找'上帝粒子'所需的资金、人力、物力和技术,已经超过了任何单一国家的承受能力。因此,国际合作是粒子物理研究的唯一选择。中国科学家在探测器研制、运行、数据分析等方面都有重要贡献。"

　　宣布找到"上帝粒子"的大型强子对撞机(LHC)是目前世界上规模最大、能量最高的粒子加速器,它自 1994 年立项,建成于 2008 年,耗资百亿美元,由各国共同打造,寄托了全人类探索物质世界的共同梦想。欧洲核子研究中心组织了 CMS 和 ATLAS 两个实验小组,分别寻找希格斯玻色子,这是人类有史以来投资最多、规模最大、参与科研的人数和国家最多的实验。2012 年 7 月 4 日,CMS 和 ATLAS 两个小组均宣布,发现了疑似希格斯玻色子的新粒子,引起轰动。

　　那么,人类真的找到"上帝粒子"了吗?

　　在科学家们进行了长达半年的精确论证后,2013 年 3 月,欧洲核子研究中心正式宣布,先前探测到的新粒子正是希格斯玻色子。同年 10 月,分别独立预言希格斯玻色子存在的两位物理学家弗朗索瓦·恩格勒和彼得·希格斯荣获诺贝尔物理学奖。对此,陈和生表示:"全世界物理学家期盼已久,两位科学家获奖众望所归。"

物理学家的成长之路

　　物理,即关于物质的原理,是陈和生一生痴迷的所在。他 1946 年生于湖北武汉,虽生在旧中国,但长在红旗下,从小酷爱学习。高一时得到一本爱因斯坦所著《物理学的进化》,他读得津津有味,从此对物理产生浓厚兴趣。

陈和生：纳宇宙于粒子

1964年，中国第一颗原子弹爆炸成功时，18岁的陈和生刚刚以湖北省高考物理单科状元的成绩考入北京大学技术物理系原子核物理专业，学制六年。然而，只平静地学习了不到两年，"文革"风潮席卷全国，陈和生迫于形势不得不参加一些"活动"，但仍想方设法找机会看书，结果被人写了一张"文革中仍成天捧着书本不放的陈某某"的大字报。

毕业后，陈和生被分配到河南信阳的解放军农场劳动，两年后到湖北沙市三中教书，后又被派到武汉自动化所工作。他将这段经历描述为"使我对中国的国情和现实有了更深刻的认识"。不论走到哪里，他都带着专业书，还订阅不少外文科学刊物，利用晚上的闲暇来学习"一些本来该在大学里学习的东西"。

尽管走过一段弯路，但在许多人看来，陈和生仍是幸运的。他毕业于中国知名学府，又在1978年中国恢复招考研究生后考入中科院高能所，后来被选派出国，在诺贝尔奖得主丁肇中主持的德国汉堡实验室做访问学者，一年后获选跟随丁肇中到美国麻省理工学院攻读博士学位。1984年9月，邓小平会见丁肇中，讨论培养中国自己的博士后问题，丁肇中推荐已在麻省理工学院做了半年博士后研究的陈和生回到高能所。于是，陈和生成了新中国自己培养的第一位博士后。

可是，陈和生也有他的苦楚。"文革"使他在黄金年华未能安心地学习和科研，当他在麻省理工学院获博士学位时，已经38岁。所以，当年，陈和生初次到德国时，完全无暇领略异国风情，第二天就投入工作。到汉堡仅两个月，陈和生就解决了实验室里一个长期未解的国际难题，令大家对他刮目相看。他周末极少休息，每天工作至凌晨。他想，自己的勤奋和踏实大概也是丁肇中在众多学生中选择他到美国留学的重要原因之一。

丁肇中在物理学界是出了名的严师。众人皆知，在丁教授身边工作绝

非易事,甚至是件"苦差事"。但陈和生从不叫苦,他满脑子想的都是"要珍惜来之不易的学习机会"。在麻省理工学院,他只花13个月就完成了别人通常要花两三年才能完成的博士课程和考试。他学习太过投入,以至于在麻省理工学院待了一年多,被问及对美国的印象,仍是一脸茫然,只能回答"没注意,我的全部时间都用来学习了"。

陈和生认为,丁肇中先生对他最重要的影响在于,教会了他严谨的科研方法,"从不允许发表的物理研究结果有任何差错";还使他得以接触到国际最前沿的物理学课题。

1984年5月,陈和生在美国麻省理工学院通过博士论文答辩后,与导师丁肇中(左)一起参加庆祝聚会

在陈和生看来,科研工作的关键其实就是三件事:分析问题,解决问题,最后得出正确的判断。至于如何锻炼分析问题和解决问题的能力,他认为,不断实践是唯一方法,另外,可能还需要一点点天分。

陈和生回国后,丁肇中送给他一台高性能计算机,计算能力超过了当时高能所性能最好的计算机。提及恩师对自己的关怀,还有对于中国高能物理发展的支持,陈和生至今感念不已。

1998 年,由陈和生主持研制的大型永磁体,解决了几十年来不能将大型磁体送入外层空间运行的世界级技术难题,并作为阿尔法磁谱仪的核心部分搭乘美国"发现号"航天飞机成功进入太空,成为人类送入太空的第一个大型磁体。

2011 年,事隔 13 年后,阿尔法磁谱仪进入国际空间站,用于探测宇宙中的奇异物质,包括暗物质和反物质。该项目被看作是继人类基因组计划、国际空间站计划和强子对撞机计划之后的又一个大型国际科技合作项目。

1996 年,陈和生在阿尔法磁谱仪的大型永磁体中

"这是人类第一次在外层空间开展粒子物理实验,去寻找暗物质和反物质。"对于这个"第一次",陈和生也充满期待,他说:"现有物理学理论所能认知的物质只占宇宙构成的 4%,剩余 96% 则是暗物质和反物质,现在的物理学无法解释。这是 21 世纪物理学面临的最大挑战。"

与高能所共成长

在中科院高能所主楼大堂一侧的墙面上,镌刻着 1972 年 9 月 11 日周恩来总理的批文:"这件事不能再延迟了。""这件事",指的就是建立中国自己的高能物理研究机构。

"高能物理,其实就是粒子物理,因为过去研究粒子的途径主要是通过高能加速器,所以又被称作高能物理。但是,现在又包括了许多非加速器

物理实验,所以粒子物理的说法更为准确。不过,作为机构名称,有其历史沿革,不宜轻易变动,国外也是这样,所以高能所的名字保留至今。"陈和生解释道。

1973年,中国科学院高能物理研究所成立。1988年,陈和生和同事们一起欢庆北京正负电子对撞机(BEPC)对撞成功,中国终于也有了最先进的研究物质微观世界的"武器",成为世界八大加速器中心之一。这被视为中国科技发展史上的重要里程碑。邓小平在参观北京正负电子对撞机时说:"中国必须在世界高科技领域占有一席之地。"这句话被镌刻在了高能所主楼大堂另一侧的墙面上。

1998年,陈和生接任高能所所长,主持制定了中国高能物理发展战略,调整高能所学科发展方向。

在接下来的十余年里,他一方面结合国际粒子物理最新发展,提出加强非加速器物理实验研究,如粒子天体物理实验、羊八井宇宙线观测和大

1998年6月,阿尔法磁谱仪(AMS)第一次升空期间,
陈和生(左)在美国约翰逊航天中心值班

亚湾反应堆中微子实验等，发现了一些新粒子，做出了许多世界一流的科技成果。同时，他还领导高能所加强国际合作，取得了一系列卓著的成果。另一方面，他主持北京正负电子对撞机重大改造工程（BEPC Ⅱ），将高能加速器性能提高了近百倍，使之成为国际上最先进的双环对撞机之一。

改造工程历时 5 年，耗资 6.4 亿元人民币。对此，陈和生反复与团队强调"绝不能白花纳税人的钱"。正负电子对撞机是人类研究物质微观结构的工具，就好比显微镜之于细胞。有了性能更好的对撞机，就可能带动许多关于物质的新发现。例如，在抗击"非典"（SARS）期间，清华大学和中科院生物物理研究所的科学家就用北京正负电子对撞机同步辐射光源研究了 SARS 病毒蛋白酶的结构。陈和生表示，未来，高能所计划在北京建造一个更大、性能更先进的同步辐射光源，以满足诸多学科日益增长的需求。

如今，陈和生被视为中国粒子物理学家中的佼佼者，亦是科研论文被国际同行引用频次最高的中国科学家之一。他于 2005 年当选为中国科学院院士，2011 年年底卸下了高能所所长的职务，但仍然担任北京正负电子对撞机国家实验室主任，主持中国散裂中子源工程建设，指导一系列研究工作。

在陈和生眼里，物理学是一门探索自然界奥秘的兴味无穷的基础学科。他说："基础学科看似离人们的生活比较远，但 20 世纪的许多新技术都是由物理学转化而来，例如原子能、半导体、电视、计算机、激光、手机等，它们都对人类产生了深远的影响。最早的互联网，也是粒子物理学

2005 年 12 月，陈和生在北京谱仪 Ⅲ 探测器建造现场

家们出于数据共享的需要而被发明出来。"

令陈和生有些担忧和遗憾的是,过去好学生都想做科学家,争着学物理,而现在,"成绩最好的学生往往去学经贸、法律等学科,愿意学基础学科的太少了"。不过,他还是对中国粒子物理学的前景充满信心:"虽然现在选择基础学科的学生少了,但是对有志于从事物理研究的年轻人,我们会尽可能地提供条件,让他们过上小康生活,安心搞研究。过去,因为'文革'曾一度出现人才的断档;现在,很多三四十岁的青年人已经开始挑大梁了。"

经过几代人的努力、四十余年的发展,今天,中科院高能所已成长为世界名列前茅的粒子物理研究机构。2015 年 10 月,高能所宣布,中国将于 2020 年至 2025 年间开始建造世界最大粒子加速器,比目前全球最大加速器欧洲核子研究中心的强子对撞机 LHC 还要大上 2 倍,以帮助科学家们更进一步探索宇宙的奥秘。

陈和生对物理学的未来满怀憧憬,他认为:"物理学正处于重大发现的前夜。21 世纪,一定会再出现一位像爱因斯坦那样伟大的天才,将人类对宇宙的认识带入一个全新的时期。"

陈景润 像孩子一样纯真

　　陈景润（1933—1996），数学家，中国科学院院士，首届华罗庚数学奖获得者。

"时间是个常数，花掉一天等于浪费24小时。"

"睁着眼睛就是还不困，就应该工作。"

"攀登科学高峰，就像登山运动员攀登珠穆朗玛峰，要克服无数艰难险阻，懦夫和懒汉不可能享受到胜利的喜悦和幸福。"

引言
Introduction

"自然科学的皇后是数学,数学的皇冠是数论,哥德巴赫猜想则是皇冠上的明珠。"中学时代,孤僻而独爱数学的陈景润从老师那里第一次听说了这个世纪难题。多年后,他成为世界上距离摘取这颗明珠最近的人。

1966年,陈景润成功证明"1+2",使人类距离完全证明哥德巴赫猜想仅一步之遥。1978年,徐迟的报告文学《哥德巴赫猜想》发表,在知识分子由"臭老九"转为"第一生产力"推动者的改革春风中,陈景润成为一个时代的偶像。

作为著名的数学家,陈景润在徐迟笔下因忘我思考而撞树的"痴人"形象,在人们心目中可谓根深蒂固。然而,在他生命中最亲近的人——夫人由昆时而欢欣喜悦、时而泪光闪动的追忆里,我看到了一个完全不同,也许更为真实的陈景润。如果说过去广为流传的都是他戴着眼镜、趴在书稿堆里埋头演算的"书呆子"模样,那么,这一次,关于他的画面则定格在和家人在一起、写满慈爱和幸福的笑容中。

"做梦也没想过会嫁给他"

早春时节，阳光明丽。在京城西郊，解放军总医院第二附属医院的放射科主任办公室，由昆身披"白大褂"，配牛仔裤、运动鞋，和蔼地笑着说："我们现在也放松了，平时不一定穿军装，这样更轻松随意些。"

眼前的这所医院，于由昆而言有着非凡的意义。当年，她就是在这里（时称解放军三〇九医院）与陈景润相遇。如今，陈景润先生已离世多年，但回首往事，由昆仍感到历历在目。她饱含深情地说："如果说他'白专'，那真是冤枉他了。无论作为学者，还是丈夫和父亲，他都是称职而优秀的。"

1978 年，45 岁的陈景润已是誉满天下的数学家。在他此前的个人历史里，有童年的孤寂，有少年遭遇战争的惊惶迷惘，有新中国成立后考入风景如画的厦门大学、驰骋在数学海洋里的沉醉，有毕业后在北京四中当老师却不擅表达的苦闷，有被华罗庚先生慧眼识珠、加入中科院数学所后的废寝忘食，也有"文革"时受到不公正待遇，仍坚持在不足 6 平方米的斗室里、一盏煤油灯下昼夜不舍地演算，直至攻克"1+2"难题[1]，将"哥德巴赫猜想"推进了极为关键的一步，并创建了新的加权

数学家陈景润

---

[1] 哥德巴赫猜想，是 1742 年德国数学家哥德巴赫在致瑞士数学家欧拉的信中提出的一个猜想：任一大于 2 的偶数都可表示成两个质数（也称素数）之和，被记作"1+1"。哥德巴赫与欧拉终其一生未能完成证明。此后，全世界的数学家们前仆后继地试图推进对它的证明。1966 年，陈景润证明了"1+2"，完成论文《大偶数表为一个素数及一个不超过二个素数的乘积之和》，被称作"陈氏定理"。

筛法及广为国际数论界称道的"转换原理",引起轰动……在这个不乏传奇色彩的故事里,陈景润似乎一直是一位在数学的崎岖山路上只身攀登的孤独英雄,有理想、恒心和毅力,独与爱情无关。

数学家华罗庚、陈景润、杨乐、张广厚(左起)是1978年全国科学大会上最引人注目的科学家群体

报告文学《哥德巴赫猜想》发表后,陈景润成为一代人的精神偶像,在收获荣誉和尊敬的同时,求爱信也堆成了小山,组织和领导也十分关心他的"个人问题"。然而,他都淡淡地推却了。直至遇到由昆,那朵属于数学家的爱情小花姗姗来迟地悄然绽放。

那一年,全国科学大会在北京召开,多年积劳成疾的陈景润在邓小平同志的亲自关怀下,被送进解放军三〇九医院的高干病房。而当时27岁的由昆受武汉军区选派,正在这所医院进修实习。

听说大数学家住进了医院,由昆同小伙伴一起去"看稀奇"。她回忆说:"说实话,我在认识我先生之前没有看过那篇报告文学,只知道一点,也没有很在意。第一印象是,这个人很随和,蛮客气,没有什么架子。"

由昆并不是陈景润的主治医生，但在值班时每天要到高干病房查房，相交渐密。由昆爱学习，每天查完房，就在病人晾晒衣服的阳台上听广播学英语。一天，陈景润问由昆："我们能一起学外语吗？"从此，两人开始结伴学习。由昆那时并不知道，陈景润一生嗜好唯有数学和外语。从学生时代起，为了能直接查阅世界各国一手的数学文献，陈景润不仅擅长英语、俄语，还自学了德语、法语、日语、意大利语、西班牙语等多国语言。

又有一天，陈景润问由昆喜欢吃米饭还是面食，她不解其意，回答说喜欢米饭。陈景润便笑逐颜开、手舞足蹈地说："那太好了，我喜欢吃面食。"原来，当时米和面均限量供应，一家人喜欢吃不同类粮食更能"互补"。

由昆也觉得陈景润人好、有才华，但只把他当师长，"做梦也没有想过要嫁给他"。但陈景润显然不这么想，一天，他用仿佛在自言自语的口吻轻声说："我们要是能在一起就好了。"由昆吓得立刻脱口而出："你开什么国际玩笑？"陈景润只好自我解嘲："是的，是的，您那么年轻漂亮，我年纪大，身体又不好……"由昆赶紧收起书逃之夭夭。几天后，轮到由昆值班查房，陈景润小声地对她讲："对不起，由医生，我们还是一起学英语吧。是我不好，乱说话。"

可是，又过了一段时间，陈景润还是忍不住旧事重提。由昆告诉他："真的不可能。第一，女孩子做的事，比如做饭、打毛衣之类，我全不会。第二，我的脾气也不太好。"陈景润却说："不会做饭，我们可以吃食堂。你穿军装，就把你穿剩下的给我穿也没关系。我会让着你，肯定不会跟你吵架。"最后，他使出了"撒手锏"："如果你不同意，我就一辈子不结婚。"

那夜，由昆失眠了。"压力太大了。我相信他真能说到做到，你能感受到他的执着。"这一次，由昆被打动了。她想："如果他这辈子真不结婚，生活不好的话，我能幸福和安心吗？"

由昆认真地给家里写了一封信,父亲也回了一封长达十几页的信。最终,她决定接受陈景润真挚的感情。

数学家的幸福婚姻生活

两年后,陈景润和由昆结为伉俪。婚后三年,由昆才从武汉军区正式调到北京。嫁给这位声名远扬的"书呆子"数学家,一定要有所牺牲,这是由昆在做决定时已有的心理准备。但与外界不少人的猜想大相径庭的是,他们的婚姻生活令由昆由衷地感到幸福和满足。

陈景润有句名言:"攀登科学高峰,就像登山运动员攀登珠穆朗玛峰,要克服无数艰难险阻,懦夫和懒汉不可能享受到胜利的喜悦和幸福。"他将大多数时间都花费在了"办公室",即家中的书房,研究生也是来家里上课。而由昆要到医院上班,还时常值夜班。虽然二人能共处的时间并不算多,但让由昆感到暖心的是,每天上班前,陈景润必定要同她道别;下班回家时,陈景润听见她的脚步声,一定会从书房出来,拍着手欢喜地说:"由回来了!由回来了!""由"是陈景润对妻子的爱称。

陈景润也希望像别的丈夫那样陪妻子逛街、逛公园。于是,他带着由昆清晨五点坐公交车去北京植物园,到了八九点钟其他人前往时,他们已经在返回的路上,并不影响工作。他声称要陪由昆逛街,又掏光两人身上的钱,说:"带钱的话,买东西很浪费时间。我今天先陪你看一看,选好了明天你再自己来买。"只为让妻子体会一下有丈夫陪着逛街的感觉。"你说气人不气人,太可爱了,有时候觉得他真像孩子一样纯真。"由昆微笑着说,"其实,我先生的感情很细腻,他只是没有多少时间去跟别人交往、闲聊。"

由昆尤其难以忘怀的是儿子出生时的情景。当时,需要家属在手术单上签字,可陈景润无论如何不肯签,一定要院方保证不出现任何危险。最后,逼得实在没办法,陈景润便在别人签"同意"的地方认认真真地写下一行字:"务必保证我妻子由昆术后身体健康,能正常工作。"医生又问:"一旦出现问题,保大人还是孩子?""当然是大人!"陈景润毫不犹豫地回答。这一句,令由昆感念一生:"按道理,他当时年纪大了,孩子对他很重要。当时就觉得,这辈子嫁给他,没有错!"

儿子满月后,由昆像是久在牢笼里,复得返自然的小鸟,出门大大采购了一番。回家后,陈景润对她说:"由啊,以后有的东西不需要就不买了,孩子以后上大学是要自费的。"由昆以为他只是吓唬她,因为那时上大学都是免费的。可是,等孩子长大后,上大学果真开始自费了。"所以,别看他平常埋头钻研学问,但是他对事物、时代的发展都是很在意、很有想法的。"由昆说。

在数学上,陈景润一向以严苛著称,不少学生都曾因计算疏忽大意挨过他严厉的批评。数学家潘承彪先生曾评价陈景润说:"如果要你审查他的稿件,实际上你可以把他的稿子在抽屉里放一段时间,然后签上名寄回编

1994 年 5 月 22 日,陈景润生日时的全家福

辑部就行了——你完全可以对他放心。"但在数学之外,陈景润就显得"马虎"许多,他对吃穿用度毫不在意,对他人也颇为大度。曾有"文革"时批斗过他的人申请留学,请他写推荐信,他很认真地写了,那人也因此顺利申请到国外大学。由昆多少有些愤愤,陈景润和颜悦色地说:"他当年也是受时代和环境的影响。再说,如果他学成归来,不是能为国家做更大贡献吗?"

陈景润温厚的性格使由昆倍感温暖。哪怕只是为他倒一杯茶,陈景润也一定会说"谢谢由"。他从未跟妻子红过脸,更从不打骂孩子。他一生与时间赛跑,平均每天只睡4小时,奉行"睁着眼睛就是还不困,就应该工作",但他仍然愿意去排长队给由昆买鱼和鸡等营养食品,每天都挤出时间陪儿子玩耍。儿子取名陈由伟,小名欢欢,1岁会背儿歌,2岁已会不少英语单词。陈景润用扑克牌教他识数,用糖果教他算术。尽管孩子出生前夫妻俩曾讨论过,"如果是儿子,最好学数学;如果是女儿,最好学医学",但是,真到了儿子懂事时,陈景润的态度则是"顺其自然,绝不勉强"。

一次,两岁多的小欢欢用彩笔在家里所有触手可及的壁纸上"作画",由昆气坏了,拽着孩子的小手轻打了三下。那是陈由伟从小到大唯一一次挨打,陈景润却罕见地有些生气了,用他一贯较慢的语速说:"不要对孩子这样的态度,要跟他讲道理,他在发挥他的智慧。"转身又对儿子说:"小欢欢以后再也不要这样了啊,爸爸给你纸,每次你画的画爸爸都给你挂起来。"从此,家里的走廊便成了儿子的"画廊"。"他还真挺有办法的。"由昆佩服道。

那时,每天晚饭过后,陈景润看新闻,由昆为他按摩,儿子给他捶腿,由昆讲一些外面的见闻,儿子跑前跑后,一家人其乐融融。每每回想起那段时光,由昆总会格外怀念。这位历经坎坷的数学家,终于在晚年享受到了寻常人家的天伦之乐。

先生离开的日子

1984 年，陈景润在过马路时被一辆自行车撞倒，后脑着地，酿成意外重伤。这对身体一直比较虚弱的他可谓雪上加霜，不久，诱发了帕金森综合征。此后的 12 年里，陈景润的大半时间是在医院里度过。在那段漫长的岁月，由昆一边上班，一边照顾年幼的儿子，一边还要到医院照顾先生，殊为不易。事实证明，陈景润真的娶了一位好妻子。

由昆尽其所能地照顾丈夫。那时，家里做三种饭——先生一种、儿子一种、她和保姆一种。那时冬天水果很少，由昆给陈景润买六块多一斤的苹果，只告诉他几毛钱一斤。她说："我先生一生节俭，只要他吃得高兴就好。当时经济条件也不太好，不过，给先生和儿子买东西我从来都很大方。我想，自己省一点就好了。"

12 年里，由昆从未请过一天事假。值完夜班后，来不及休息，赶紧吩咐保姆煲好汤，她便带上匆忙赶往医院。"倒三趟车，还要走很远的路，带两个网兜，在路口买上水果。就跟农村人进城似的，也顾不上好看不好看了。"一次，由昆看路边卖的西瓜好，买了一大两小，扛到六楼的病房时，全身被汗水浸湿，陈景润心疼得不得了，她情不自禁地哭了。

"真的很难，但是我愿意！"由昆说，"嫁给他时已经做好了准备，肯定是要照顾他一辈子。人与人之间的缘分真的很奇妙，你真会心疼他，舍不得他受一点委屈。"

即使住院期间，陈景润也从未有一天间断研究。他讲："时间是个常数，花掉一天等于浪费 24 小时。"所以，他经常在医生快查房时佯装休息，过后又起身继续工作。医生跟由昆"告状"，由昆找陈景润"算账"："咱们先把身体养好，以后工作的时间不是更长吗？"可陈景润说："如果不能工作的话，

要我干什么？"

1996年3月19日，在连续2个月不能工作后，陈景润在北京医院与世长辞。他是睁着眼睛离开的。由昆说，他最遗憾的有两件事：一是未能看着儿子长大成人，二是未完成"1+1"。

先生的离开，在很长一段时间里，始终令由昆难以释怀。每每忆起往事，她感到自己的心就像在泪水里浸泡过一次。但她慢慢想通了，要自强，要完成答应过先生的事，要好好把孩子抚养成人。

在调整了近一年半后，由昆开始全身心投入工作中，同时好好抚养儿子。她于1999年升任放射科主任，2000年评上正高级职称。当初，陈景润病倒时，部队曾提出，由昆可停职专心照顾陈景润，军籍和级别保留。但陈景润坚决不同意，坚持让她马上回医院："部队培养你，不能为我一个人服务。"这样，由昆才没有从岗位上退下来。对此，如今的她满怀感激："我也是后来才意识到，他是在为我考虑。现在科技发展得那么快，如果我当年放弃了，现在就只能是一个家庭妇女了。我现在活得很充实，也给我儿子做出了榜样。"

儿子陈由伟幼时看父亲研究数学辛苦，曾刻意回避数学，长大后到加拿大留学，选择了国际商贸专业。有一天，他忽然跟妈妈说，想转到应用数学系，"我觉得越来越喜欢，也觉得应该圆爸爸的梦。"由昆备感欣慰，她觉得先生的很多优秀品质在儿子身上得以延续。"也许是家庭和谐氛围的影响，他真的很像爸爸，待人接物都很懂事得体。"

至今，陈景润已离世多年。哥德巴赫猜想仍是世界三大数学猜想中唯一尚未彻底解决的难题，陈景润的成果仍是关于这个问题最好的成果。他在多元复变函数、孪生素数猜想、殆素数分布等解析数论问题中的贡献与创造性思想，仍为业内所称道。他像殉道者一般对数学的执着精神，闪耀着纯粹的理想主义光芒,仍为世人所叹服。

而由昆觉得,陈景润一直活在她的心里。她说:"我先生这一辈子有遗憾,不到63岁就离开了。但是,他有过一个幸福的家庭。我相信,他一定为此感到欣慰。我也是。"

戴汝为 集大成 得智慧

戴汝为（1932—　　），控制论与人工智能专家，中国科学院院士，曾获"中国系统工程终身成就奖"。

"严谨、求实，这不是套话，是真的重要。"

"没有兴趣，很难做好什么事。不要把眼光禁锢在教科书里，要博古通今。不要墨守成规，要标新立异。坚持正确方向，一做到底。"

"人生最重要的是要有智慧，而智慧源于独立思考。"

引言
Introduction

人工智能正成为全球最热门的领域。而早在 20 余年前，戴汝为已开始致力于"复杂巨系统"和"人机结合的智能系统"的研究。

"集大成，得智慧"，这是科学巨匠钱学森晚年提出的科学思想，即利用人机智能，迅速高效地集合古今中外"智慧"之大成，科学而有创造性地去解决现实世界的各种复杂问题。戴汝为是这一思想最坚定、最重要的践行者之一。

戴汝为的学研之路十分顺遂，念过中国一流的小学、中学和大学，后在钱学森先生身边工作多年。他最早将"模式识别"引进中国，是国际自控联委员，曾任中科院自动化所学术委员会主任、中国自动化学会理事长等职。2016 年，他因在系统科学领域的学术造诣和创新性贡献荣获"中国系统工程终身成就奖"。

戴汝为说："未来，'人机智能'大有可为。它与传统人工智能最大的不同在于，它既要充分利用计算机的高性能，又要利用人独有的心智，'人'将作为智能系统中的'成员'加以集成，建立'人机结合'的智能系统。"

"举头望明月，低头思清华"

小时候，戴汝为是听着名教授们的故事长大的。他于1932年的最后一天生于云南昆明。父亲早逝，母亲独自含辛茹苦地抚养他。母亲吴守箴毕业于师范学校，写得一手好字，抗战期间在西南联大教务处工作，常跟儿子讲名教授们如何放弃国外优越生活回到战乱中的祖国，又如何在西南联大"享受"着微薄的"米贴"而投入地从事教研工作。母亲对这些既有学问又爱国的教授非常敬佩，这令年幼的戴汝为模糊地感到，"有知识才能报国"，长大后也要做一个爱国、有学问的人。

青少年时代，戴汝为先后就读于西南联大附小和附中。他中学时的班主任冯钟芸教授后来是北京大学中文系主任，同学的父母也大多是清华、北大、南开的教授。戴汝为自幼聪明，小学"跳级"提前一年毕业上初中。但他生性贪玩调皮，初中的老师多年后还记得，当年个子小小的戴汝为虽坐在教室前排，上课时眼睛却很少看黑板，总转过头跟同学讲话。他最难忘的"一件小事"是，一次英语课上，老师让他跟同桌的女同学对话，对方流利自如，他却目瞪口呆，"平生头一次因为学习的事感到羞愧"。从此，戴汝为坚持每天清晨到翠湖堤畔大声朗读英文，令同学们一度误以为他想要报考北大英语系。戴汝为后来才得知，原来同桌女同学的家庭教师是加拿大人，难怪英语不俗，但他仍然庆幸自己"因祸得福"练就了一口标准美式英语，使日后进行国际学术交流颇为便利。

抗日战争胜利后，清华、北大、南开分别迁回原址。戴汝为回忆说，当年在西南联大附中，他们同学之间流传着一句"名言"："举头望明月，低头思清华。"他也早已有了自己心目中指引方向的"北极星"：考取清华，攀登学术高峰。

1951年，戴汝为告别母亲，背着行李，坐着烧炭的敞篷货车，在云贵高原泥泞崎岖的狭窄山路上颠簸了整整十天，才到达广西金城江，又从那里坐了五天五夜火车，终于抵达北京。那一刻，他和一同"进京赶考"的另四名同学一起哭了。

戴汝为最终如愿以偿地被清华大学数学系录取，后因国家院系调整，随系转入北京大学数学力学系。先后在两所中国最知名的学府学习过，戴汝为最深切的感受是："名义上在哪所学校不重要，最重要的是，有幸得以师从多位名师，打下坚实的知识基础，特别是培养了严谨、求实的科学方法和态度，令我受益终生。"他特意强调说："严谨、求实，这不是套话，是真的重要。"

在钱学森身边工作

进清华时，戴汝为的成绩在班里垫底，但毕业时他已名列前茅。1955年毕业后，他被分配到中国科学院力学研究所工作，恰逢如雷贯耳的大科学家钱学森自美国归来，出任力学研究所所长。因戴汝为出身名校且成绩优异，被分配在钱学森的直接指导下工作，任实习研究员。

戴汝为接到的第一个任务是学习和翻译钱学森的学术著作《工程控制论》。这是钱学森1954年在美国出版的学术专著，将诺伯特·维纳（Norbert Wiener）《控制论》中的世界观和方法论应用于自动化、航空航天、电子通讯等领域，曾在世界范围引起轰动。钱学森回国后，在中关村化学所礼堂专门开设了"工程控制论"课程，学员来自全国各地多个科研单位和高校。

戴汝为回忆说："在那个交通状况远落后于今天的年代，一些青年学子周六晚上从外地连夜赶火车到北京，下车就直奔当时还满目荒凉的中关村，为的就是利用一周唯一的休息日来听著名科学家钱学森讲'工程控制论'。几十年后,在当年的听众中,有人当选了中国科学院院士,有人担任了大学校长,还有人在国家的航天事业中成为领军人物。"

听课并整理讲义印发给学员,这便是戴汝为当时的主要工作。每一份讲义,钱学森都要亲自审阅。对于初出茅庐的"小年轻"来说,想与钱学森对得上话,着实不是易事。戴汝为回忆说:"和钱先生谈话,绝对没法糊弄。如果谈十个问题,你有九个很清楚,钱先生一定会抓住你最不清楚的那一个。他太敏锐太智慧,你的思维在任何地方有一点混乱和漏洞都会立刻被发现。如果你说的含糊其词、逻辑混乱,他会直接扔来一句'听不懂'。如果认为你说的问题不值一提,他就根本不予回答。"

虽然不易,但能够近距离向钱学森学习,获得他的点拨,并在后来长达半个多世纪里不断与他进行学术交流,无论如何是件令人称羡的事。戴汝为的学术水平在这个过程中飞速进步,不少学术思想的火花就在谈话中如电光火石般碰撞产生。而钱学森也颇为赏识这个爱思考的年轻人,在已出版的《钱学森书信》中,有200多封是钱学森与戴汝为之间的往来书信。即使戴汝为后来从中科院力学所转入自动化所,仍始终与钱学森保持着学术

戴汝为到钱学森家中贺寿,两人如往常一样讨论学术问题

交流,他所从事的控制论、模式识别、人工智能等研究,无不在钱学森的指导和影响下进行。对此,戴汝为满怀感激:"这是我一生的幸运。"

心里想的全是学术

自 1957 年至今,戴汝为一直在中国科学院自动化研究所工作,历任自动化所研究员、学位委员会主任及中国自动化学会理事长(该学会第一、第二任理事长是钱学森)等职。

数十年如一日,学术研究几乎就是戴汝为生活的全部。没有节假日,没有周末,春节通常也是在实验室里度过。他一心扑在学术上,无心为官,也从不主动申请什么荣誉或地位;有时外出参加学术活动,他在完成会议议程后即刻返回,从不参加旅游活动,生怕浪费时间。妻子说:"他是一个真正的学者,心里想的全是学术。"

或许得益于这种执着,戴汝为始终走在国际科学前沿。20 世纪 50 至 60 年代,他从事工程控制论与最优控制的研究,解决了用极大值原理解最速控制、终值控制的数值计算难题;70 年代,他最早在国内开展"模式识别"研究;改革开放后,他成为新中国第一批赴美访问学者,受国际著名模式识别专家傅京孙相邀,合作将统计模式识别与句法模式识别相结合;此后,他率先在国内开展了人工神经网络研究,多年潜心探索"复杂巨系统"和"人 – 机结合"。由于出色的学术水平,当年他甚至还未评上副教授,便被国家破格选为改革开放后第一批恢复评选的博士生导师。1991 年,他全票当选为中国科学院院士。

小时候,在西南联大附小和附中,戴汝为耳濡目染名教授们倡导科学民主;长大后,在清华和北大,众多名师令他切身感受到平等宽松的学术氛围的好处;工作了,钱学森先生的言传身教更使他深刻领悟到,好的科研离不开学术民主。因而，当他自己也成为教授、导师后，戴汝为让学生们自主选择研究兴趣和方向，因为他相信"没有兴趣，很难做好什么事"；他提醒学生"不要把眼光都禁锢在狭窄的教科书里，要博古通今"；他要求学生"不要墨守成规，要标新立异"，十分欣赏学生大胆提出与他不同的学术见解；他总是更偏爱那些善动脑筋、善于直抒己见的学生，鼓励他们"坚持正确方向，一做到底"。

神奇的"综合集成研讨厅"

2012 年，"7·21 暴雨"突袭北京，引发各界关于城市排水问题的热议。戴汝为立即召来他指导的博士生讨论，希望利用他们研究的"人－机结合"智能系统，为北京排水系统制定理想的预警机制和解决方案。戴汝为说，要解决排水问题，绝不是更换大水泵、增加排水管线那么简单。"城市排水是一个涉及多个系统、包括人的因素在内的'开放的复杂巨系统'，这样的问题不能孤立地解决，更不能'拍脑袋'解决，需要科学决策。"

戴汝为（左）与国外同行进行学术交流

那么，如何科学决策呢？戴汝为和同事们一直致力研究的"综合集成研讨厅"就有了大显身手的舞台。这是专门为了研究和解决"复杂巨系统"而建立的决策体系。在这个"综合集成研讨厅"中，既有专家群体在中心研讨厅进行决策研讨，又有很多人广泛参与远程研讨，同时利用计算机智能体系来综合专家、远程研讨人及网络所提供的海量信息、数据及结论，加工处理成一个简单的、对事物总体准确的认识，从而构成一个强大的问题求解系统。

戴汝为介绍说，最早的自动化主要是研究如何用机械化来代替人的部分体力劳动；而人工智能，则是研究用计算机来代替或者模拟人的部分思维，"模式识别"就是这样的研究，它被广泛地应用于文字和语音识别、遥感和医学诊断等方面。至于"综合集成研讨厅"，它与传统人工智能最大的不同在于，既要充分利用计算机的高性能，又要利用人独有的心智，"人"将作为智能系统中的"成员"加以"集成"，这就是建立"人－机结合"的智能系统。

"集大成，得智慧"，这是钱学森首创的科学与哲学结合的思想。除了众所周知的"两弹一星"以外，"大成智慧学"，即利用现代信息技术和人机智能，迅速而高效地集合古今中外智慧之大成，科学而有创造性地解决各种复杂问题，也是钱学森晚年最关心的事情之一。

1990年，戴汝为与钱学森、于景元两位科学家联名在《自然》杂志上发表了论文《一个科学新领域——开放的复杂巨系统及其方法论》。这是"系统复杂性""思维科学"与"系统科学"的交叉研究，标志着一个全新的交叉学科"复杂巨系统及其方法论"的诞生。如今，在戴汝为带领的团队的努力下，钱学森期望中的"大成智慧学"正在一点点成为现实。"综合集成研讨体系"建成的决策平台，已经在经济、水利、军事、抗灾等方面得到广泛应用。

戴汝为认为，未来在"人机智能"领域还有非常多的工作可以做："随着

戴汝为和他的学生们在一起

人类解决了很多基本而简单的问题,要解决一些子系统很多、很繁杂的系统问题,必须采用科学的系统,很多决定不再是几个人甚至一些人投票就能决策的。'综合集成研讨体系'将给予人们科学的决策支撑。"

研究思维科学多年,戴汝为有一个自创的理论:"知道并不等于知识,知识并不等于智慧。人生最重要的是要有智慧,而智慧源于独立思考。"他寄语有志于科学研究的青年学生们:"一定要着力培养创新思维。只有培养创新思维,未来才有可能在新兴学科里立足与发展,从而取得开拓性的成果。"

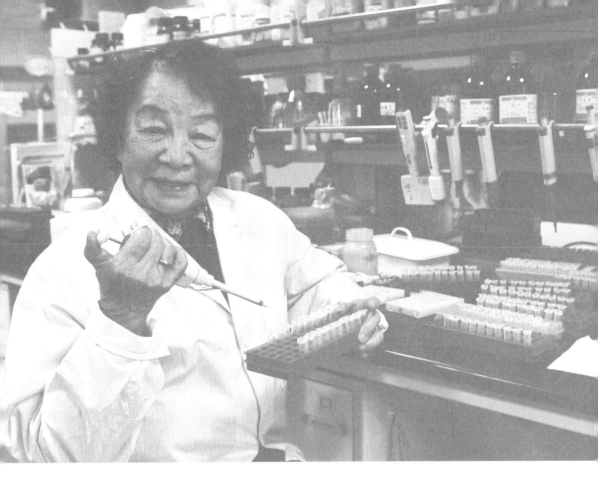

范云六 旧基因搭出新世界

范云六(1930—　　),分子生物学家,中国
工程院院士,中国植物基因工程开创者之一。

"我喜欢挑战,越难的事,越想把它做好。"

"只有专注,耐得住寂寞,爱科研就如同爱热恋
中的情人那样,才能成功。"

"决定做一件事,方向对头,就要尽全力去
做好。"

引言
Introduction

　　30 余年来,转基因技术从科学偏僻的角落走到舆论热议的中心,历经隔阂带来的轻视,也曾面对不解带来的畏惧,但这一切从来不曾影响过范云六。

　　她是中国为数不多的女院士之一,被学生们尊称为"范先生"。作为中国植物基因工程开创者之一,她深耕于实验室,用存在了千百万年的旧事物——基因,为原有生物增加一个又一个新的优良性状。

　　范云六说:"转基因技术的发展是科学发展的必然,其趋势不可逆转。不研究转基因,相当于当年不研究原子弹。一旦贻误发展良机,致使未来粮食生产全部受制于人,后果难以想象。"

推开一扇新的门

1984 年,在中国农业科学院(以下简科"农科院")一幢偏僻的老楼里,范云六迫不及待地推开了一扇门。出现在她眼前的是一间面积不大的办公室,零落地摆放着几套旧办公桌椅和几个柜子。阳光透过窗户洒进来,尘土在空气里飞扬,这间房子已经很久没有人用过了。可范云六却是按捺不住地兴奋,就在她推开办公室那扇旧门的同时,她也推开了中国农业科学研究领域的一扇全新的门——将基因工程技术应用于改良农作物。

1976 年 9 月,范云六(右一)访问英国著名的洛桑实验站

那一年,范云六 54 岁,已是国内小有名气的微生物学家。她的学术生涯一帆风顺。抗战胜利后,她考入武汉大学农业化学系,师从著名微生物学家陈华癸教授;新中国成立后,她被选派到苏联列宁格勒大学留学,获生物学副博士学位(相当于中国的博士学位);改革开放后,她得到美国一所大学分子生物学实验室资助,以访问学者身份先后在威斯康星大学和西北大学进修分子生物学。

1959 年，范云六在苏联列宁格勒大学留学时做豆科根瘤菌实验

　　所谓分子生物学，即生物学在分子层面的研究。今天，人们已经知道，生物遗传信息的载体是 DNA（脱氧核糖核酸），而基因是 DNA 分子上携有遗传信息、控制某个性状的一个片段，是具有功能性的基本遗传单位。对 DNA 和基因的重大发现，为现代分子生物学拉开了序幕。随后，人类关于基因工程的许多关键性实验，均与范云六多年研究的微生物学领域有关，所以，不少后来的分子生物学家最初都是微生物学家。

　　20 世纪 70 年代，科学家已经发现被称为"分子剪刀"的内切酶，能够把特定基因从 DNA 长链上准确地剪切下来；又发现了一种相当于"分子针线"的连接酶，能够将两个 DNA 碎片重新"缝合"。于是，理论上，人类可以按照自己的愿望，将一种生物中的某个遗传基因连接到另一种生物的 DNA 链上去，实现 DNA 重组，使生物产生新的性状，这就是"基因工程"，它为人类利用一种生物的基因去改良另一种生物提供了工具。

　　在美国访学期间，范云六接触到当时国际最前沿的基因工程科学与技术，切身感受到国际前沿科技带来的冲击，还有先进科研体制带来的高效率。因而,1982 年回国后,她深感有一种"时不我待"的使命感和紧迫感。她决定将原来从事的细菌质粒研究延伸至基因工程,以此作为未来的研究方向。不过,基因工程可广泛应用于医学、海洋、农业等多个与生命相关的领域,选哪一条路好呢?

经过整整一年的深思熟虑,在恩师陈华葵教授的支持下,范云六决心将基因生物技术应用于农作物研究。她回忆说:"我在武汉大学读的专业是农业化学,对农业有感情。当时,基因工程在国内的医学和轻工业等方面已受到重视,却还没有人把基因工程与农业联系到一起,农业对中国是如此重要,所以我决定投身农业。虽然我当时对农业生产还是比较陌生,并且条件艰苦,困难重重,但我喜欢挑战,越难的事,越想把它做好。"

1984 年,范云六离开她工作了 20 多年的中国科学院微生物研究所,来到位于北京中关村南大街的中国农业科学院,建立起中国农业领域的第一个分子生物实验室,从此致力于将"自盘古开天辟地以来就存在的旧基因"化作给农作物"升级"的"补丁"。

为基因工程正名

实验室初建时,跟随范云六一起"创业"的只有从中科院带来的两名助手。范云六说,那是一段"苦干的快乐岁月"。

在农科院的大院里,范云六实验室里的灯每天总是亮得最早、熄得最晚,整个实验室的人都干劲十足。经费捉襟见肘,研究设备又大都需要从国外购置,范云六便经常借出国参加国际学术会议的机会,自己采购器材携带回国,一砖一瓦地建设实验室。她对学生们说:"只有专注,耐得住寂寞,爱科研就如同爱热恋中的情人那样,才能成功。"

那时候,对于中国多数农业科学家而言,"基因工程"尚属新鲜事物,分

子生物学亦是一片陌生的领域。在农科院的研究人员中,对范云六的研究持怀疑态度的人占了多数:她搞的能算是农业科学吗?她的方法能不能奏效?对于种种猜疑,范云六表示理解:"隔行如隔山,他们最初有所怀疑也无可厚非。"

范云六亟须为分子生物实验室和"基因工程"正名。帮她打响头炮的,是一种给小猪治疗腹泻的疫苗。

在猪圈里,往往有不计其数的肠毒素大肠杆菌,易致抗病能力差的新生仔猪腹泻,发病率和死亡率颇高,但传统生物技术一直未能找到切实有效的解决方法。范云六多年来熟读国内外微生物学术论文,知道有两种纤毛抗原基因 K88、K99,可以阻止肠毒素大肠杆菌在小肠定居,从而达到预防腹泻的效果。于是,她带领团队将这两种基因建构重组,研制成基因工程菌苗。而后与中国农科院哈尔滨兽医研究所合作,给妊娠母猪注射,通过初乳提供给哺乳仔猪。菌苗从研发到量产只用了一年,随后很快在全国多省市推广,使新生仔猪腹泻发病率减少85%,死亡率下降约90%,至 1989 年累计创经济效益 800 余万元。

此番小试牛刀,在范云六看来,不过就是简单的"1+1=2",用两个已知的"1"加出想要的"2",方法和条件均已知,几乎是零风险。但正是这次成功,使农科院的同行们对基因工程有了新认识,许多人来到范云六的实验室参观,纷纷表示:"原来,你真的在搞农业研究","基因工程真的有用"。

在完成小猪腹泻疫苗研究后不久,1986 年,国家启动"863 计划",旨在重点推进事关国家长远发展和安全的高科技领域发展。在这一背景下,范云六的农业基因工程得到国家有关部门 100 万元资助,终于解了实验室经费不足的燃眉之急。

接下来的问题就是,选择什么项目作为新的切入点?经反复斟酌,范云六决定将世界性难题"抗虫棉"列为要攻克的第一个"高地"。她发现，中国是棉花生产大国，棉花又是遭受病虫侵害最严重的农作物之一，而抗虫棉技术的核心 Bt 基因正是来自她过去最熟悉的细菌领域。

20 世纪 90 年代，国内棉铃虫肆虐，每年造成经济损失高达几十亿乃至上百亿元人民币。棉铃虫容易产生抗药性，棉农不得不使用高浓度杀虫剂，每年施用次数从 1 次逐渐加到 20 余次，最后发展到甚至把虫子放在农药原液中，它照样怡然自得。

当时，美国农业生物技术公司"孟山都"（至今占有全球转基因种子市场 70% 以上）已首先在世界上培育出能有效抗杀棉铃虫的转基因抗虫棉。1997 年进入中国后，他们很快便垄断了国内抗虫棉市场。在中国棉铃虫灾害最严重时，孟山都曾提出，愿以 9000 万美元的价格将转基因抗虫棉技术转让给中国。商谈这笔生意时，范云六作为国内农业基因工程专家被请到了现场。她提出："一旦接受转让，将永远受制于人。只有自主研发，才能保障中国的棉花产业可持续健康发展。"最终，中国没有接受技术转让，决心走自主研发的道路。

其实，早在那次磋商之前的 1992 年年底，利用简陋的设备，范云六已经带领团队攻克了抗虫棉核心技术，人工合成 Bt 基因，这种基因来自苏云金芽孢杆菌，代谢过程中能产生杀虫蛋白，对多种害虫具有毒杀作用。剩下的问题是，如何将 Bt 基因成功转植到棉花植株的细胞中，使棉株体内也能合成 Bt 杀虫蛋白。

经过不懈努力，范云六团队终于成功培育出转 Bt 基因棉花植株，使中国第一次拥有了不必喷洒农药却能杀虫的国产"抗虫棉植株"。在此基础上，得到国家"863 计划"支持，她的学生继续攻关，与棉花育种单位合作，培育出抗虫棉新品种。至 2008 年，国产转基因抗虫棉已占据中国市场的

90% 以上，累计直接为棉农带来收益 490 亿元，使棉农的劳动强度、防虫成本和中毒事件明显下降，棉田生态环境得到明显改善。

转基因安全吗

在转基因作物育种领域，以抗虫和抗除草剂为主要特征的品种被称为第一代产品，而以改善品质为主要特征的品种被称为第二代产品。在解决了转基因抗虫棉技术后，范云六又将目光转移到二代产品上，带领团队研发转植酸酶基因玉米，解决了动物无法直接吸收玉米中磷元素和粪便中排出大量磷造成环境污染的问题。这种玉米成为世界上第一个二代转基因玉米品种。2009 年，该品种获得中国农业部正式颁发的转基因生物安全生产许可证书。

那么，转基因作物安全吗？近年来，随着转基因技术的迅猛发展，关于这个问题的争论几乎从未间断，并逐渐从科学家之间的学术探讨，延伸到

2006 年，范云六与来访的美国著名遗传学家、诺贝尔奖获得者诺曼·博洛格（右二）在她的办公室里合影留念

了普通大众的持续质疑。由于不解产生畏惧，不少人将转基因与不健康直接画上了等号。这让包括范云六在内的许多潜心研究基因工程的科学家既无奈又着急。

"迄今，转基因作物并未显示出给人类健康和环境带来任何新的风险。例如抗虫棉中的 Bt 基因，它可以杀虫，却对人体没有不良影响。抗虫转基因作物，绝不等于有毒作物。转基因育种只是传统杂交育种技术的延伸发展和新突破，它们都是对基因进行转移和重组。区别只在于，传统育种技术一般是在同一物种内实现基因转移，而转基因技术则实现了不同物种间的基因转移，并且更为精准、快速、可控。"范云六认为，在转基因几乎被"妖魔化"的情况下，当务之急是加强科学普及，使人们真正理解转基因。

她介绍说，据美国农业部数据，2011 年美国种植的玉米和大豆分别有 88% 和 94% 是转基因品种，其中超过半数在美国国内消费。在美国市场中，包括婴儿食品在内，转基因食品现已超过 3000 种，有 2 亿人食用，可称为"空前大规模的人体试验"，迄今并未发现一例转基因食品安全性事故。

"美国人是非常惜命的，可他们不但吃，而且吃得不少，并不像有传言说的那样，美国的转基因食品只卖给穷国。事实上，转基因产品均要经过比传统作物更为严格的安全评审。迄今，包括 2012 年法国小白鼠食用转基因玉米患癌等事例，都发端于实验缺乏严谨的科学设计，结论均被学术界权威人士和机构一一推翻。转基因生物安全问题的争议已经，也避免不了超出科技的范畴。"范云六呼吁："转基因是 150 年来生物学发展史中最重要的技术之一。转基因技术的发展是科学发展的必然，其趋势不可逆转。不研究转基因，相当于当年不研究原子弹。中国应吸取大豆生产目前已受制于人的深刻教训，否则，一旦贻误发展良机，致使未来粮食生产全部受制于人，后果难以想象！"

幸福的"圣人导师"

不论外界有什么样的喧嚣,范云六始终坚定地走在自己认准的科研之路上。当年由一穷二白创建的分子生物实验室,如今已发展成为生物技术研究所,并从当初的老楼搬进了农科院新的"重大科学工程楼"。实验室数量由 1 个扩展到 6 个,其中 4 个研究植物、2 个研究微生物。

学生们都称范云六为"范先生"。她喜欢这个称呼,对现在一些大学和研究机构里流行把导师称作"老板"持不同意见:"这个最好不要盲目学美国。在中国,学生如果把导师看作'老板',只能表明这可能是一位不成功的老师啊。我和我的学生们就是单纯的师生关系,我发自内心地爱他们,他们也真诚地爱护我。"

范云六教书育人一生,不少学生如今也已是国内外知名大学或研究机构的优秀学者。据说,很多人都是先在分子生物学的书本上知道了范云六的名字,后慕名到其门下求学。中国农科院青年骨干陈茹梅和王磊就是两

范云六与学生们讨论问题

位跟随范云六学习研究多年的"左膀右臂"。近年来，包括转基因玉米在内的多项研究，均是在他们的配合下完成。二人异口同声地说，在他们眼里，范云六几乎是一位"圣人导师"，她一心向学，"名利"二字似乎从来不在她考虑的范围之内。

20 世纪 70 年代，范云六一家三代五口人，包括夫妻俩、一双儿女和老母亲，多年挤住在仅有 13 平方米的房子里。家里能写字的只有一张饭桌和一个缝纫机。每晚吃完饭，先让儿子和女儿写作业，孩子们睡觉后，才轮到范云六和先生趴在上面做研究，但她从来没觉得苦。

植酸酶玉米研制成功后，范云六本来也有一些赚钱机会，但她始终不感兴趣。她一心想的是，如何从战略高度审视和培育农业生物技术与种子企业的结合，使植酸酶玉米的国际领先技术优势转化为产业竞争优势，进而提高中国农作物种子产业的国际竞争力，增加农民收入，为中国农业新兴产业的发展做贡献。

学生们还特别钦佩范云六惊人的记忆力。虽已年过八旬，哪怕是仅有一面之缘的人，多年后重逢她依然能准确地叫出对方的名字。不过，范云六向来不认为自己聪明，并且她坚信，聪明与否对科研来说并不那么重要。

在范云六的办公室里，有一幅她亲笔写就的书法，上书"敬业执着、严谨探索、继承开拓"。这近乎"老套"的三行十二个字，是她多年总结出来的"座右铭"。她认为，敬业和执着是决定一个人能有所成就的最重要品质。"决定做一件事，方向对头，就要尽全力去做好。要研究国际领先的科学技术，困难自然少不了。要善于学习，也要善于从失败中总结教训。"

她特别强调，做什么往往比怎么做更为重要。几乎她的每一个学生都听过她讲这番话："做一件衣服，一流的设计、三流的做工，大概能做出一件二流产品。但三流的设计、一流的做工，仍然只能做出一件三流的服装。"

在范云六看来,完成的质量固然重要,但是,后期努力仍旧很难弥补初期设计的不足。

范云六奉行"终身学习"。70多岁时,她像小学生一样认真请教学生如何使用电脑。如今,她能熟练操作电脑在各种国际学术会议上做报告,学生们几乎每天都能收到她转发的电子邮件,内容大多是一些最新的、有价值的国内外学术论文。只不过,现代汉语拼音与她们当年学的拼音截然不同,范云六也不想花时间专门输入汉字,所以,她在网上与学生或同行交流时一律使用英文。

2004年,范云六与全国人大代表、玉米育种专家李登海在田间交流

2008年,老伴病逝,在美国生活的一双儿女想请范云六去那边安享晚年,但她不肯。小时候的经历在她的记忆里留下了不可磨灭的印记。在山河破碎的年月,她曾随家人四处逃难,亲眼看到日本人杀死不少同胞,眼睁睁见着姑姑被逼跳河,就连她自己躲在山洞里也差点儿被日本兵用烟熏

死。从那个时代走过来,国家的强大于她而言有着非同寻常的意义。她跟儿子和女儿讲:"我身体还不错,还能再为国家做点事,还是你们回来一个吧。"于是,女儿罗欢和女婿放弃在美国的一切,带着 6 岁的外孙回国。

罗欢回忆说,小时候,母亲就总是忙于科研,但在忙工作之前,她一定会先把他们安排好。那时,每周只有星期天是休息日,母亲时常在这天带她和哥哥去颐和园、紫竹院玩耍,所以,她"好喜欢星期天"。罗欢从未见母亲跟父亲红过脸,母亲也从来不曾训斥她,只是通过"身教"和讲故事让她知道,什么样的人会让别人感到跟她在一起舒服,什么是对,什么是错。罗欢说:"她是一个富有人格魅力的母亲,我们发自内心地爱她、尊敬她。所以,我愿意为了照顾她而放弃一些东西,这也是我应该做的。"

范云六说:"我有热爱的工作,有爱我的学生们,还能尽享天伦之乐。我特别幸福。"

冯叔瑜 温柔的爆破专家

冯叔瑜(1924—　　　),工程爆破专家,中国工程院院士,中国工程爆破学科开拓者和奠基人之一,国家科学技术进步特等奖获得者。

"爆破的威力很大,危险和破坏也大,关键在于如何控制好它。"

"工科要能解决问题,要简单化。谈了一大堆,拍不了板,不是好专家。"

"做人要有一种责任感,无论干什么工作,要干就把它干好。"

引言
Introduction

　　光洁的额头,稀疏的白发,圆润的脸,一口终身未改的四川乡音,冯叔瑜是那种望之即感可亲的老人。

　　采访约在他家,因堵车我们迟到了,但他没有半分不悦,热情地亲自端茶递水。凡与他接触过的人都说,和他相处很是舒服放松,就像迎面吹来和煦的风。

　　冯叔瑜却说自己"始终不懂如何与人交往"。他生性温和,与世无争,曾经最大的人生理想就是让母亲和自己能吃饱饭。没想到,误打误撞地,他竟一步步成长为中国首屈一指的工程爆破专家,毕生研究紧张、刺激、惊心动魄的爆破技术,为国家数不清的铁路、公路、桥梁、水利工程和楼房建设劈山开路。

　　冯叔瑜说:"中国虽是火药的发源地,但一千多年后,爆破技术却已远远落后于西方发达国家。可喜的是,经过近几十年发展,中国爆破技术有了长足进步,整体爆破技术已达到世界先进水平,在某些方面还有一定的优势。"

苦难开出幸运花

20世纪初,在动荡的旧中国,多数人生活都不富裕,而冯叔瑜家可以说是赤贫。父亲在他14岁那年因霍乱去世,只剩母亲独力苦撑,一直在温饱线上挣扎。在学校里,同学们在一处玩耍,难免交换一些好吃的、好玩的,冯叔瑜什么也拿不出,于是极力避免与人交往。旁人说他孤僻,他也只得无可奈何,日子长了,渐渐也就真的习惯了独来独往。

他家虽穷,但在村里倒也算"书香门第"。冯叔瑜的祖父是清朝秀才,父亲本想考取功名,却赶上科举制度被废除,终以教书为生。父亲去世后,读书对冯叔瑜来说几成奢望,幸得一位本家叔叔资助,他才得以继续学业。

初中毕业时,冯叔瑜步行90公里,到相邻的大竹县报考大竹师范,以第一名的成绩被录取。倘若未来能子承父业,当一名教书匠,解决吃饭问题,冯叔瑜就心满意足了。然而,后来的一连串偶然,彻底改变了他的人生。

冯叔瑜的同桌家境较好,想前往重庆考学,邀冯叔瑜做伴,愿帮他负担费用。怀着出去开眼界的想法,冯叔瑜这个农村娃娃第一次走出大山来到城市,第一次见到汽车,第一次坐了轮船。结果,同去报考中央工校(大专)的七八个同学里,只有冯叔瑜一人考上了。"重庆比大竹有前途多了。"听了众人劝说,他考虑再三后,决定放弃师范,转投工科。

一晃三年过去,暑假,冯叔瑜的一些中学同学又到重庆考大学,住进了他的宿舍。考虑到家庭经济状况,冯叔瑜未打算报考,只是热心地帮大家联络报名事宜,但同学们纷纷劝说"考试免费,闲来无事,不如你也考考"。于是,冯叔瑜在没有复习、不抱期望的情况下参加了考试,并意外收到了上海交通大学的录取通知书。当时,他甚至不知道这是一所在全国多么知名的大学,只知道上海是一座比重庆更大的城市。

从师范、中央工校到上海交大，冯叔瑜考取的都是公费生，学费和吃饭不花钱，但路费、书本费还是需要一定开销。当年，能考上大学可算是光耀门楣，乡亲们给凑了一两黄金，使冯叔瑜得以前往上海交大报到。从中学到大学，他从未买过一册课本，全凭上课认真听讲记笔记，课后借同学的书来复习，凭着天生的好记性和加倍的勤奋，他一步步走进了中国最好的大学之一。

1948 年，冯叔瑜大学毕业，却险些陷入毕业即失业的潦倒境地。最后，他得系主任推荐到成渝铁路当实习生，虽然对方表示发不出工资、只管饭，并声明将来若要裁员就先裁他，冯叔瑜还是接受了："有饭吃就行。"不久，原上海交大学生会主席周盼吾到重庆发展中共地下党，不少人怕在国共两党的斗争中受牵连，一向远离政治的冯叔瑜倒满不在乎，让周盼吾住进了自己的单身宿舍。经过频繁的接触和交谈，冯叔瑜被介绍加入了中共的地下党组织。

新中国成立后，身为党员的冯叔瑜成为组织重点培养对象，被任命为成渝铁路局工会副主席，又被送到西南人民革命大学参加培训。

1951 年，"成渝铁路"这条新中国成立后修建的第一条铁路正式开工。不久，冯叔瑜被选为国家公派的第一批留苏学生，赴列宁格勒铁道运输工程学院攻读"石方工程机械化施工的大爆破方法"专业。接到该通知时，他正在北京学习，甚至没来得及回重庆与怀有身孕的妻子道别，就坐上了前往莫斯科的留学生专列。

冯叔瑜说，留苏是他一生中最美好的时光，他终于平生第一次不必为吃饭、买课本发愁，可以心无旁骛地潜心学习了。1955 年，他获苏联科学技术副博士学位，成为中国第一个专门学习爆破技术的归国人才。

冯叔瑜（左一）在苏联留学期间去滑雪

一天不工作就愧疚

学成回国后，冯叔瑜被留在铁道部工程总局担任工程师。新中国成立之初，百废待兴，他欣喜地看到，中国铁路迎来快速发展时期。自 1953 年起，中国铁路平均每年建成新线约 1000 公里，每年完成土石方数量约 1 亿立方米，但是，机械化程度极低，用炸药开山被简单地称为"打眼放炮"，全凭经验，没人把它当作科学技术，效率低且很不安全。

"中国虽是火药的发源地，但一千多年后，爆破技术却已远落后于西方发达国家。"冯叔瑜决心要将在苏联学到的爆破技术应用于支持国家铁路建设。他介绍说，修隧道、筑高桥，如果靠原来的土办法，一个工人做石方开挖工程，一天完成不到一个立方；然而，引进科学的大爆破，一次可装成百上千吨炸药，可以爆破几十万乃至上千万方土石，效率大大提高。

1956 年，在内宜铁路的号志口工地上，冯叔瑜带领工人们首次采用定

向爆破方法开挖路堑，从路堑内向一侧抛掷石方约 30%，同时保证了路堑对面 200 米处建筑物的安全，实现爆破工程从传统手艺向现代技术的转变。首战告捷，极大地鼓舞了冯叔瑜的信心，也使铁道部下定决心推广大爆破技术。

回国初期，受铁道部工程总局委派，冯叔瑜为苏联唯一来华的爆破专家齐齐金担任助手，先后参与了鹰厦、宝成、川黔、都贵等铁路新线的爆破施工设计，积累了丰富的经验，并逐步对爆破工程有了一些自己的认识。冯叔瑜认为，齐齐金的贡献在于，开创了大爆破技术在中国的应用和发展，为中国培养了一批爆破技术人才；但是，由于齐齐金是矿山工程师出身，对爆破稳定性、路基地质条件等方面考虑不周全，导致铁路路基和边坡垮塌的问题较为严重。在上海交大和苏联留学受到的学术训练，使冯叔瑜养成了随时总结工作经验并撰写成文的习惯。他将早期的工作经验总结成文，发表在 1958 年人民铁道出版社出版的《爆破工程经验汇编》中。

苏联专家回国后，冯叔瑜作为铁道建筑研究所（隶属铁道部科学研究

冯叔瑜成功实施的一次爆破工程

院）爆破研究室主任，积极开拓中国的爆破理论和工程设计研究。在河北东川口水库，他首次在国内采用定向爆破筑坝技术；在攀枝花钢铁公司的狮子山，他参与了中国有史以来首次万吨级大爆破工程；在成昆铁路和贵昆铁路的新线建设中，他推广的大爆破和深孔爆破技术取得显著成果；在广州黄埔港航道疏浚的水下爆破工程中，他创建了一套水下爆破的施工工艺和爆破技术，填补了国内该领域的空白。

冯叔瑜说："像我这样家庭出身的人，受到党这样的培养，总感觉应该做些事情报答国家，一天不干工作，心里就愧疚。"他当年一个月的工资是150元，要是哪天不干活，他就会觉得"5块钱白拿了"。

掌控瞬间爆发的威力

"轰"的一声巨响，一座山头，或一栋高楼，便在爆破中按预定方向顷刻倒下，这便是大爆破的威力。它使得更高效地采矿开山、筑路建坝成为可能，却也伴随着巨大的危险。

冯叔瑜痛心地回忆起"大跃进"时期发生的几起严重爆破事故。一次，爆破计划有两炮，第一炮响后，附近的一所学校刚好放学，引来师生们纷纷围观，大家不知还有第二炮，结果导致死伤200多人。还有一次，几十吨炸药堆在火车站，运炸药的人竟在炸药堆里生火做饭，过起了"小日子"，结果炸药被引爆，不仅整个车站被炸出一个二三十米深的大坑，冲击波还把附近一个二三百人的小镇夷为平地。

除了因安全意识匮乏导致的意外事故，其他在爆破过程中大大小小的事故也不少见。冯叔瑜留苏回国后，曾举办了中国第一期铁道爆破技术培训班，学员共有两百余人，其中有四五十人后来在工程事故中牺牲。冯叔瑜感到痛心疾首，而他本人也曾与危险擦肩而过。他不断总结经验，想了

很多办法,制定出一整套爆破安全施工标准,并不断研究发展较为安全的深孔爆破技术,竭力减少和避免爆破施工中的安全隐患。他说:"爆破的威力很大,危险和破坏也大,关键在于如何控制好它。"

就在冯叔瑜全身心地投入爆破技术的发展应用时,受政治运动影响,他相继成了"右倾机会主义者""苏修分子""假党员"。在最年富力强的30岁到50岁,不能全心全意地工作,是冯叔瑜最遗憾的事。但他一向性格温和,从不强求,随遇而安。又因他平日素来与人为善,从不拉帮结派,除了被撤职、无法从事本职工作外,他并未在政治运动中受到太大冲击。

"文革"后期,冯叔瑜得以重返爆破工作岗位,加倍珍惜和努力。他参与了各式各样、大大小小的爆破项目,获奖无数。其中,"路基土石方爆破技术""穿孔弹的研究与应用""控制爆破技术"获1978年全国科学大会优秀成果奖,"复杂地质险峻山区修建成昆铁路新技术"获国家科学技术进步特等奖。

改革开放后,受日本TN炸药控制爆破的启发,冯叔瑜多年潜心于"控

冯叔瑜参观美国空军博物馆

制爆破技术"的研究,推动和发展了中国的城市拆除爆破新技术,使爆破技术从人烟稀少的荒山野外进入人口稠密、建筑林立的城市建设领域,完成了一系列重大工程项目。其中,他主持的"北京国际饭店工地控制爆破拆除技术"获1984年全国建筑科技成果交易会金质奖。

1984年,铁道科学院与铁道部建厂局联合组建"北京爆破联合工程公司",冯叔瑜出任第一任总经理。1994年,他当选为新成立的中国工程爆破协会第一副理事长。1995年,他作为中国工程爆破学科的奠基人,当选为中国工程院院士。

卸任铁建所爆破研究室主任一职后,冯叔瑜仍作为顾问参与和指导了许多重要工程的实施,其中包括三峡水利工程、青藏铁路等举世瞩目的重大工程,还有在爆破领域内著名的珠海机场1.2万吨级"世界第一爆"工程。

冯叔瑜（右二）与爆破专家一起考察三峡工程现场

冯叔瑜说："还是做自己的专业工作心里比较踏实,是个安慰。做人要有一种责任感,无论干什么工作,要干就把它干好。"

无欲则心安

多年来,冯叔瑜一心扑在中国爆破技术的发展上,勤勤恳恳,"不想当官,不想发财,也不想得罪人"。

同事眼中,他与世无争,对别人无所求,却总是乐于助人,做事从不以一己私欲为出发点;若有不同意见,他会充分表达自己的观点,但从不固执坚持。

学生眼中,他随和友善,容易亲近,不会板起面孔训人,通常是鼓励式教育;若与学生观点不同,他总是讲"我认为是这样,你们再仔细想想"。学生张志毅回忆说,有一次,他负责主持一个小楼爆破,因"轻敌"而失败了,冯叔瑜不但没有批评他,反而鼓励他、安慰他,替他承担责任。

不过,冯叔瑜并非没有自己的原则。他打心眼里不喜欢为人不正派的人。若遇到有人弄虚作假,他会挺身而出,"和他斗一斗"。"反右"期间,他随三峡爆破组到长江流域考察,见沿途大炼钢铁,回京后当众评论"不值得"。后来看到《人民日报》报道"亩产十三万斤水稻",他又直言"不可能"。他因此成了"右倾机会主义者",被撤去工会主席和研究室副主任的职务。

"做人要正派"也是冯叔瑜培养学生时最看重的方面。此外,在治学上,除了强调"基础要牢固","要有创新意识",作为理论与实践并重的工程技术人员,他还格外重视动手能力的培养。他说:"我们是工科,不是理科,不管用什么办法,要解决问题,要简单化。谈了一大堆,拍不了板,不是好专家。"如今,他的不少学生都已成长为中国新一代爆破领域的骨干。

"到现场去"是冯叔瑜常挂在嘴边的话。40余年里,他多数时间都奔波在祖国各地。崇山峻岭、戈壁荒滩、黄土高原、中原大地、东南沿海、南海诸岛……中国几乎所有具有突破性、有影响的重大爆破工程,无不留下了他的足迹。

冯叔瑜（右五）在黄河大桥工地讨论爆破施工的方案

令冯叔瑜无比欣慰的是，经过几十年的发展，中国的爆破技术终于有了长足的进步。随着爆破技术在大量工程项目中的大规模应用，再加以不断研究总结，中国的整体爆破技术已达到世界先进水平，在某些方面还有一定的优势。

直到80岁以前，冯叔瑜仍然奔走在工程一线。多年来，无论去哪里工作，他都不愿要人陪同，尽可能"帮忙不添乱"。80岁后，他在家中安享晚年，笑称自己是"失业"人员兼"家里主要劳动力"，每日做家务、照料家人。他说，一生最悔两件事：一是"子欲养而亲不待"，没来得及报答母亲；二是多年忙于工作，少有时间照顾家人。

回望来路，从四川偏僻山区温饱都成问题的贫寒子弟，到中国首屈一指的工程爆

冯叔瑜与夫人向儒清登山旅游

破专家,冯叔瑜虽挨过不少苦日子,但还是感到很幸运。八十余载光阴,竟似弹指一挥间,他的人生感悟是:"人活一辈子,不要欲望太多太高,那样不现实,也使自己不愉快。没有太高要求,有能力就尽量帮助别人,活得比较轻松,心里很踏实。"

金鉴明 守望中国山水

金鉴明（1932—2017），环境生态学家，中国工程院院士，中国环境科学和生态保护领域开拓者和奠基人之一。

"大自然是最好的图书馆和实验室。"

"为什么人类能登月探险，却不能在地球这个小小行星上安全地饮用水和呼吸新鲜空气？"

"我们的GDP上去了，成为全球第二大经济体，但是付出的代价太大了。"

引言
Introduction

当了解了金鉴明的故事，人们会不由得惊讶，一个人怎么能在有限的人生里完成如此多的事？

从吉林长白山到云南西双版纳，那些狗熊出没、毒蛇藏匿、危机四伏的原始森林里，曾遍布他的足迹，许多濒临灭绝的物种因他而得到保护。从辽宁蛇岛到贵州草海，中国90%以上自然保护区的成立，都和他有关。从生态农业到生态城市，他身体力行促使生态的观念在全国数百个城市和农村落地开花，改善的不仅是那些地方的环境，还有那里千千万万的百姓的生活……

他既是学者，也是管理者，毕生为阻止大自然在机器的轰鸣声中滑向"寂静的春天"而努力。作为学者，他是中国环境科学和生态保护领域的开拓者和奠基人之一。作为官员，他是参与国家环保机构建设的技术代表，曾任国家环保局总工程师、副局长等职。他令人们看到，当科学与管理结合，可能会发生怎样奇妙的化学反应。

大自然是最好的图书馆和实验室

1959年,27岁的金鉴明自苏联留学归来,回到家乡杭州。时值中国经济困难时期,他看到自己从小生长的"人间天堂"绿色植被破坏严重,痛心不已。不久,他被分配到中国科学院植物研究所生态室从事生态与植物群落研究工作。他暗许心愿:要利用所学"把绿色洒满中华大地"。

金鉴明自幼在西湖边长大,对生物兴趣浓厚。1951年,他考入浙江大学生物系,1952年随国家院系调整转入复旦大学生物系,毕业后到苏联列宁格勒大学留学,师从生态学权威谢尼柯夫,获副博士学位。

生态学,即研究生物与其环境之间相互关系的科学,在当时的中国还是一门新兴学科,了解的人不多,像金鉴明这样专攻生态学的博士更是寥寥无几。加入中科院植物所后,他很快即以野外调查队队长和研究组组长的身份,会同东北大学的师生,前往长白山开展植物调查。

茂密的原始森林,令金鉴明有"投入大自然怀抱"的兴奋和激动,却也暗藏危机。每天进山前,全体调查队员必须全副武装,用防护服和面罩把自己裹得严严实实。随处可见的头号"敌人"是"小咬",它们常像一团雾一样铺天盖地而来,令队员们的白手套顷刻变成黑色。午餐通常是啃干馒头,将面罩掀开,迅速塞一块馒头进嘴里,再赶紧合上面罩,有时难免有"小咬"跟进去,也只好一起咽下。不慎被"小咬"钻进耳朵、鼻子,血流不止,也是常事。

中途累了,队员们只能站着休息,因为地上到处都是和臭虫差不多大小、俗名"草爬子"的蜱虫,专门钻进人体吸食血液,还可能携有脑膜炎病毒。被发现时,它往往一半身体扎在人体里,不能硬拔,必须用煤油或烟来熏它的屁股,让它自己爬出来,否则嵌在人身体里的部分只有通过手术才能取出。

偶尔,队员们会遇到比人个头大一倍的狗熊,即使最有经验的猎人也不敢轻易招惹这些"大家伙"。一次,他们还正面遭遇了老虎,相距仅20多米,好在是只吃饱了的老虎,他们迅速离开,没有发生险情。

到了冬天,东北封山后,金鉴明又和同事马不停蹄地赶往南方,到广西、广东、海南、云南一带继续进行植物资源调查。在那里,又有新的"敌人"在等待着他们。金环蛇、银环蛇、竹叶青、五步蛇等剧毒蛇隐蔽在丛林中,时而冷不丁地钻出来。一种会跳跃的蚂蟥吸饱了人血后像土豆一样大,他们每天调查完回到驻地时,防护外套上四处沾满血迹,自嘲"像中弹不死的英雄"。

在热带雨林里,金鉴明和同伴们风餐露宿,却也不乏欢乐。有时饿了,顺手摘几个树上野果,撒盐消毒,就是一顿美餐。在长白山,一日清晨,他们看见七八只狗熊排着整齐的队回山洞睡觉,结果最小的一只不小心从独木桥上摔了下去……老乡们去把它抬回来,大家一起饱餐一顿狗熊肉。

1963年,在云南西双版纳科考时,金鉴明(后左)与著名地理学家和气象学家竺可桢(前)及其秘书沈文雄(后右)在一起

整整 15 年里,除了春节前后的 1 个月回北京与家人团聚,其余时间金鉴明基本都在天南海北的深山里奔波,积累了丰富的在野外行走和做科学实验的经验。虽然辛苦又凶险,但他觉得这些都是生态科考再自然不过的事,从未有过畏难退缩的念头。他走遍广西 90 个县,绘制出广西植被图,为建立生态定位站提供了依据。他在长白山的原始红松林群落中发现了罕见的小片野生人参,为其建立了自然保护小区。他与药物研究所合作,成功将广东的穿心莲引种至北京郊区,且产品药效更高,实现了南药北移的示范。

"大自然是最好的图书馆和实验室。"金鉴明说,15 年野外生态调查,使他对大自然有了更深的感情,磨炼了意志,锻炼了身体,也对中国的生态格局有了较深的认识,为日后从事环境保护,特别是生态保护的政策研究和管理工作打下了基础。

环境保护是一门独立的科学

作为生态学者,金鉴明在专注地进行野外调查的同时,也注意到,全球生态环境问题正愈演愈烈。

英国伦敦的有毒烟雾致数千人在几天内死亡;日本水俣县的猫奇怪地集体跳河,妇女精神失常;爱尔兰上空成千上万的海鸟莫名其妙地死去;在南极定居的企鹅体内竟然被发现含有滴滴涕(DDT)农药的成分……20 世纪 50 至 60 年代,一系列怪事引起了科学家们的注意。人类开始反思,在工业机器的轰鸣带来丰厚物质回报的同时,如何避免无节制消耗自然资源和环境污染带来的种种恶果?

1972 年 6 月,第一届联合国人类环境会议在瑞典首都斯德哥尔摩举行。保护环境,第一次明确地成为摆在世界各国面前的重要课题。就在这一年,北京官厅水库上万条鱼离奇死亡。为彻查此事,在周恩来总理的亲自过问

下,官厅水系水源保护领导小组成立,由万里任组长,成为中国最早的官方环保组织。

不久,国家决定成立中国第一个专职负责环境保护的国家级机构"国务院环境保护领导小组"(简称"国环办"),研究生态学的金鉴明作为中国科学院唯一的技术干部代表,被抽调参与筹建。这成为金鉴明人生中的重要转折点。从此,他将科学研究的经验和成果用于国家环境保护政策的研究中去。他说:"我不是完全的管理人员,也不是完全的科研人员,但是,把科研和管理结合到一起,非常有效。"

1973 年 8 月 5 日至 20 日,全国第一次环境保护大会在北京召开,金鉴明参加了这次会议,他称其为"特殊年代里的一次特别会议"。

当时,人们已经意识到国家在环境方面存在问题,但是,面对涉及化学、医药等多学科的环境问题,国内外对于环境保护究竟是不是一门独立的学科,争论不已。金鉴明率先在国内给出了肯定的答案,他认为,环境科学既与各学科交叉同时也有它独有的研究方向和任务,应该是一门新的综合性学科。

在"四人帮"仍控制舆论,肆意说"社会主义没有污染"、"没有公害"时,金鉴明却冒着随时"挨棍子"的危险,认真研究中国环境污染问题,并用笔名出版了《环境保护》一书。"文革"结束后,1978 年,这本书被署上真名再版。他在这本书里向国人介绍了美国女生物学家雷切尔·卡逊写的《寂静的春天》一书,科普了世界一系列怪事的缘由:原来,伦敦的烟雾中含有二氧化硫氧化生成的硫酸液沫,进入人体呼吸系统后使人发病或加速慢性病患者的死亡;日本水俣县的河流上游有工厂排放含汞废水,水中的鱼受到污染,猫和人又吃了鱼,汞含量不断富集并通过食物链把无机汞转变为有毒的有机汞,于是发作怪病;爱尔兰上空海鸟的死亡原因是体内含有高浓度的化学物质多氯联苯。

"为什么人类能登月探险,却不能在地球这个小小行星上安全地饮用水和呼吸新鲜空气?"在这本书中,金鉴明在国内率先明确提出了环境科学的定义、研究内容和方法,并呼吁"合理开发利用自然资源的同时,也要保护自然,更自觉地预测人类活动对自然界近期和长期的影响"。

1984年,金鉴明在西班牙马德里代表中国参加联合国自然资源保护大会

生物多样性是我们的生命

20世纪70年代,中国开始注意到环境污染问题,提出要对"三废"(废气、废水、废渣)进行治理。但金鉴明认为,环境保护不能仅仅关注对工业污染的控制,还应该包括对自然生态的保护,减免生态破坏。在他和有关专家多年持续不断推动下,自然保护与"三废"治理成为并重的环境保护两大任务,被写进中国第一部《环境保护法》(于1989年颁布)。

改革开放后,金鉴明受命组织"自然保护处",从此奔波在全国各地

每一个发现有"宝贝"需要保护的地方,亲手推动了近百个自然保护区的建设。

辽宁蛇岛,是在金鉴明努力下建立起来的环保系统第一个国家级自然保护区。蛇岛,因有大量的特殊种类蝮蛇而得名,这种剧毒蛇是世界上的无价之宝。科学家发现,这种蛇牙齿里的毒液经提取后可治疗胃癌,日本人曾提出愿意用 10 克黄金换 1 克该蛇毒液,中方没有同意。

可是,金鉴明却发现,蛇岛的生态环境十分令人担忧。由于没有保护屏障,周边海域船只的排污极大地影响了蝮蛇的生存环境,加上附近居民并未意识到此种蝮蛇的珍贵价值,大量人为捕杀,使蝮蛇濒临绝迹危险。

于是,金鉴明积极促成了辽宁蛇岛老铁山自然保护区的建立,使蝮蛇数量逐渐回升。同时还倡导结合国情的保护区自养模式,构建了蛇园、蛇博物馆、蛇制药厂、蛇医院等生态产业链,将合理有限的小规模开发应用与保护、科研、宣传、治疗相结合,实现生态效益、经济效益和社会效益的多重丰收。

金鉴明痛惜地说,中国是世界上生物多样性最丰富的国家之一,但过去曾被外国人讥讽"你们遍地都是宝,却有眼不识宝"。由于缺乏鉴别力,有的物种曾被外国人万水千山地从中国带回去,海关也没能识别发现,后来在海外落地生根,发展得比在中国还好。

他还介绍,当前,地球正遭遇一场世界范围的物种灭绝危机。据估计,地球上曾经存在过至少 5000 亿个物种,如今其中 99% 以上已经消亡。还有专家估计,全球人类活动造成的物种灭绝速度是自然条件下的 1000 倍。目前,世界 1/3 的两栖动物、1/3 的珊瑚虫、1/4 的哺乳动物和 1/8 的鸟类被列为濒危物种。

"生物多样性就是我们的生命。生物多样性的丧失,必将严重危及人类的生存发展，危及子孙后代。"金鉴明语重心长地说。建立自然保护区，正是为了完整地保存自然环境的本来面目，划出特定区域对具有代表性的生态系统加以特殊保护，尤其要保护那些世界珍稀的，或濒于灭绝的物种，它们既是国家经济建设天然的"资源库"，也是自然资源和生物物种的"基因库"。

1994 年，由金鉴明主持起草达 10 年之久的《自然保护区条例》颁布，使国家对自然资源的保护有法可依。从保护典型生态系统的中国吉林长白山温带森林自然保护区、海南岛坝王岭热带森林自然保护区，到保护某类特有生态系统的四川王朗大熊猫自然保护区、广西花坪银杉自然保护区；从保护某类珍稀物种的安徽扬子鳄自然保护区、福建格氏栲自然保护区，到保护特殊自然风景或历史遗迹的四川九寨沟自然保护区、黑龙江五大连池自然保护区……截至 2016 年年底，全国已建立起 438 个国家级自然保护区。

金鉴明还与同事们一起积极探索多种不同类型的自然保护区管理模式，如贵州草海自然保护区采取的社区共管型模式，将生态保护和推动当

1994 年，金鉴明与四川卧龙自然保护区的大熊猫在一起

地经济相结合,既维护了周边的自然环境和生态资源,又帮助当地百姓逐渐由贫转富。

为了尽可能地维护生物多样性,只要发现有可以作为之事,金鉴明便全力以赴。当年,八国联军侵华时,曾将放养在南苑皇家猎苑和南海子的麋鹿劫杀一空,致使这种中国特有的动物后来竟在中国本土绝迹。当得知英国的乌邦寺庄园还保留了从中国带回的麋鹿,金鉴明极力促成了麋鹿"回归家园"。1983年,麋鹿在中国消失了近一个世纪后,终于乘飞机回到了北京南海子麋鹿苑。随后,麋鹿被列为国家一级保护动物。

1983年,金鉴明(后排右三)考察北京南海子麋鹿苑

乌邦寺庄园的继承人塔维斯托克侯爵曾在致金鉴明的信中说:"麋鹿还乡一事,对我和我的家族来说,具有特别重要的意义。我的曾祖父挽救了麋鹿灭绝的命运。同时,历史不会忘记那些在经历过120年漫长岁月后,又致力于让这种著名动物回家的人。"

生态发展不是抽象的虚词

自参与筹建"国环办"至今,金鉴明亲历了中国环境保护事业发展的全过程。1982年,经过第一次机构改革,国家在"国环办"的基础上成立了环境保护局,1998年升格为正部级的环保总局,2008年改为国务院单独的组成部门环境保护部。金鉴明一直在其中积极发挥科技骨干的作用,先后任自然保护处处长、国家环境保护局总工程师、副局长等职。

他看到国家对环境保护事业越来越重视,看到越来越多和他一样珍视环境的人加入环境保护的队伍,包括有许多民间环保组织出现,但也看到国家的环境和生态问题越来越棘手。

"恐怕还是一个GDP的问题。"金鉴明认为,人们在经济收益的巨大诱惑前,只注重眼前利益,而不考虑长远利益,是造成环境问题的根本原因。"我们的GDP上去了,成为全球第二大经济体,但是付出的代价太大了。如果把浪费的资源和环境算进去的话,我们的GDP没那么多。"

近20年来,金鉴明将更多的精力投入生态学与经济发展的结合中。在他看来,生态发展不是抽象的"虚词",而是包含着丰富的思想和扎实的行动。他在全国范围内积极地推进生态农业、生态城市和生态工业园区的建设。

20世纪80年代,金鉴明和同事建立了中国第一个生态农业试点"北京留民营",将国外生态农场理念与中国实际结合,使用沼气、太阳能等清洁能源,各种物质循环利用,用最少的能耗生产尽可能多的绿色产品,一些蔬菜、水果还出口到国外,开创了中国生态农业的先河,获"国家科技进步一等奖"。

浙江宁波的滕头村生态建设,是金鉴明另一个更为满意的项目。在他

的积极促进下,20 世纪 90 年代,"滕头环境资源保护委员会"成为中国第一个村级环保机构,对引进有污染的项目实施"一票否决制",把已有污染企业全部转型至绿色制造、生态农业和生态旅游。经过十余年建设,2007 年,滕头村获首批"世界十佳和谐乡村"荣誉。在 2010 年上海世博会中,以其为原型的"滕头馆"在全球申报的"最佳实践区"案例中脱颖而出,成为唯一的乡村案例。

他还主持推动了中国第一个生态城市——江苏省张家港市的生态文明建设。在金鉴明的直接指导下,20 世纪 90 年代,张家港市率先提出了"既要金山银山,又要绿水青山"的发展理念,从爆破拆除市政府大院食堂的大烟囱开始,在全市范围内发起了"烟囱革命",拆除燃煤锅炉 500 余台、砖制烟囱 100 余根;以沙钢为代表的冶金、制药、化工等高污染企业,全力发展循环经济,从"三废"中抠回巨大经济效益,并将污染排放降到最低,部分区域实现零排放;昔日又黑又臭、被市民戏称为"龙须沟"的城中小河,被彻底整治成河水清澈、两岸绿树成荫的"城市会客厅"……"把自然融入城市,让城市融入自然",这是金鉴明心目中的现代城市发展应有之义。

此外,从浙江安吉县的竹业工农生态循环产业链模式,到实现电力零消耗、环境零污染的河北金隅水泥企业生态发展探索,再到有"低碳硅谷"之称的上海张江高科技国家生态工业示范园区……金鉴明不遗余力地把生态发展的理念推广到全国的农村、企业和城市,努力通过切实有效的探索使环保成为一件"多赢"的好事。

至今,已年逾八旬的他仍然奔波于全国各地,每天工作至凌晨,每月至少有一半时间在出差。他说,在忙忙碌碌中,几乎忘了自己已逾八旬。他以"虽在耄耋之年,而吾人苟奋自我之欲能"自勉,希望继续为中国环保事业添砖加瓦。

针对国人日益关切的雾霾、水污染等环境问题，金鉴明说："如果结构不调整，发展方式不改变，污染就一定还会发展下去。"但他觉得看到了希望："党的十八大把生态文明建设放在了突出地位。我们现在有'美丽中国'的目标，有'绿色发展'的理念，有循环低碳的技术，也有建立资源节约型、环境友好型社会的制度，关键就在于——有没有决心！"①

---

① 2017 年 9 月 19 日，金鉴明先生不幸逝世，享年 85 岁。中国工程院在致其亲属的唁电中表示："金鉴明院士热爱祖国、敬业奉献、勇于创新、治学严谨，具有崇高的科学精神和人格魅力，是我们学习的楷模。金鉴明院士的逝世，是我国环境生态工程科技界的重大损失，也是中国工程院和中国工程科技界的重大损失。"

金怡濂 迭代 "超算" 展神威

金怡濂（1929—　　），计算机专家，中国工程院院士，中国计算机事业开拓者和奠基人之一，国家最高科学技术奖获得者。

"每做一件事，我们都必须十分认真地去分析这件事究竟能不能做，既不能畏首畏尾，也不能盲目冒险。"

"如果只为个人利益，必然产生一些短期效应，这就是'浮躁'。无论何时，搞科研，奉献精神还是不可少。"

引 言
Introduction

　　早在多数中国人尚不知计算机为何物时，金怡濂就参与了中国第一台大型电子计算机的研制。在长达半个多世纪的人生岁月中，他成天不是趴在图纸上，就是泡在机房里。

　　他身高一米八几，面容俊秀，文质彬彬而不失潇洒风度。他生性低调内敛，不善辞令，躬于实干，坚信"生命在于做事"。

　　他先后主持完成中国多种大型、巨型计算机(也称"超级计算机"或"超算"，Super Computer)的研制，系统性、创造性地提出了巨型机的体系结构、设计思想和实现方案，对中国计算机事业特别是巨型机的跨越式发展贡献卓著。1994年他当选为中国工程院首批院士，是2002年度国家最高科学技术奖唯一获奖者。

　　关于自己从事了一辈子的计算机事业，金怡濂说："计算机领域最大的特点就是'新'。不断创新，不断有新东西出现，没有最好，只有更好。"

计算机选择了我

1956 年,中共中央发出"向科技进军"的号召,电子计算机技术被列为国家科学发展的四个重点学科之一。不久,20 名年轻人被选派赴苏联学习计算机研制,时年 27 岁、毕业于清华大学电机系的金怡濂就是其中一员。

他回忆说:"当时,电子计算机在世界上刚刚问世 10 年,中国没有多少人知道什么是计算机,国家急缺这方面的人才。与其说是我选择了计算机,不如说是计算机选择了我。"

金怡濂虽不算名门之后,却也称得上书香门第。其父金奎毕业于南洋公学(上海交通大学前身),后公派留学美国,回国后在天津电话局任技术工程师,并在南开大学兼任教职,收入不菲。其母王琬兰出身大户人家,知书达理,其兄王赓曾在美国普林斯顿大学、西点军校留学,后成为著名抗日将领。

金怡濂在四个兄弟姐妹中排行老三,从小住的是两层小楼,起居有保姆照料。小怡濂自幼生性安静内敛,在人多的场合说话会紧张。但他脑子灵、擅学习,曾和比他大两岁的姐姐爱濂同时起步学习象棋,渐渐发展到他让姐姐"车马炮"三子,姐姐也无法赢他,令父亲也惊诧于其棋路之刁、攻守之严。

金怡濂自言在处世方面受母亲影响较多。母亲为人温厚,习惯用善意的眼光去看人待物,故而家庭和睦,邻里和谐。在人生观方面,他则受父亲影响较深。金奎一生之理想乃科学救国,常在家庭餐桌上表达对当局政治腐败不满,经常讲"只有科学和技术才最清白","只有发展科学技术,中国才能强大",希望子女未来做对国家社会有用、靠自己本事吃饭的人。

儿时,金怡濂曾随父亲进过电话局机房,满屋子嘀嗒作响的机器令他

觉得复杂又神奇,对科技充满向往。一次,父亲特意领他去坐火车,从天津东站到天津北站,一路上和他讲詹天佑的故事,告诉他:"只要下功夫、肯努力,外国人能做到的事情,中国人也一定能做到。"受父亲影响,仍是懵懂少年的金怡濂曾在作文里写道:"我的理想是当一名像詹天佑一样的工程师。"

1937年,日军侵华,天津沦陷。金奎不愿为日本人效力,辞职另谋了份薪酬微薄的差事,家中经济日渐拮据。金怡濂就读的耀华学校(原天津公学)校长、著名教育家赵天麟因抵制日本奴化教育触怒日本宪兵,惨遭暗杀。金怡濂见到日本士兵拎着刺刀在街上行走,看到身穿和服的日本女教师趾高气扬地走进耀华学校,他逐渐理解并继承了父亲"科学救国"的志向。然而,眼见强敌入侵,山河破碎,他无力地感到自己的志向"似乎只是一个遥远的想象"。

1947年,金怡濂考取慕名已久的清华大学,并"子承父业"地选择了电机系,与后来出任国务院总理的朱镕基成为同班同学。忆及清华求学时光,金怡濂总结为三句话:上课很过瘾,生活很艰苦,学习压力很大。在清华,很多基础课都由名教授讲授,金怡濂非常刻苦,时常自习至深夜,打下了坚实的基础。

大学毕业后,金怡濂服从分配,与系里另几名同学一同身披大红花参军入伍,成为中国人民解放军总参谋部的一名解放军战士。他事后才得知,原来他们这一批共十名清华和北大毕业生到总参工作的指标,还是周恩来总理特批的,而他是十人之中唯一的群众,因成绩好、人老实、政治可信而被选中。

1951年,金怡濂在清华大学的毕业照

1956 年,周总理亲自领导制定被誉为"中国科技史上的第一个规划"的《科学技术发展十二年远景规划》,目的是"迅速壮大国家科学技术力量,力求某些重要的和急需的部门在十二年内接近或赶上世界先进水平"。作为实施该计划的一部分,金怡濂被选派前往苏联科学院精密机械与计算技术研究所进修电子计算机技术。

留苏期间,金怡濂参加了 1957 年"十月革命节"红场群众大游行,并在莫斯科大学礼堂与数千名中国留学生一起聆听了毛主席关于"世界是你们的,也是我们的,但是归根到底是你们的"的演讲。演讲令他热血沸腾,对他以后的人生道路产生了非常深刻的影响。

中国第一台大型计算机诞生

虽是初次接触计算机技术,但金怡濂学起来并不感觉困难。他觉得,清华教授们传授的一些学习方法,例如世界级电信网络专家闵乃大教授教的"抓住概念"的方法,令他受用终身。他总结自己的学习经验说:"很多理论书都非常厚,那些公式谁也记不住,但通过反复深入的思考,抓住概念,弄清问题的核心是什么,就好办了。然后,有了想象力、基础和方法,就可以不断攀登。计算机这个行业发展太快,从电子管、晶体管、集成电路、硬件、软件到网络,不断出现新东西,怎么可能都在学校学? 只有靠自己,不断学习,不断摸索,不断前进。"

1958 年 7 月,在完成了对电子计算机的"启蒙"后,金怡濂坐了七天七夜的火车,从莫斯科回到北京。他只回原单位报了个到,随即就被派往中国科学院计算技术研究所,参与中国第一台大型计算机 104 机的研制。

104 机,是以苏联的 БЭСМ–Ⅱ机为蓝本研制,金怡濂在莫斯科时就已反复研究过苏方的图纸,对其原理和结构比较了解。但时值"大跃进"时

期,在"大干快上"的热潮中,质量得不到足够的重视,因而,如何确保计算机的稳定性和可靠性,成了他面临的难点。

当时的计算机,体积都十分庞大。全世界第一台电子计算机"埃尼阿克"(ENIAC)诞生于1946年,占地170平方米,重达30吨,能在1秒内进行5000次加法和500次乘法运算。而104机的主机和电机组机房各占地200平方米,共有22个机柜,使用了4200个电子管、4000个晶体二极管,每秒能运算1万次。

为了能尽早研制出中国人自己的大型计算机,除吃饭、睡觉和非参加不可的集体活动外,金怡濂和同事们几乎所有时间都泡在机房。除了研究设计,他们还花了大量时间,想了许多办法,排查机器的每一个工艺环节,以确保"一个焊点也不能出问题"。他解释说:"计算机是个很特别的东西。算一个数,需要很多器件一起工作,哪里在某个瞬间断一下,计算结果就会出大错。所以,工艺质量和设计质量一样至关重要。"

1959年国庆,104机正式宣布研制完成。《人民日报》头版头条报道了这一喜讯。随后,它圆满完成了包括中国第一颗原子弹在内的许多重大课题的相关科学运算。

此时,金怡濂已离开104机研究组,又陆续投入4台大型计算机的研制工作中。时值三年困难时期,金怡濂和同事们即使吃不饱,也仍坚持"白加黑"地连轴转,困了就到机房隔壁的库房睡一觉,醒了再回到机房接着干。

"运算控制",被称为计算机的大脑和心脏,是金怡濂主攻的方向。他先后提出了一系列可行性建议和改进方案,攻克了"穿通进位链加法器"等课题,逐步成长为中国大型计算机研制领域的骨干力量,被破格提拔为研究室副主任。

那种喜悦，难以言表

1964 年，国家组织"三线建设"，在"备战备荒为人民，好人好马上三线"的号召下，金怡濂携家眷随单位从北京迁往大西南，一去就是 20 年。

在大西南的山林深处，他们住在干打垒的房子里，各项物资凭票供应。金怡濂一边照顾家庭，一边继续全身心地投入新型计算机的研制。

不久，"文革"爆发。全国许多科研单位相继"停摆"，但金怡濂所在的研究所"基本还在前进"，而他本人经组织鉴定为"可以改造好的人"，虽被贴大字报，免去"副主任"头衔，但仍旧可以继续从事科研，这令他深感"实在幸运"。

1969 年，金怡濂临危受命，作为主要技术负责人和总体组组长，主持国家重点工程"九○五乙机"的研制。当时，中国的电子工业基础非常薄弱，金怡濂一方面与同事们下大力气帮助合作的元器件生产厂家提高质量，另一方面在国内首次提出"双机并行"的处理器系统结构，以双机并行提高机器的速度和稳定性，从而弥补了元器件的可靠性不足。

双机并行，在当时被不少人认为是"异想天开"。但金怡濂说，这是脚踏实地的构想，源自多年坚持追踪国际新技术的心得。即使是在鼓吹"知识无用"的年代，哪怕身在大西南信息闭塞的山区，金怡濂仍想尽办法获取最新学术信息。一有机会到大城市开会或办事，他必定要去图书馆或资料室查阅资料。他说："搞科研的人，不跟踪了解本专业的先进技术，无异于瞎子聋子。长此以往，思维会迟钝，会失去想象力和创造力，失去创新的灵感和激情。"

在西南山区，科研只能因陋就简。印制板车间里充斥着刺鼻的化学制剂气味；数千个比米粒更小的磁芯，中间要穿过三根细铜丝，全凭一群好眼

1999 年，金怡濂重返西南山区曾工作过多年的地方

力的年轻人手工完成；数以万计的组件，全部手动组装……尽管如此，金怡濂仍坚持认为："科研条件固然重要，但起决定性的因素还是人。"

凭着"革命加拼命"的精神，1976 年，九〇五乙机宣告研制完成，运算速度达每秒 350 万次，开创了中国并行机研制的先河。

至今，回忆起九〇五乙机研制终获成功的时刻，金怡濂仍面露满足的笑容："那种喜悦，难以言表，一般人很难体会得到。"

核心技术花钱买不来

1978 年，中国迎来"科学的春天"。金怡濂代表九〇五乙机的全体参研人员、设计组以及他个人，在第一次全国科学大会上捧回了 3 张奖状。2 个月后，他被派往美国和日本考察大型计算机技术。

改革开放之初，国家发展急需更高性能的巨型机，迫不得已花巨资从国外进口了一台。使用时，需额外花钱"聘请"两位"洋监工"，由他们在控制室监视机器的使用。双方签订的协议中还明确规定：中方人员不得进入控制室，开机、关机须由外方负责操作，中方不得将机器派作他用……

"核心技术是花钱买不来的。"感受到切肤之痛的金怡濂痛下决心，无论如何也要研制出属于中国人自己的、不输给任何人的高性能计算机。邓小平同志也明确提出："中国要搞四个现代化，不能没有巨型机。"

20 世纪 80 年代，"银河"向量亿次机和九〇五工程亿次机 2 台运算速度达亿次级的巨型机相继研制成功。1991 年，金怡濂所在的研究所又成功研制出速度达每秒 10 亿次级的中国第一台大规模并行处理计算机，逐步缩小与美国、日本等国的差距。

1992 年，国家并行计算机工程技术研究中心成立，由金怡濂出任主任。摆在他面前的一个重要难题是：下一个目标定在哪，100 亿还是 1000 亿？

当时各方争议不断。金怡濂是少数赞成直接研制千亿次级巨型机的人之一。他说："冒险和求实，是一个问题的两个方面。每做一件事，我们都必须十分认真地去分析这件事究竟能不能做，既不能畏首畏尾，也不能盲目冒险。我支持直接研制千亿次级绝非一时冲动，而是反复研究国外同行的成果近一年后得出的结论。当我说出 1000 亿时，心中至少已有了七八成把握，剩下两三成，也有一个初步判断，预计那些问题可以解决。"此外，他还有另一层考虑，直接挑战千亿次级，将是一次迎头赶上美、日等国的机会。"机不可失。计算机发展太快，早一年是先进的，晚一年就落后了。"

在金怡濂的着力推动下，新一代巨型机的目标最终确定为千亿次级，取名"神威"，由金怡濂出任总设计师。

在研制"神威"的过程中，金怡濂提出了比从前任何一个项目都更为严苛的质量要求："我们的目标是，哪怕一个焊点、一枚螺丝钉，也要体现世界先进水平。"于是，在金怡濂的"高压"下，无论是在 5 厘米见方的器件上完美地焊接 500 多条"腿"的高难度工艺，还是在研制进程中临时决定更换新一代性能更高的芯片……各种大大小小"不可能完成的任务"，均一一变为现实。

2004 年，金怡濂在上海超级计算中心"神威"计算机前

1996 年 9 月，"神威"研制成功。经测试，其峰值运算速度达每秒 3120 亿次，跨入国际领先行列。这意味着，仅用四年时间，中国高性能计算机的水平提高了三百余倍，远超"摩尔定律"每四年提升一个数量级的速度。

国庆 50 周年，"神威"准确计算出当天北京的天气：清晨 5 时雨会停，3 小时后将云开雾散。在天安门广场盛况空前的国庆阅兵典礼现场，当太阳如期露出笑颜，受邀参加观礼的"神威"总设计师金怡濂也舒朗地笑了……

此后，金怡濂继续带领团队冲击世界最先进水平。2001 年年底，"神威 Ⅱ"研制完成，速度达每秒 13.1 万亿次，其峰值速度和持续速度均超过当时世界上性能最高的超级计算机，且体积更小，功耗更低。由于对中国超级计算机发展做出了重大贡献，金怡濂荣获 2002 年度国家最高科学技术奖，是当年唯一获奖者。

世界第一，当之无愧

2015 年 10 月，来自中国、由国防科技大学研制的"天河二号"以每秒 3.39 亿亿次的持续计算速度连续第六次荣登全球超级计算机 500 强榜首。

但由于"天河二号"使用的是美国英特尔公司的芯片，美国商务部于同年宣布对中国禁售高性能芯片。

半年后，2016 年 6 月，在法兰克福国际超算大会（ISC）上，同样来自中国的"神威太湖之光"以 3 倍于亚军"天河二号"的速度，成为全球超级计算机 500 强"新科状元"，并于 2017 年蝉联桂冠。

"神威太湖之光"即由金怡濂所在的国家并行计算机工程技术研究中心研制，完全采用中国自主研发的高性能芯片构建。它是世界上首台峰值计算速度超过每秒 10 亿亿次的"超算"，其峰值计算速度达每秒 12.54 亿亿次，持续计算速度为每秒 9.3 亿亿次，性能功耗比高达每瓦 60 亿次，3 项性能均为世界第一，且遥遥领先。其研制团队于 2016 年 11 月荣获有"高性能计算领域的诺贝尔奖"之称的"戈登·贝尔"奖。该奖项近 30 年一直为美国和日本科学家垄断，这是中国人在此领域实现的零的突破。

金怡濂感叹说："今天的计算机，无论运算能力还是应用范围，都远超当年想象。当年刚接触计算机时，我对它的理解主要局限在科学计算，认为搞原子弹、气象预报之类的研究，没有计算机不行。如今，计算机发展太快了，几乎没有哪个行业离得开它。可以说，计算机改变了世界。"

他表示，未来，"超算"的运算能力将突破每秒百亿亿次。据悉，计划于 2018 年 6 月竣工投用的中国下一代神威 E 级计算机就将可能拥有如此惊人的运算能力。每秒百亿亿次的计算速度是什么概念呢？这意味着，它一分钟所能完成的计算量，相当于全球 72 亿人不眠不休地用计算器计算 200 余年。

如今，耄耋之年的金怡濂已退居"二线"，但仍然担任顾问一类的工作，始终密切关注着中国和世界超级计算机未来的发展。

金怡濂一生低调勤奋。数不清的光阴，不是趴在图纸上做设计，就是泡在机房里搞研究。因一直忙于科研，他 30 岁时仍孑然一身，后来与研究

金怡濂与夫人陈敬

所里新来的女大学生陈敬擦出火花，还是经"鬼灵精"的助手小马帮忙"撮合"，才得以成就一段美满姻缘。

在工作中，他是能和年轻人打成一片的"老爷子"。发现问题会严厉批评，但多数时候和蔼可亲。他会买巧克力慰问"一线人员"，还曾为一位业务突出却不重仪表的女副总设计师聘请形象顾问。他喜欢大胆重用年轻人，不少由他培养锻炼的技术骨干已成为业界翘楚、中坚力量。他家的电话是24小时"热线"，从副总设计师到一般技术人员，谁有问题都可以随时找他沟通。不过，若是媒体想要采访他，他就又立刻变得"金口难开"了。在荣获国家最高科学技术奖后，许多媒体的采访邀约都被他婉言谢绝，他总是讲"事都是大家干的，我没什么好说的"。

研究了半个多世纪的高性能计算机，多数时间里，金怡濂在经济上并不宽裕，多年拿固定工资，住单位宿舍。他说："我们这代人，生活比较坎坷，经历过国民党统治、抗日战争、'文革'、改革开放，社会正面和负面的好坏对比，在我们的头脑里比较清晰。我们选择个人道路的余地不是很大，但是，读了点书，学了点东西，能干点对国家有帮助的事，就会很高兴。现在的年轻人与我们这一代人不同，希望待遇高一点，希望工作跟自己的爱好结合更紧密一点。这种变化有其合理之处，时代在发展，社会总会有变化。但是，如果只为个人利益，必然产生一些短期效应，这就是'浮躁'。无论何时，搞科研，奉献精神还是不可少。"

李德生 我为祖国献石油

李德生(1922—　　　),石油地质学家,中国科学院院士,国家科学技术进步特等奖获得者。

"尊重科学,尊重事实。不能蛮干,等情况彻底摸清后再大干也不迟!"

"个人利害关系从来不考虑,只想尽快为中国找到油。"

"终于能实现年轻时开国产车、用国产油的愿望,我真是太高兴了!"

引言

Introduction

　　李德生穿着挺括的黑西装,衬衫领子白得耀眼,胸前佩戴一朵大红花,红花下面的飘带上写着金灿灿的"寿星"二字。他从容地走向发言台,开始侃侃而谈,做题为《中国多旋回叠合含油气盆地的理论与实践》的学术报告。台下,可容纳200人的报告厅座无虚席,包括13位院士在内的听众全在埋头认真做笔记。

　　这是李德生90岁寿辰庆祝活动的一部分。他是中国科学院科士、第三世界科学院院士、中国石油地质方面首屈一指的专家。

　　在玉门、大庆、延长、胜利、大港、任丘、辽河、柴达木、塔里木……几乎每一个中国的大油田,都有他用小地质锤敲打过的痕迹。他曾脚踏毡靴三进祁连山,也曾走遍台湾西部平原;曾策马奔腾在茫茫戈壁,也曾驾车驰骋在东北雪原……及至九旬高龄,他仍每天六点半起床,坚持到办公室工作。而这一切,都是为了同一个理想——"为中国找油"。

玉门：戈壁滩上寻找工业的血液

"羌笛何须怨杨柳,春风不度玉门关。"早在诗人王之涣所在的盛唐时代,河西走廊西部戈壁腹地中的玉门已是"春风不度"的荒凉之地。树木在此无法生长,只有一丛丛低矮的骆驼刺点缀在漫天的黄沙碎石之中。

1945 年,在重庆郊区的歌乐山,23 岁的国立中央大学地质系毕业生李德生爬上一辆装满物资的美国道奇卡车,准备前往玉门。唯一来送别的人是其女友、中央大学的师妹朱琪昌。她说:"毕业后我也去玉门,到时我们把家安在玉门。"

继上海滩的弄堂、浙江丽水的校舍、重庆中央大学的宿舍之后,远在西北的玉门,将成为李德生的第四个"家"。

李德生自幼在上海长大,家境清贫。

李德生与夫人朱琪昌结婚照

两个哥哥都是念完小学后就去当学徒,做工贴补家用。但李德生拒不接受此种安排,一心渴望读书。惜才的小学老师帮他争取到在一所初中免费上学的名额,这才使他得以继续学业。

他初中毕业时,适逢日本侵华,上海沦陷。怀着"不当亡国奴"的信念,李德生告别亲人,和几位同学辗转到达浙江丽水,以沦陷区学生的身份免费入读浙江省立临时联合高中。他选择了理科,一门心思想要"实业救国"。

1941 年,李德生赶到湖南衡阳参加高考。南迁重庆的国立中央大学、西南联合大学等多所大学联合招生,衡阳是全国十个考点之一。考试全在夜间进行,因为白天随时要钻防空洞躲避日军轰炸。各大学无法寄送录取

通知书,因为多数考生根本没有固定地址,录取名单只在 3 个月后刊登于《中央日报》上。发榜那日,李德生欣喜发现,自己被国立中央大学地质系录取,这是他的第一志愿。

在中央大学,李德生有机会聆听包括李四光在内的多位著名地质学者授课。而一件小事,使他深切体会到石油的重要性。当时,中央大学位于郊区,学校设有校车往返于重庆市区。因汽油和柴油严重匮乏,校车只能以木炭炉产生的煤气为燃料,速度奇慢不说,还经常走走停停,动力不足时司机就要下车拉动风箱,把火烧得更旺,才能继续前行。

石油是"工业的血液"。没有石油,飞机、坦克、汽车就形同废铁;没有石油,也不会有化纤、化肥、塑料。那时,因日军阻断了中国进口石油的通道,国内极度缺油,国民政府一度喊出"一滴汽油一滴血"的口号。

"为中国找油",李德生暗自立下志向,选择经济地质学作为自己的专业方向,主要研究包括石油、铁、锡、铝等在内的多种经济矿物的勘探开发。他毕业后打算到玉门安家,是因为在玉门发现了石油。1939 年,玉门凿出第一口油井,年产石油约 3 万吨,而这一产量已占当时全中国石油产量的90% 以上。

毕业前夕,玉门油田矿长严爽亲自到中央大学"招兵买马",表示"只要是中央大学的毕业生,来者不拒"。地质系共有十几名毕业生,包括李德生在内有三人报了名。

坐着那辆道奇卡车,颠簸两个多月,李德生终于抵达玉门。戈壁滩上的生活无疑是艰苦的。工人们住的叫"地窝子",就是在地上挖个大土坑,再盖上羊毛大毡作为"屋顶"。像李德生这样的技术人员受到优待,可以住简陋的单身宿舍。当地寸草不生,食物都要从几百公里外的县城运来,最常吃的菜是清水煮萝卜。

　　李德生被收编到著名地球物理学家翁文波麾下，成为中国第一支重力勘探队队员。他们走过河西走廊的广大地区，三次穿越祁连山脉分水岭，进行重磁力勘探。后来，他又参加玉门石油的发现者、著名石油地质学家孙健初领导的地质详查队，奔波于连绵起伏的丘陵山地之间。

　　在风沙遮眼的恶劣气候中，书生们学会了骑马、骑驴、骑骆驼。每次一进山就是一个多月，除了常规的测量仪器、帐篷和炊具，还要带着礼物和枪支。遇到少数民族就送礼物，以示友好；遇到"敌人"则拔枪射击，保障安全。一次勘探路上，他们遭遇十二匹恶狼一字排开从正面冲来，翁文波、李德生和另一名队员即刻举枪射击，将两匹狼立毙枪下，剩余群狼四散逃窜。他们把狼尸运回营地，村民们将他们尊为打狼英雄，纷纷割走一片狼舌挂在自家门前，以吓退来犯的狼。

　　那是一段异常艰苦的岁月，但李德生感到受益匪浅，永生难忘。

　　1946年，抗战胜利后，为接管日本人留下的多个油田，中国石油总公司在上海成立。翁文波调任总公司勘探室主任，李德生随之调任总公司勘探

　　几乎中国每一个大油田，都有李德生用小地质锤敲打过的痕迹

室助理地质师。他先后被派往台湾、江苏等地进行重磁力勘探详查,1950年调任延长油矿主任地质师。这些经历和锻炼使李德生日臻成熟,开始崭露头角。

1954 年,32 岁的李德生被调回玉门油田,出任玉门矿务局总地质师。他带领勘探组成员发现并开发了白杨河、鸭儿峡等 5 个油田,使玉门油田的年产量至 1958 年提升到 100 万吨。玉门建成新中国第一个天然石油基地。

半个世纪后,2009 年,玉门油田举行七十华诞庆祝大会,李德生被授予七十年来唯一"玉门油田开发建设功勋地质师"荣誉证书,以表彰他的杰出贡献。

大庆:三点定乾坤

1959 年 9 月,在东北一个叫大同的小镇附近,编号为"松基三井"的油井口喷出了黑色的油流。3 个月后,李德生被任命为大庆油田会战指挥部的地质指挥所副指挥兼地层对比大队队长。

那时候的大庆还没有名字,李德生和同事们管这片茫茫雪原叫作"红色草原牧场"。

"它究竟是大油田还是小油田? 是死油田还是活油田? 是高产油田还是低产油田?"在指挥部会议上,时任石油工业部部长余秋里连珠炮般地向以李德生为首的技术人员提出了三个问题。

李德生的答案是:"现在还不能回答,还需要做进一步的工作。"

余秋里和李德生已是旧识,而且是"不打不相识"。

余秋里行伍出身,曾任晋绥军区第七军分区司令员,在长征中失去了左臂,毛泽东叫他"独臂将军"。1958 年 2 月,他出任石油工业部部长。上任伊始,传来川中盆地 3 个油井相继出油的消息,余部长决定吸收"三大战役"经验,集中优势兵力,开展石油"大会战"。同年4月,李德生被调任新组建的川中矿务局总地质师。

当时苏联专家认定川中是大油田,憋着劲"大干快上"的领导小组很快拍板:在已出油的3个地质构造上迅速"拿下"20口关键井。在全国"大跃进"超英赶美的热烈氛围中,整个油田上下欢欣鼓舞、跃跃欲试,唯有李德生开口泼了冷水。经过考察和研究,他认为川中油田是裂缝油田,开发需要当时中国尚不具备的压裂酸化技术,因此向领导小组建议:"不能蛮干,等地质情况彻底摸清后再大干也不迟!"

"扯淡!等你资料收集齐了,人家钢铁大王都已经把英国、美国赶超了,我们还干个啥!你这叫动摇军心,知道吗?"独臂将军拍了桌子。

坚持要"尊重科学、尊重事实"的李德生成了"白旗头子",挨了批判之后被撤职,发配回北京编写"中国沉积盆地及地质背景的编制和说明书"。大会战的地质副指挥回京去坐冷板凳,李德生却自得其乐。半年后,他交出了1:3000000比例尺的彩色中国沉积盆地分布图及一份详尽的报告,逐一列出了中国每个沉积盆地的大地构造位置、形成时期、各沉积层厚度和岩性、可能的含油气层层位等,在1959年11月北京召开的石油科学会议上广受领导及专家好评。同时,被李德生不幸言中,川中油田打出多口干井,年产量不及原期望值300万吨的十分之一,川中会战以失败告终。

在东北雪原,当"秀才"李德生与"老兵"余秋里再次相遇,独臂将军果断让李德生"放手去干"。

在川中会战中显得"谨小慎微"的李德生,这次考察后,却提出了一个"胆大妄为"的构想:"甩开探测,直接在松基三井北部70公里外的萨尔图、杏树岗、喇嘛甸3个大构造顶部各打一口预探井。"

这个建议的风险很大:一是他只是根据地质构造推测而不能肯定北边

一定有油,也有可能人财物投下去,却发现那里只是含水量高;二是这种做法不合规矩,一般探井见油后,常规做法是以已出油井为基点,每隔 2 公里打评价井,以探明油田边缘及储量。作为地质师,最稳妥的建议自然是按规矩办事,但对李德生来说,"个人利害关系从来不考虑,只想尽快为中国找到油"。

余秋里兴奋地拍着李德生的肩膀,让他放手去干:"明天就去!以最快的速度!"还特意嘱咐"不用回来汇报",全权交由李德生调度,一旦确定井位,就地打井。

李德生一夜未眠,连夜利用缩放仪将地质部送来的 1:100000 比例的地震构造图缩至与他手里地形图一致的 1:50000 比例,因为只有两张图比例一致,才能在实地找到构造顶部。

第二天,李德生带着测量队顶着风雪出发了。在完全没有路的雪原上,李德生一手拿着地形图和地震构造图,一手拿着罗盘仪,他说往哪里走,司机就把车往哪里开。在找到萨尔图附近的大架子屯后,以其为基点,展开精确测量,最终确定了萨尔图构造的顶部。李德生亲自钉下标定预探井"萨 1 井"(出油后改编为"萨 66 井")井位的木桩。接着,又定下"杏 1 井"(出油后改编为"杏 66 井")、喇 1 井(出油后改编为"喇 72 井")井位。

完钻后,3 口预探井经测试均日产原油 100 至 200 吨。经进一步研究证实,大庆为性质良好的特大型油田。李德生进一步建议,采用横切割分区开发和早期线状注水技术保障大庆油田的高产稳产。1964 年,大庆油田即实现在开发面积内原油年产量达 500 万吨。1976 年全面投入开发后,大庆原油年产量稳定在 5000 万吨以上,使中国彻底摘掉了"贫油国"的帽子,至今仍是中国最大的油田。

1982 年,"大庆油田发现过程中的地球科学工作"荣获国家自然科学

李德生给外孙女展示当年从大庆油田带回来留作纪念的油砂

一等奖,包括李德生在内的 24 位科学家一起分享了这份荣誉。1985 年,李德生为主要完成者之一的"大庆油田高产稳产的注水开发技术"荣获国家科学技术进步特等奖。

哪里有石油,哪里就是我的家

李德生的大女儿叫李允晨,带着几分出生在上海早晨的诗意。而后来的 3 个孩子,名字分别是李肃、李玉、李延,成为李德生在甘肃、玉门、延长为中国找油的见证。

自从他爬上道奇卡车驶往玉门,转眼 70 余年过去。从玉门到上海、延长、川中、大庆、胜利、大港、任丘、北京……对于李德生一家来说,搬家是家常便饭。他说,正如那首《我为祖国献石油》所歌唱的:"哪里有石油,哪里就是我的家。"

李德生年轻时英俊潇洒,写得一手好字,令出身名门的中央大学校花

朱琪昌一见倾心。他还喜欢画画,外出勘探时,常把见闻画成素描、油画等各种画作寄给孩子。女儿李玉至今记得,父亲画过一张四个孩子一起洗脚的油画,"我们喜欢得不得了,可惜'文革'时弄丢了"。

到玉门工作后拿到第一个月工资,"得益"于那段特殊时期飞速的通货膨胀,他一次性就还清了上大学时借的政府贷款。剩下的钱,一部分寄给父母,一部分供妹妹上学,还有一部分用来买了张羊毛毯送给当时的女友朱琪昌。这张羊毛毯他们用了几十年,后来捐给了母校南京大学(原中央大学),被珍藏进校史馆。

凡是与李德生共事过的人,都对他的严谨印象深刻。他从不信口开河,任何场合,如果不是在发言,就一定在认真做记录。"文革"时期,曾有人批斗他,说他某年某月说了某句反动言论。他翻出日记本,找出那天的记录,一本正经地纠正:"不对,我当时是这样说的……"

"文革"期间,李德生被审查、挨批判,下放"五七干校"。1972年后,他先后被调往天津大港油田和河北任丘油田,"大批判小干,小批判大干,不批判勤干",潜心投入渤海湾含油气盆地的研究。他始终相信:"再大的委屈终究还是能搞清楚。"1978年,中国迎来科学之春,李德生陆续发表十余篇有关渤海盆地石油地质的论文,其中一篇荣获全国科学大会奖。

1978年8月后,李德生一直担任中国石油天然气总公司北京石油勘探开发研究院总地质师。基于大量的一手资料,他形成了一系列理论,如中国陆相石油地质理

1980年,李德生考察英国北海福蒂斯油田

论、中国含油气盆地的构造类型、渤海湾油区石油地质特征与油气田分布规律……这些理论又极为有效地指导了中国油气田进一步的勘探和开发。

1986年，李德生成为博士生导师，1991年当选为中国科学院学部委员、地学部常委。他先后受邀赴十多个国家和地区参加国际学术会议，做学术报告，在海内外同行中享有很高声誉。1994年，李德生获美国石油地质家协会（AAPG）授予的石油地质学"杰出成就奖"，是亚洲迄今唯一获此殊荣的石油地质学家。

及至耄耋之年，李德生仍每天伏案工作。受身体所限，一些年轻时的爱好，他没办法再坚持，但有一个爱好，不论旁人怎么"规劝"，他始终不肯放下——开车。找了一辈子石油，李德生对需要用油的汽车怀有特殊的情感。2012年，为了他的安全考虑，石油勘探研究院给他下了"最后通牒"，严禁他再开车上路，有需要时由秘书接送。但他"不死心"，仍继续在院子里开车"兜风"。有一次出了小事故，差点被撞的那位吓了一跳，抬头只见驾

90岁的李德生仍喜欢开车，他很高兴实现了年轻时"开国产车、用国产油"的愿望

驶室里原来是李先生,于是被吓得更严重了,赶紧上前问询:"您没事吧?"

经商的儿子李肃曾想送给李德生一辆价值百万的"美洲豹",他坚决不开,坚持换了一辆"奇瑞"。他说:"终于能实现年轻时开国产车、用国产油的愿望,真是太高兴了!"

令李肃记忆犹新的还有一件事。1997年香港回归,父亲特意拉他去天安门庆祝,看着广场上狂欢的人们,老人遥想起了当年抗战胜利时的情形。那天,站在天安门广场上,李德生对儿子说:"日本人败了,英国人退了,现在我最想看到的是中国崛起。"

刘源张 中国"工厂大夫"

刘源张(1925—2014),管理科学和管理工程专家,中国工程院院士,中国全面质量管理领域的开创者和奠基人。

"实现质量强国是我的梦。"

"工作方法三原则:领会领导的意图,摸清群众的情绪,选用科学的方法。"

"无诚信、不认真,是质量上的'癌症'。不解决它,再先进的管理理论和方法都等于零。"

引 言
Introduction

　　熟悉刘源张的朋友都有个共同的印象——他的"笑点"实在太低。与人讲话，他常常说不了几句就想起了可乐的事情，圆圆的眼睛笑成两弯。往往听者还一脸茫然，他却已经乐不可支。

　　刘源张确实有资格笑口常开。他是引领中国质量管理从无到有的"舵手"，全面质量管理领域无可置疑的权威。在自传性质的《感恩录——我的质量管理生涯》中，他写道："人们称我'老'，我不讨厌；人们称我'泰斗'，我不反对；人们称为'之父'，我不在意。只想对质量工作能说几句中肯的话，办几件对质量事业有用的事。"字里行间，一派毁誉由人的从容与求仁得仁的满足。

　　然而，纵观其人生路，曲折离奇，风波连连。他坐过冷板凳，碰过硬钉子，甚至两度蒙冤入狱，生活一度潦倒到靠做针线活为生。但终其一生，他始终不改做中国"工厂大夫"的志向，尽心竭力地帮助中国企业实现产品质量的飞跃。

　　刘源张谈论往昔喜欢用"我给你讲个笑话"来开头。似乎在他看来，满是笑话的人生中自有严肃的意义。例如："我给你讲个笑话，我的质量管理生涯完全是一连串偶然。"

归国无路偶入门

青年时代的刘源张可谓"心想,事不成"。

想读书,求学却无路。1941年秋,16岁的刘源张离开家乡青岛,北上燕京大学求学。谁曾想刚入学3个月,太平洋战争爆发,燕京大学随即被日军封闭,品学兼优的"优秀青年"在战火中沦为失学失业的"双失青年"。

想游学,归国又无门。几个月后,刘源张得到资助,赴日短期游学,结果战事紧张,中日交通断绝,无奈滞留。1950年,他到美国深造,又赶上朝鲜战争爆发,在美留学生被禁止回国。反反复复,兜兜转转,原计划的"短期学习3个月"最终成了"流落他乡15年"。

在生死相搏的战争时期,安稳的日子只是想象中的奢侈品。美军空袭下的日本一片混乱,刘源张于多地辗转避难。在长崎时,他给国内同学写信提到了"去延安",结果被日本宪兵当作特务抓捕,关押审讯近半年才"查无实据,予以释放"。因这段特殊经历,他被驱逐出军事基地长崎,倒是因祸得福地躲过了不久后美国投下的原子弹。在专横的命运操纵下随遇而安,最终化险为夷,这似乎是他的宿命。

归国无门,"学习"是刘源张唯一的信仰,无论生活多苦,他从未放弃学业。只是具体学什么,他又再次随了"大流"。本来,他赴日是准备学习工程学科,却因为受日本战败后"经济强国"思潮的影响,在1946年考入京都帝国大学(今京都大学)经济学部。大学毕业后,中日之间的交通仍处于中断状态,刘源张只好继续在京都大学研究生院深造。1950年,因成绩优异,刘源张获导师青山秀夫推荐到美国加州大学伯克利分校学习凯恩斯经济学的实证研究,又因为青山秀夫一句"学习工商管理也许对你的祖国更有用"转而研究当时刚兴起的运筹学,进而对运筹学的重要内容"质量管理"

1956年8月，刘源张从日本舞鹤港登上归国的轮船

产生兴趣。

1955年，刘源张在伯克利结束学业，却因为留学生身份无法回国。而中日两国之间为妥善解决战争的遗留问题，自1953年起开启了一条特别通道，已有多批旅日华侨乘船归国。于是，刘源张决定先返回日本，再伺机回中国。此时，日本国内的质量管理已初成气候，刘源张前去向日本质量管理的集大成者石川馨教授求教，在其帮助下"看了一些材料，去了几个工厂，长了一些见识"。

1956年8月25日，刘源张从日本舞鹤港登上"兴安丸"号轮船，经过4天航行，抵达天津新港。时隔15年，他终于再次踏上日思夜寐的中国土地。

质量控制偶得名

回国后，在海外归国人员工作志愿表中，刘源张郑重写下"长春一汽"。在美国留学时，他曾在图书馆里看到《人民画报》报道"一汽"的故事和照片，感到心潮澎湃："中国终于有了现代化的汽车厂！"但他的人生路似乎总是不由自主地偏离自己计划的航线。国家尚未分配，他就收到了钱学森先生发来的一纸信函，邀他加盟中国科学院力学研究所新成立的运筹学研究室，从此开启了他将近60年的质量管理研究生涯。

在当时的中国，没什么人知道"质量控制"。用刘源张的话说，这一学科的中文得名亦属"偶然"。正式报到第一天，钱学森与他谈话。刘源张在国外太久，谈及专业脱口而出的是英文"Quality Control"，钱学森马上接口翻译说"质量控制"。于是，"QC"在中文世界正式有了名分，刘源张顺理成

刘源张：中国"工厂大夫"

章地建立起了中国第一个质量控制研究组。

"质量控制"不是埋头在实验室里做研究的学问，而是在工厂里、车间中指导实践的学科。刚参加工作，刘源张就急切地想下到生产第一线去介绍质量控制，有的工厂直接说不需要，有的委婉地说没课题，有的嫌太麻烦，好说歹说才勉强有人同意"收容"他进厂做介绍。可进了工厂才发现，要向人们解释清楚质量控制究竟是干什么的，仍然是一桩难事。

在杭州的空压机厂，厂长发表热情洋溢的讲话，欢迎刘先生"指导购买设备，把自动控制运用到质量上"。刘源张赶紧澄清道："我这个不用机器，是通过数理统计进行质量控制。"厂长立刻有些不屑："质量还要统计？我们这里班组就有统计员嘛！"在上海国营第二纺织机械厂，刘源张用控制图说明如何判断超差产品 [①] 的不同含义，被厂里的工程师质疑："这不就是数理统计吗？"

"你看，一会儿说我是自动控制专家，一会儿说我是数学家，把我都搞糊涂了。"刘源张自我打趣道。

在某种意义上，那位上海的工程师说得也没错，"质量控制"的基本工具正是数理统计，但统计数据只是第一步，更关键的是如何分析和使用数据。在上海国营第二纺织机械厂，刘源张用实例解答了工程师的疑问。在加工纺织机关键部件"锭杆"的精磨工序中，刘源张发现传统做法是两位师傅配合，老师傅操作磨床，每件成品都由旁边的年轻师傅精确测量，告知结果是粗是细，老师傅据此调整下一件的操作。刘源张先将年轻师傅测量的数据画成波动图，再请老师傅独自加工，把成品数据也画成图。从两张图上清晰可见，两次加工的数据都围绕标准尺寸上下波动，但是，老师傅独自加工的波动幅度明显小于两人合作的。原因在于，老师傅本就经验丰富，

---

① 超差产品，是指产品外形尺寸超出了产品标准规定的公差范围，是一种质量缺陷。

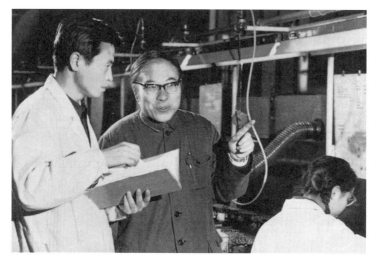

刘源张深入工厂推广和实践全面质量管理

下手精准，听了年轻师傅的示意，刻意调整，反而干扰了操作精度。

只通过这么一个小小的例子，刘源张生动地阐释了质量控制不是传统的统计检验，其核心在于：通过数理统计的原理，发掘和掌控在生产过程中影响产品质量的要素，从而尽可能地将产品质量在每个环节中的波动降到最小，最终在整体上实现稳定、高质量的生产。

在实际生产中，决定产品质量好坏的不只有人的因素。刘源张归纳了"人、机、料、法、环"五字口诀，也就是说，影响生产质量的因素不外乎人、机器、材料、方法、环境五个方面。而每个方面的每一道工序，都可以利用数理统计的原理对生产质量进行科学的检验、管理和控制。

刘源张带领的质量控制研究小组，逐步在纺织、机械、冶金、电子、通信等多个行业的工厂开展试点工作，解决了一系列实际生产中的质量问题。例如，在北京国棉一厂，他们提出了"说明棉花纤维性能与纺成的细纱性能之间关系的方程组"，解决了如何"用低级棉纺优级纱"的问题。在长春"一汽"，他们通过波动图和控制图，发现卡车涡轮蜗杆生产线上总出废品的原因——机床一端机座的垫片磨损了 3 微米。刘源张将部分工作成果撰写成册，被评价为"开创了中国运筹学理论联系实际的先河"。

然而，就在其理论渐渐被国内产业界接受、得到实践验证，他开始对质量控制在中国的应用前景充满信心时，突如其来的无妄之灾使他的研究被迫中断了。

"工厂大夫"重出庐

1966 年 8 月 15 日，深夜十点半，一群人突然闯进刘源张家中，没给任何解释，直接将他蒙上眼睛、戴上手铐，送进了秦城监狱。此后，长达三千多个日夜，他就在铁窗里度过，隔三岔五地受到"形形色色和奇奇怪怪"的审讯和审查。

抓捕的罪名是"特务嫌疑"。说起来，刘源张对此并不陌生。"在日本，我被当作中国特务抓起来，回到中国又被当作外国特务抓起来。很有意思，我这一生好像和牢狱有缘。"刘源张笑谈起两度蒙冤入狱的经历，脸上没有丝毫苦楚哀怨，轻松的表情倒像是不过在谈论人生中的又一个"笑话"。

在秦城监狱，刘源张一"住"就是 9 年。直至"文革"结束前一年，1975 年 4 月的一天，他才突然获释。入狱时他 41 岁，出狱时已 50 岁。他说："按常理，这应该是为人最成熟、做事最成功的人生阶段。对我来说，却不是这样。但又不是空白的虚度，因为我有了一生中最长的一次反省。"

入狱初期，审讯官说他"不坐在研究所的研究室内写论文，却到处跑工厂"，是不学无术，不务正业。他便深思：什么是学，什么是术，学和术是什么关系，什么又是正业？他把监狱图书馆里的《马克思恩格斯全集》通

读了一遍,重点的几卷一读再读,不断反思和梳理回国10年工作的得与失,得出的结论是"学了不用,等于没学;用了没有收获,或是没有用对、用好就是无术。凡是对人民或国家有利的工作就是正业,无利或不利的就是闲事"。他认定,"搞质量控制的不跑工厂才是不务正业"。他比从前更笃信,自己最想做的"正业"就是当一名"工厂大夫",为企业"治病"。他认真重新审视自己的专业方向,认为"质量控制"一词有局限,只是质量管理的一个方面,但"质量管理"又过于普通,于是他想提出"全面质量管理"的新概念,这与美国"全面质量管理之父"阿曼德·费根鲍姆的想法不谋而合。

20世纪50至70年代,国内政治运动一浪高过一浪,经济管理研究几近停滞,而国际上的质量管理理念却是日新月异,逐步走向成熟。借助统计工具实现高质量稳产和强调管理体系提高业绩的两股潮流走向融合,费根鲍姆在1961年首度出版集大成的开山之作《全面质量管理》,提出应"通过有效的系统整合组织内各单位的质量管理、质量维护和质量改进工作,从而实现最经济的生产和服务,取得全面的顾客满意"。在实践层面,日本丰田公司秉承爱德华兹·戴明的"十四要点"质量管理思想迅速崛起,日后独领风骚的"精益生产"也已逐步完善。

然而,当时中国的质量管理,经过十年浩劫,不但毫无寸进,反而大踏步后退。1977年上半年,全国706个重点企业,共检查了主要生产设备395488台,平均完好率69.7%。设备不合格,产品想合格无异于痴人说梦。同时,从工序到生产规范,皆无章法。出现过可笑的例子,工人给机器加油,不加到注油孔中,却加到螺丝眼里去了,而且就这样加了好几年,别说"精益生产",连"规范生产"也难以做到。

可是,这样的混乱局面,和1975年刚出狱的刘源张没什么关系。他仍未获平反,带着"特务嫌疑"的身份,一无工作,二无工资,靠着和妻子给大华衬衫厂的半成品剪线头赚钱为生,剪一晚上能赚一两块钱。就在刘源张最潦倒时,一位故人——曾向他学习过质量控制的清河毛纺织厂副总工程师王槐荫,邀请他去厂里开展质量管理工作。刘源张说:"王槐荫是我的恩人,他有一天会救了我的命,这是二十年前我无论如何想不到的。"

顶着"特嫌"的帽子,刘源张彻底抛却名利心,一心只想踏实做点事。他在狱中总结出工作方法三原则:"领会领导的意图,摸清群众的情绪,选用科学的方法。"意即,要将管理层的目标、员工的积极性和切合实际的方法结合起来,将"质量控制"这种生产环节的工具变为"质量管理"这一系统化提升业绩的行动。他帮助清河毛纺织厂完成工序"标准化"工作,解决了涤纶面料"染色深浅不

1977 年, 刘源张在清河毛纺织厂的质量管理小组讲课

一"的严重质量问题,获得了厂长丁鸿谟"刘老师,你还是能干点事"的评价。

1979 年 1 月 14 日,刘源张被授予清河毛纺织厂"先进工作者"称号,获得奖金 100 元。他说,这是他生平获得的第一个荣誉,也是他至今最看重的一个荣誉,后来他在国内国际获奖无数,成了"拿奖专业户",但都没有这一次那么激动。就在获得这个荣誉后的第五天,刘源张收到了关于他的"平

反决定"。

在改革开放的春风中,刘源张忙碌地在全国各地奔走,说是要抢回失去的十年。在北京内燃机总厂,他通过科学的"工艺整顿",他将一道原来加工废品率超过25%的工序,整改为实现连续生产40万件无废品。在山西太原钢铁厂,他组织班组长培训,推进全员参加质量管理。

最典型的案例是在湖北十堰的第二汽车制造厂(以下简称"二汽")。1978年,"二汽"发展陷入困境,厂长饶斌请刘源张来厂解决问题。当刘源张走进授课的教室时,惊讶地发现"二汽"各分厂处室的干部悉数到场。讲完课,刘源张建议先选择一两个分厂进行试点,进行工序能力调查,彻底解决几个质量问题。几个月后,当他再次来到"二汽",发现各分厂都有一面涂得黢黑的墙,用白粉笔密密麻麻地写满工序能力指数,每个分厂约有超过200道工序,整个"二汽"有5000道以上,全部调查和公布出来。刘源张感叹说:"恐怕全世界没有第二家厂能下这样的功夫。"此后,刘源张持续多

1991年,刘源张在"二汽"的配套厂——生产轮胎的桦林橡胶厂指导工作

年为"二汽"担任顾问。经过着力推行全面质量管理,在国家"停缓建"的情况下,"二汽"不仅依靠自己的努力"起死回生",甚至到 1985 年,汽车产销量、上缴国家利润以及税收均占全国汽车行业的 60% 以上,创造了一个辉煌的时代。

结合这些工作实践,刘源张的关于全面质量管理的理论体系也逐渐完善,"三全三保"理论逐步成型。"三全"是指,质量管理不能只考虑产品和生产环节的"全面质量",还应包括售前售后服务的"全过程控制"和"从领导到清洁工"的"全员参加"。"三保"则是说,要用员工质量保证工作质量,用工作质量保证工序质量,用工序质量保证产品质量。"三全三保"将质量管理延伸至企业行为的全流程,覆盖到企业人员的全层级,渐渐在国际上赢得声誉,并在全国各行各业的工厂四处开花结果,创造了巨大的经济价值。

忠信为本,立国立人

搞了一辈子质量管理,刘源张说"实现质量强国是我的梦"。为此,他到过上百家工厂,讲过数不清的课,也结交了许多朋友。从工人师傅到工厂技术人员、工程师、学者,从企业领导、地方领导到国家领导人,刘源张朋友遍天下。人缘好,也是他能从上到下得到许多支持的重要原因。为了和工人师傅交朋友,他下功夫去学工人师傅的语言。后来,国际交流渐增,他又研究国际交往的语言。他说:"与人交往,诚信第一。不懂装懂,蒙得了一次,下一次不会再有人来找你。"

说到诚信,刘源张显得颇为中国面临的严峻质量问题而着急。"现在不是问什么不能吃,而是问什么能吃。食品质量到了这种地步,何谈生活质量?"言及此,这位素来开朗的"中国质量管理之父"双眉紧锁,忧心忡忡。

2005 年，刘源张与国际同行在一起

在许多场合，刘源张总是不厌其烦、苦口婆心地谈诚信。但反响似乎不够理想，有人甚至讥笑说，刘源张从管理学家变成了哲学家。他有点无奈："他们好像老想从我这儿听到点儿世界上最先进的质量管理，而不是这些老生常谈。"但他认为，这些"老生常谈"恰是质量管理最重要的根基。"无诚信、不认真，是质量上的'癌症'。不解决它，再先进的管理理论和方法都等于零。"

回望刘源张的人生路，适如飞鸿踏雪泥，泥上留下一连串偶然的"指爪"。但任凭风雨飘摇，他自有岿然不动的精神基石，这就是自幼受中国传统儒家思想的影响，刘源张相信"儒有不宝金石，而忠信以为宝"。

1941 年，中学校长受人之托，推选人才到日本游学 3 个月，那时中日正在交战，无人愿去，出于"报师恩，讲义气"，刘源张挺身答应"帮忙"，临行前一天才告知家人。本以为是小事一桩，去去就回，哪知因缘际会，"游学"被迫变"留学"，与家人竟一别就是 15 年。在这漫长的 15 年里，他自言"无一刻不想回家"。导师青山秀夫颇为欣赏自己这位唯一的中国学生，曾有意将他当作接班人培养，但刘源张仍"一根筋"地表示想要回中国，在师恩与报国之间做出了选择。在日本和美国，他都曾交往过女友，但最后皆未走向婚姻。后来，妹妹也到美国留学，美国男友向她求婚，妹妹征询哥哥的意见，刘源张只说了一句："我们总有一天要回家。"

1956 年，回国后不久，刘源张去听京剧，正好上演《四郎探母》："失落番邦十五年，雁过衡阳各一天，高堂老母难得见，怎不叫人泪涟涟……"他听着听着，泪流满面。[1]

---

① 在这篇采访完成一年后，2014 年 4 月 1 日，刘源张先生突发脑溢血，经抢救无效，于 2014 年 4 月 3 日 20 点 30 分与世长辞，享年 89 岁。在他的追悼会上，近千人的吊唁队伍里，除亲友、同事、同行和学生外，还有很多已退休的厂长、车间主任和普通工人，有不少老工人特意派子女前来。中国科学院数学与系统科学研究院副院长汪寿阳说："他走遍祖国的大好河山，研究成果和百万个企业的成长紧密相连。今天，中国制造能在国际上撑起一片天空，刘先生功不可没。"

闵恩泽 爱催化剂，也爱生活

闵恩泽（1924—2016），石油化工催化剂专家，中国科学院院士、中国工程院院士，中国炼油催化应用科学开拓者和奠基人，国家最高科学技术奖获得者。

"跛足而不迷路，胜过健步如飞而误入歧途。"

"科研就像'西游记'，前往西天取经，哪怕历经九九八十一难也毫不动摇决心，方能取得真经。"

"有人喜欢回忆过去，但往者不可追，人生真正重要的还是，凡事要朝前看。"

引言
Introduction

咖啡、面包、芝士、火腿……每天清晨，为老伴和自己做一顿美味早餐，对88岁的闵恩泽来说，实为一件享受生活的乐事。

"我家里有各式各样的咖啡机和各种口味的咖啡。"那是一个春日的早晨，闵恩泽用他终身未改的四川乡音，乐陶陶地与我分享自己的生活。他说，他喜欢工作与生活带来的乐趣和成就感，这种乐趣和成就感可以是煮一杯好喝的咖啡，或是烧一盘好菜，但更重要的还是"人生一世，始终要为社会留下些什么才好"。

与不少同时代的科学家经历类似，他留洋归国，成就斐然，贡献卓著。他身兼中国科学院、中国工程院、第三世界科学院三院院士，是国家最高科学技术奖及多项全国科技大奖得主，同时也是公认的中国炼油催化应用科学奠基人及中国绿色化学的开拓者，被誉为"中国炼油催化剂之父"。

他毕生从事科研工作，是如假包换的大科学家。但同时，他又极富生活情趣，毫无"书呆子气"。他说："我爱催化剂，也爱生活。"

用脑袋去撞花岗岩

在一张摄于1950年的老照片中，26岁的闵恩泽穿着灰色双排扣西服，满面春风，清秀俊朗，有人说他酷似青年梅兰芳，也有人说颇像演员梁朝伟。在他身旁，披着白色婚纱的女子是其新婚妻子陆婉珍。那时，他俩同在美国俄亥俄州立大学化工系就读，后双双获得博士学位。

尽管成长于动荡时期的中国，闵恩泽却是一个自幼生活一帆风顺、"不识愁滋味"的阳光男孩。他生于成都市一个富足的小康之家，有3个姐姐，他作为最年幼的独子格外受宠。忆及童年，他最念念不忘的是美味的成都小吃，还有假装肚子痛逃学之类的"辉煌"经历。

读书于他似乎从来不是难事，中学时代成绩稳居班级前两名，1942年被保送至国立中央大学化学工程系。大学毕业后，他应父亲要求回到成都，在自来水公司当化验员。不久，他又以第一名的成绩考入位于上海的中国

1950年6月，闵恩泽与陆婉珍在美国结婚，陆婉珍穿着自己缝制的婚纱礼服

纺织建设公司第一届印染技术人员培训班,意欲从事当时中国最主要的工业——纺织业。1947年,得知大学同班同学陆婉珍赴美留学,闵恩泽受到鼓舞,也通过官方考试获得以官价外汇自费出国留学的资格。1948年3月,他终于凑足费用,登上"哥顿号"邮轮,前往美国俄亥俄州立大学深造。

原本,闵恩泽只想"镀个金",打算拿到硕士学位就回国。谁知朝鲜战争爆发,美国新颁布限制中国留学生离境的法案,闵恩泽被迫滞留,只好又凭借全A的优异成绩拿到奖学金,继续攻读博士学位。毕业后,他经导师推荐进入美国芝加哥纳尔科化学公司工作,担任高级工程师,负责研究燃煤锅炉中的结垢和腐蚀、氨水灌溉农田管道防堵和柴油安定性等课题。这期间,闵恩泽与陆婉珍在异国结为伉俪。

从美国的大学到美国的企业,闵恩泽既深入学习了美国人如何从事科研,也学到了美国企业如何开拓市场、服务客户。当时,他的月薪有500美元,足以使夫妻二人过上吃穿不愁的小康生活,还买了小汽车,出门时曾多次被人误以为是中餐馆老板。尽管逐渐在美国站稳脚跟,但闵恩泽在心里始终认为自己的根在中国,期盼能早日归国孝顺父母、报效祖国。

1955年,在朋友帮助下,闵恩泽夫妇以到香港工作的名义,设法借道香港,辗转回国。闵恩泽到美国使馆办理赴香港的签证时,美国签证官跟他讲:"共产党是不会信任你们的,不明白你们为什么要用脑袋去撞花岗岩。"

闵恩泽夫妇不为所动,义无反顾地舍弃在美国的一切,回到了中国。不久,二人双双被安排参与北京石油炼制研究所的筹建工作,闵恩泽负责催化剂中型试验,陆婉珍负责分析评价工作,研究所还特意给他们分配了一套三居室的住房。

那时,所谓北京石油炼制研究所的实验室,不过是从北京石油学院借来的几间小平房,周边是一片绿油油的麦田。从大连石油研究所搬来几件旧装置,就是全部的实验设备。而今,半个多世纪过去,研究所还在老地方,但已升格成为中国石油化工公司直属的石油化工科学研究院,在北京海淀区学院路一带占地数十公顷,科研人员由当年的寥寥数人发展至千余人,石油炼制技术亦从

闵恩泽与陆婉珍讨论工作, 他们是国内少有的双院士伉俪

一穷二白发展到多项技术国际领先。闵恩泽和陆婉珍亲眼见证和参与了这一切,并在其中做出多项重大贡献,双双当选为院士 [1],成为中国罕有的"双院士"家庭。

闵恩泽感叹道:"在美国时,我最多只是个项目负责人,有一个人跟着我干活。完全没想到回国后自己要负起这么大的责任。"

催化剂的美妙世界

闵恩泽大半生都在研究催化剂,但爱上催化剂并非他主动的选择。

1956 年,在他回国领命研究炼油催化剂时,中国在该领域可谓一片空白,而闵恩泽对催化剂的了解也差不多是一张白纸。他在美国留学时的研究方向并非催化剂,他甚至连真正的催化剂是什么样子也没有见过。

当年,西方对中国实施技术封锁,苏联也逐渐减少直至停止向中国供应炼油催化剂。而如果没有催化剂,相关装置就得停产,就生产不出航空汽油,飞机就得停飞。在此背景下,闵恩泽作为留美归国的化学博士受命

[1] 陆婉珍被公认为中国分析技术领域的学术带头人,历任中国石油化工研究院分析室主任、副总工程师、总工程师,曾被评为全国三八红旗手,于 1991 年当选为中国科学院院士。

担任技术总负责人,从零开始研究攻关炼油催化剂。

1956 至 1966 年的十年间,在极为简陋的研究条件下,吃着野菜团子,闵恩泽带领团队经常工作至凌晨两三点,历经数不清的失败和挫折,凭借顽强拼搏的精神,相继成功研发出铂重整、小球硅铝裂化、微球硅铝裂化等炼油催化剂,产品性能完全达到乃至优于苏联产品,价格则远低于进口剂。这些技术的成功研制及应用,不仅打破了国际封锁,解了中国国防和石化工业发展的燃眉之急,也使中国跻身于全球能够生产炼油催化剂的少数国家之列。

20 世纪 70 至 80 年代,闵恩泽又领导了钼镍磷加氢催化剂等的研制和开发,使国产柴油的质量大幅提高。他还自主创新研制出半合成分子筛、非晶态合金等多种新型催化材料,并将其形象地比喻为"要设计好的时装,需要先有好布料";后又配套开发成功磁稳定床、悬浮催化蒸馏、超临界反应等新反应工程,使新催化材料充分发挥其优越性。

20 世纪 70 年代,闵恩泽(前坐)参加长岭催化剂厂加氢催化剂会战

所有这些努力，逐渐使中国炼油催化剂技术跨入国际先进行列，帮助多个中国石化企业扭亏为盈，摆脱困境。同时，闵恩泽个人也作为专家开始在世界石化领域崭露头角，出任石油化工科学研究院首席总工程师，并成为首个在世界石油大会上担任专题论坛主席的中国人。

可以说，半个多世纪以来，闵恩泽和同事们一起为中国的石油炼制工业建立起了一个催化剂王国。对于大部分人来说，催化剂陌生而不起眼，不过是一些形状各异的细小颗粒。但对于闵恩泽来说，催化剂是一个完整而美妙的世界，它们能改变化学反应速率而本身不变化，自有其逻辑和规则，像一个小小的宇宙。如果没有这些不起眼的颗粒，就不可能有现代石油工业。如果没有合适的催化剂，汽油、柴油、塑料、橡胶、纤维等现代人日常生活中离不开的各类石油化工产品，均难以实现高质量、高效率的规模化生产。

在催化剂的世界里，闵恩泽一直在不断尝试创新和超越，并将此视为人生难得的乐趣。在回顾科研往事时，他常挂在嘴边的口头禅是"很有意思"。他津津乐道的不是那些成功的经验，而是失败的教训。他最引为自豪的是，在无数次遭遇挫折时，总能循着问题发现症结，找到解决方案。"那时候，觉得自己真是料事如神，哈哈。"他情不自禁拍着大腿自我赞叹。

关于科研的诀窍，闵恩泽强调三点：一、需要深刻的洞察力。"跛足而不迷路，胜过健步如飞而误入歧途。"二、需要坚持不懈。"科研就像'西游记'，前往西天取经，哪怕历经九九八十一难也毫不动摇决心，方能取得真经。"三、需要集体智慧。"科技研发离不开'你挑着担，我牵着马'的团队精神。"

滔滔江水永不休

1995 年，在读了《寂静的春天》《增长的极限》《只有一个地球》3 本环保书籍后,闵恩泽认为,石油化工必须从源头根治环境污染。他从此成为中国绿色化学的开拓者,有意识地开发出多项根治环境污染的绿色石化新工艺。他倡导成立了中国化学会绿色化学专业委员会,为推动中国绿色化学的发展费尽心思。21世纪后,他又将关注重点转向了生物柴油新能源的开发。

20世纪80年代,闵恩泽指导研究生实验

闵恩泽说:"有人喜欢回忆过去,但往者不可追,人生真正重要的还是,凡事要朝前看。"

直至九旬高龄,闵恩泽仍每天忙于工作,致力于生物能源的开发,探讨创新与经济增长方式的转变。他认为:"从长远来看,几百年后,化石能源终将枯竭,人类要从碳氢化合物进入到碳水化合物时代。生物能源取之不尽、用之不竭,还能减少温室气体排放,减少汽车尾气污染,一石三鸟。目前看来,路是有的,但现有技术还不行,必须有重大突破。现在全世界都在搞,突破是早晚的事,中国不能落后于人。"

为使中国"不落后于人",闵恩泽累计捐出个人积蓄500余万元,先后在母校四川省立成都中学（今北京师范大学成都实验中学）设立"闵恩泽奖学金"，在石油化工科学研究院设立"闵恩泽科技原始创新奖"，与中国石化集团公司、中国工程院联合设立"闵恩泽能源化工奖基金"，用于奖励品学兼优、做出突出贡献的学生或人才。

闵恩泽（后排中）与国际同行合作进行学术交流，前排中是中国著名化学工程学家侯祥麟

尽管一生硕果累累，但闵恩泽并不愿意成为"工作狂"。他喜欢讲："Work while you work, play while you play。（工作时工作，娱乐时娱乐）"

他喜欢京剧，最中意言菊朋唱的《卧龙吊孝》；还喜欢网球，欣赏瑞士名将费德勒和中国女将李娜；尤爱美食，北京哪儿有什么好吃的，特别是川菜，他如数家珍。最让他年轻的学生们意外的是，没想到闵先生还听流行音乐，一次冷不丁地跟大家讨论起李宇春，还能哼上几句。

闵恩泽一生乐观豁达。"文革"期间，白天挨批斗、劳动改造，晚上关上门他就能呼呼大睡。让他交代"罪行"，他就把研究催化剂过程中失败的教训挨个写下来。"文革"后期，保姆辞工回家，妻子陆婉珍被下放干校，闵恩

泽独自照顾女儿,开始学着做饭,慢慢做得一手好菜,不少人吃过他的拿手菜"煎番茄加起司"都赞不绝口。

早在1964年,闵恩泽曾查出患了肺癌,手术切除了两叶肺,还摘除了一根肋骨。但这似乎对他的生活并无影响,直到90岁高龄,他仍然看上去很是硬朗。他乐呵呵地讲:"人是很神奇的,尽管只剩一片肺叶,但它有很大的余力。"

晚年,闵恩泽又屡受高血压、胆囊炎、胰腺炎、前列腺癌等疾病侵扰,但他依旧容光焕发,每天笑口常开,不知情者几乎不会想到这是位癌症患者。他说:"医生告诉我不用担心,我身上的癌是发展最慢的一种,只要它不影响我的健康就行了。"

平时,晚上若得空,闵恩泽喜欢在家看电视剧。周润发版《上海滩》的主题曲是他在许多场合进行才艺表演时的保留曲目。他喜欢这首歌,认为歌词颇有哲理:"浪奔浪流,万里滔滔江水永不休……是喜是愁,浪里分不清欢笑悲忧;成功失败,浪里看不出有未有……人间事多纷扰,转眼间谁能记牢。"①

---

① 2016年3月7日上午5时5分,闵恩泽先生因病于北京逝世,享年92岁。多位党和国家领导人以不同形式表示哀悼。来自中国石化的专家、院士、员工和闵恩泽院士生前好友、同事、学生及社会各界代表逾千人出席遗体告别仪式。官方追悼辞说:"他以知识报效国家,以创新奉献社会,把毕生精力投入石油炼制和石油化工事业中,做出了卓越的贡献。他的精神和品格,将永远留在我们心中。闵恩泽先生永垂不朽!"

倪维斗 探索"中国式"用能

倪维斗（1932—　　），动力机械工程专家，中国工程院院士。

"做一件事，就要有决心把它做好。"

"条条大路通罗马，这条路不通就再换一条，艰辛的实践终将有回报。"

"节能是一种社会道德。要把有限的资源按照最有利于保护环境的原则，最高效经济地应用。"

引言
Introduction

与倪维斗先生交往，是极愉快的经历。他一言一行轻松随意，毫无半分刻意雕饰，却处处油然而生对他人的尊重体谅，令人如坐春风。

他的前半生，历经沧桑，虽学有所成，却至46岁仍建树有限，直至改革开放后才渐渐大器晚成。但不论遭遇何种劫波，他总能找出"笑对"的方法。

他先求学于清华，后执教于清华，大半生孜孜不倦地为两件事不懈努力：教书育人和推动中国能源动力事业发展。

作为著名动力机械工程专家，倪维斗最关心的始终是中国的能源发展问题。他说："能源、动力事业是中国持续发展的关键。中国人均石油储量只有世界平均水平的1/10，我们不能无节制地向大自然索取，也不能简单照搬发达国家的生活方式，一定要探索中国人应有的用能方式，珍惜每一滴水、每一滴油、每一块煤。这是我们和我们的子孙必须面对的一个十分严肃的大课题。"

笑对劫波始成才

"泡在糖水罐子里长大的孩子不会有大出息。"倪维斗常把这句话挂在嘴边，这是他从出身殷富之家到历经种种磨难后得出的深切体会。

1932 年 10 月，倪维斗生于上海，是家中次子。其父倪家玺来自浙江宁波的工商世家，是著名的爱国实业家，组织过童子军团抗日，后成为北京老字号"义利食品"公司的创始人之一，新中国成立后曾任全国政协委员。母亲严梅卿乃宁波著名儒商、钱庄大亨严康懋之女，生性温柔聪慧。

虽幼时家境优越，但在倪维斗 5 岁那年，上海被日军占领，平静富足的生活从此被打碎。当年和小伙伴躲在床底下偷偷唱《义勇军进行曲》的情景，他至今仍历历在目。父亲在湖南衡阳开设运输公司支持大后方抗战，

倪维斗家族全家福（前排左二为倪维斗，第二排中间为其祖父和祖母，第三排右二、左二分别为其父、其母）

为了前去与父亲团聚，倪维斗随母亲流离转徙五月有余。后来，日军南下，湘桂战役打响，倪维斗随家人撤往贵州。家中经济日渐拮据，为解决温饱，年仅 11 岁的倪维斗和大哥一起每天天不亮就去排队批发大饼和油条，然后挎着篮子沿街叫卖。而后数年，倪维斗与家人辗转逃难，"坐"过火车车顶，远远看见隧道就要机敏地立刻趴下；患过疟疾，生过疮，一次他在船上高烧不退，昏迷不醒，差点被同船的人当作传染病人扔进江里，幸而母亲拼命护住。

倪维斗说，那段艰辛异常的经历是被侵略者逼的，却也让他学会了不怕吃苦、适应环境、迎难而上。

抗战胜利后，倪维斗返回上海，入读有名的南洋模范中学。他学习毫不费力，边玩边学，成绩始终名列前茅。1950 年，他考入清华大学机械系，一年后被选派到莫斯科鲍曼高等工业学校留学。作为新中国首批大规模赴苏的留学生，临行前，受到周恩来、刘少奇等国家领导人在北京饭店亲自接见。倪维斗回忆说："从来没有吃过那么好吃的东西，激动得狠狠地咬到了叉子，差点把牙齿硌掉了。"

1952 年夏，倪维斗（前排左一）与鲍曼高等工业学校的来自多个国家的同学们在一起

饱受战乱之苦，倪维斗满怀报国之志，留苏期间极为刻苦用功。初到莫斯科时，他不识一个俄文字母。5年后，他以全部课程均为满分5分的优异成绩毕业，还说得一口流利的俄语，让苏联人觉得他是"自己人"。

1957年，倪维斗回到清华大学，被分配到燃气轮机教研组工作，一腔热血想要"建设社会主义新中国"，却发现各种轰轰烈烈的"运动"接连不断。"整风"、"反右"、反对资产阶级学术权威、"大跃进"……倪维斗感到"基本没干什么真正的业务工作"，"还要在一些会上说些言不由衷的话，很难受"。

1960年，听闻有个留苏机会，因中苏交恶，多数人不愿去，倪维斗却是求之不得。他想："浪费了3年，不如赶快再去学点东西。"于是，他再次赴苏，到苏联最好的理工科大学加里宁工学院（今圣彼得堡国立理工大学）深造，获副博士学位。

两年后，倪维斗再次学成归国，适逢国家"抓革命，促生产"，他积极到各地了解情况，摩拳擦掌地想要好好为国家动力机械工程的发展做一番贡献。谁知"文革"浪潮很快席卷全国，倪维斗刚有点眉目的科研工作随之停

倪维斗第二次留学苏联时在加里宁工学院主楼前留影

滞。他被作为"修正主义苗子"下放江西鲤鱼洲"劳动改造"。

满怀报国热忱和满腹所学,却毫无用武之地,倪维斗心里很难受:"感觉受国家多年培养,留学花费国家大量外汇,都白费了。"但他生性开朗,易于适应环境,他想:"既然大环境如此,也只能怀着乐观的心态,自己调整自己。"

睡的是潮湿拥挤、老鼠乱窜的木板铺,吃的只有南瓜汤、空心菜加米饭,但倪维斗还是很认真地进行"自我改造":在食堂排队打饭时,他在脑子里用材料力学来分析头顶上哪根横梁受力最大;挑担时,他用力学原理研究怎么挑最合理省力,包括担子压在哪块肌肉上最合适,扁担的刚度如何与所担重物相配合,以什么节奏行进,如何换肩,等等;插秧时,他在木板上均匀地钉上钉子当作标尺,用以标记每根秧苗的位置,插出来的秧笔直又整齐,他站在地头看着"像样"的成果,满心欢喜……

倪维斗还主动不断给自己加码。例如挑砖盖房子,最初他只能两只担各挑4块砖,被戏称为"4块老俵",到后来逐渐成为"16块老俵"。"做一件事,就要有决心把它做好。"带着与学习、科研一样的不服输精神,倪维斗渐渐成了干农活的"老把式",做好了不是"一阵子"而是"一辈子"留在农村的准备。

1978年,"文革"风波终成过去。倪维斗返回北京,出任清华大学燃气轮机教研组主任。那一年,他46岁。

高效节能乃为德

燃气轮机,即燃气涡轮发动机,是继蒸汽轮机、内燃机之后的一种先进而复杂的把热能转换为机械动力的装置,被广泛应用于发电、车辆、船舶、航空等动力系统。它是典型的高新技术密集型产品,集新技术、新材料、新工艺于一身,代表了多理论学科和多工程领域发展的综合水平,是一个国家高技术水平和科技实力的重要标志之一。

以前,中国没有燃气轮机工业。新中国成立后,许多工厂设计试制过多种燃气轮机,但受燃料结构、工业水平等多方面原因影响,中国燃气轮机的发展不尽如人意。诸多领域动力落后的状态,已成为制约国民经济发展的"瓶颈"。

两次留苏八年多、专攻动力机械工程的倪维斗,终于得以重启与燃气轮机相关的科研教学工作。对此,他已等待了太久,深感时不我待。

倪维斗几乎每天都在争分夺秒地工作。他率领清华燃气轮机教研组师生,在国家能源动力发展的最前沿探索,后相继出任清华大学热能系和汽车系主任。此间,他全面系统地发展了复杂热力系统及其关键部件的先进建模方法和一系列新的控制策略,解决了先进燃气轮机应用中的关键问题,率先研制成功国内第一台具有计算机控制系统的燃气轮机 – 蒸汽轮机联合循环仿真装置,提出了大型电站远程在线监控与诊断的新理论与新方法……一言以蔽之,成果卓著。

因为在推动先进燃气轮机在中国的应用和发展过程中做出卓越贡献,倪维斗及其带领的团队多次荣获国家级和部委级奖励。1987 年 8 月,他作为对国家有突出贡献的 14 名中青年专家之一应邀到北戴河休养,受到邓小平等中央领导接见。1988 年,他被任命为清华大学副校长,主管全校的科研和外事工作。1994 年卸任后,他继续担任清华大学校务委员会副主任、国家煤燃烧重点实验室主任、国家"攀登计划"B 类项目首席专家等职。

随着研究的深入,倪维斗越来越感到,中国缺乏完善而具体的能源战略部署,能源与环境问题日益突出。他说:"中国是一个能源短缺的发展中国家,即使是资源最丰富的煤,人均储量也仅为世界平均水平的 50%,石油

则只有 10%。我们不能跟着国外亦步亦趋,一定要根据国情探索中国人应有的生活和用能方式,在技术上走出自己的路子。"

倪维斗开始有意识地将研究重点由动力机械的微观研究转向国家能源战略与政策的宏观研究,并决心将自己的技术理论基础与能源宏观层面的研究结合起来,从而在顶层设计与实际的技术应用之间起到承上启下的桥梁作用。

他还提出,应结合中国在相当长时间内一次能源仍将以煤为主的实际情况,发展以煤气化为核心的"多联产"系统①,以应对中国能源供应紧张和煤炭使用污染严重的两大问题。目前,这项技术在中国已有一定的技术和工业基础,受到国家重视,相关研发和产业化工作仍在推进之中。

"把合适的东西放在合适的地方",这是倪维斗有关中国能源战略的核心观点。除煤炭资源外,他还结合不同可再生能源的不同特点,积极推动风能的"非并网发电",以解决风力不稳定对并入电网造成的影响;建议因地制宜地分散使用太阳能和秸秆等生物质能;倡导加速核能的自主研发。

毕生研究能源与动力,倪维斗四处呼吁"节能是一种社会道德"。他建议人们少乘飞机,多坐火车;少开汽车,多骑自行车;在外就餐如有剩余,定要打包。

他说:"能源是现代文明的动力,人类文明史上的每一次进步无不以能源的利用为基础。但是,能源的利用是有代价的,我们不能做盲目的用能者,而要做文明的用能者,要把有限的资源按照最有利于保护环境的原则,最高效经济地应用。争取和自然的最大和谐,这是一个人、一个民族乃至一个国家最起码的道德标准。"

---

① 以煤气化为核心的"多联产"系统,简单地说,就是先把煤气化,得到净化的"合成气",再与其他行业的不同技术结合,用于发电、化工、钢铁、供热、液体燃料的生产等,从而高效清洁地利用煤炭资源。

厚德载物乐为师

倪维斗的科研之路颇不平顺。他感慨地说："人生未必尽如人意，并非所有愿望都能成为现实，也并非所有道路都不能修改和放弃。条条大路通罗马，这条路不通就再换一条，艰辛的实践终将有回报，相信总能找到属于自己的那一条路。事实上，人的顺利是相对的，不顺利是绝对的。只要自己努力了，凭良心为国家好、为民族好，就问心无愧。一个人总要为社会尽到自己的责任。"

蹉跎不少岁月，科研起步太晚，这是倪维斗平生之憾。而他最为满意的事是培养出了许多优秀的学生。"听人夸我的学生有出息，我就高兴。但这件事不是我的功劳，主要清华招的都是'好材料'，只要把他们引到正路上来，还都比较能干。"他笑眯眯地说道。

学生们说，倪先生不仅是学术导师，更是人生导师。他重视培养研究问题的正确方法，认为凡事应首先找到正确的宏观思路，而不要过度纠缠

倪维斗与他指导的博士生合影

129

于细枝末节；要从概念本质去思考问题，而不要死记硬背公式。他强调团队合作，主张把别人的优点放大一点，乘上 1.2，把别人的缺点缩小一点，乘上 0.8；而对自己，则应优点乘 0.8，缺点乘 1.2。有时，倪维斗还会亲自写下一些人生格言送给学生。

在应邀参加各类学术活动时，倪维斗总是尽量带上他的学生，希望让他们增长见识，结交相关领域的朋友。除了在校期间的教学培养外，他还主张老师应介入学生的工作分配环节，并在学生工作后持续给予关心和指导，有时连学生找对象他也帮着操心。他曾提出，培养学生要做到"三个关键"，即"毕业生应到关键企业的关键部门做关键的工作"。他和许多已毕业的学生长期保持着亦师亦友的关系，时有书信往来。

多年来，除了坚持给本科生上课外，倪维斗先后指导了共 70 余位硕士生和博士生，多数成了相关领域的专家，其中包括多位省部级领导干部、3 位中国工程院院士、多位企业和科研机构的总工程师。

在清华园生活了大半生，倪维斗自言有"清华情结"。其爱人张立宁亦毕业于清华，后留校任教，一生默默工作，不问名利。岳父张任也是"老清华"，1917 年考入清华，留美归来后一辈子献身中国水利事业。在倪维斗看来，清华近百年来之所以能享誉四方，不仅仅是因为培养出了许多声名显赫的杰出校友，更是因为有一大批兢兢业业、不问个人得失、为国家民族而努力的中坚队伍，这正是清华校训"厚德载物"之精神。

曾任清华大学副校长 6 年，倪维斗对于建设世界一流大学的看法是："关键还在于，能否培养出一流人才。"他继承了父亲"实业报国"的理想，认为做人做事最重要的是说实话、办实事，"不图虚名，只求实效"。针对当前大学存在一些学术浮夸、急功近利、弄虚作假等现象，他一再告诫学生："力戒浮躁，抵制'包装'、'忽悠'，要以科学的、实事求是的态度来对待科学技术问题。"

在学生们眼中，已满鬓霜华的倪维斗先生总是充满活力、神采奕奕的样子。他每日跑步，曾坚持了40多年。他常举哑铃，多数学生掰手腕不是他的对手。他平易可亲，还会表演花样扑克魔术。年过八旬后，为了保护膝盖，倪维斗不再跑步，但仍坚持每天与夫人在清华园里散步，笑称自己拥有一座五六十亩的"私家园林"。

倪维斗与同事掰手腕

至今，倪维斗仍致力于国家能源战略和政策的研究。关于"老本行"燃气轮机，他坦言，中国目前与世界先进水平仍有较大差距，认为要解决这个问题需从基础研究做起，重点在于加强自主研发，材料和工艺也要跟上。"想要摘取这个制造业'皇冠上的明珠'，需要长时间的累积，非一朝一夕之功。"

师昌绪 金属学家的人生"炼金术"

师昌绪（1918—2014），金属学及材料科学家，中国科学院院士、中国工程院院士，中国高温合金研究奠基人，国家最高科学技术奖获得者。

"国家强大才有幸福的国民。"

"团结人的秘诀：身先士卒，无欲则刚，人尽其才。"

"遇事要向远处看，不要为眼前暂时的功过得失纠缠不清。凡事只要坦然处之，没有过不去的坎。"

引 言
Introduction

夏日午后的阳光照进房间，笼盖办公桌上的小小书山，温暖而安静。94岁的师昌绪穿着淡蓝色的棉布衬衫，伏首桌前专注工作，面色沉静如水。听得一声唤，他才发现我们进来。他听力不佳，对话要借助助听器，但思维敏捷，口齿清晰，说到要紧处，顾盼神飞，双目中尤有电光闪过。

与师老的会面是在2012年6月。那时，他作为特邀顾问，仍每天到国家自然科学基金委员会上班，编辑《材料大词典》，并为国家新材料的开发和利用献计献策。

在许多人眼里，他是享誉世界的金属学家和材料学家、中国两院院士、国家最高科学技术奖得主。在年幼的孙儿眼里，他是"每天笑眯眯的老头"。

而于他而言，在约莫一个世纪的人生岁月里，历经战乱、建设、政治斗争、改革开放，逃过荒、留过洋、出过成果、带过队伍，人生起伏跌宕，世间百味遍尝。但在内心深处，他的追求从来都很简单：为国家做点事，活得有乐趣。

师昌绪：金属学家的人生"炼金术"

1918 年，师昌绪出生在河北农村一户五世同堂的大家庭，常有军阀混战中的散兵游勇冲进家门打砸抢掠。

1931 年，"九一八"事变发生，年少的师昌绪不愿做亡国奴，和同学们抱头痛哭。

1937 年，"七七事变"爆发，"华北之大，已经安放不下一张平静的书桌"。师昌绪全家分头逃难，40 口人的大家庭自此瓦解，只在记忆中留下生离死别的哭喊。

逃难路上，颠沛流离。师昌绪曾跨过被炸毁的铁桥，桥下就是滔滔洪水；曾爬上超载的闷罐火车车顶，险些被限高的横梁刮落；逃到河南进入国立中学，又患上痢疾、疟疾，这是战乱中很多人都得过的病；作为班长，他甘冒被传染的风险，悉心照顾感染急性脑膜炎和肺病的两位同学，但最终还是无力回天，眼睁睁看着同学撒手人寰。

在那段风雨飘摇的年月，他亲历贫弱的中国被列强随意践踏，眼见亲朋的尊严和生命被轻易剥夺，而他自己也是饱经磨难，九死一生。故此，师昌绪终其一生坚定地信仰"中国必须强盛起来，国家强大才有幸福的国民"，此后，无论遇到什么困难，他都深感"以此为动力，斗志经久不衰"。

"书虫"的斗争

在师昌绪的孩童时代，没人觉得他会有什么大出息。他"乖"得有些过分，长辈的话一向言听计从，被人取笑也从不争辩。因为太过老实善良，有时连母亲也唤他"傻子"。

上学后，他也未表现出特别的天分。小学一年级，老师要求背诵孙中山先生的《总理遗嘱》，全班没几个孩子背不下来，师昌绪就是那少数几个之一，还因此被罚了站。由此，他认定自己天资平庸，必须加倍刻苦。到了

小学三年级,他在全县会考中名列榜首,从此保持全班前两名的成绩直至高中毕业。

1941年,师昌绪原被保送西南联大电机系,却因凑不出前往昆明的路费,转而就近考入陕西的国立西北工业学院矿冶系。之所以选择矿冶专业,源于根深蒂固的实业救国思想。他认为:"采矿和冶金,能炼出钢铁和各种金属,打仗要用,建设也要用。"

大学时代的师昌绪仍是一幅"呆头呆脑"的形象,被大家称作"书虫"。他一不打球,二不玩牌,从不午休,也很少过周末,只是日复一日地埋头学习到深夜,睡上几个小时,凌晨两三点起床继续学习至早餐时间。毕业时,他大学四年的平均分位列全班第一,获当年全校仅有5人获得的林森①奖学金,被分配到国民政府资源委员会工作,后又被派遣至其下属最大的冶炼厂——綦江冶炼厂。

抗战胜利后,师昌绪写信主动请缨转调至鞍钢,但到了那里,他看到的是苏军拆卸运走了数万吨生产设备和物资,工厂基本瘫痪,难有作为。为谋求新的发展,1946年,师昌绪通过考试获得了国民政府官价外汇自费留学的资格。在朋友的帮助下,他花了两年时间攒够学费,最终赴美国密苏里矿冶学院深造。

在美国,师昌绪一如既往地将其"书虫"作风发扬光大。不到一年,他就以全A的成绩获得硕士学位,并凭借毕业论文《真空处理炼铅的锌渣》中具有开拓性的成果获"麦格劳希尔奖"。后来,他的导师就在此成果的基础上建立了工厂。

而后,师昌绪申请到奖学金前往美国欧特丹大学攻读博士学位,再次以全A成绩和出色的研究论文毕业。其间,他发现的两种化合物成为至今

---

① 林森是兴中会元老,时任国民政府主席。

仍发挥重要作用的光电子半导体材料。

和那个时代的许多年轻人一样，为中华之崛起而努力，一直是师昌绪奋斗的动力。他原本希望读完博士立即回国效力，不料 1950 年朝鲜战争爆发，中国留学生回国受阻，他只好滞留美国谋生。他谋得一份为麻省理工学院（MIT）教授、国际知名金属学权威科恩（Cohen）做研究助理的工作，主要负责与超高强度钢有关的课题，其研究成果之一后来被开发成为至今在国际上仍普遍应用的重要航空材料"300M 超高强度钢"。

科研工作之余，师昌绪的时间、精力和金钱几乎都花在了争取回国上，自称是"留美中国学生争取回国运动的积极分子"。

当时，中国留学生因要求回国而被拘捕的事时有发生。为统一发声，防止被各个击破，师昌绪和一些同道中人集体写了一封致美国总统的公开信，呼吁放中国留学生回国，并自费购买了一台旧油印机印刷了上千份，由他和另两位留学生秘密分发。后来，中美就留学生问题的谈判公开后，师昌绪和几名中国留学生一起接受了美国报刊的专访，争取到不少美国民众的同情和支持。

科恩教授从报上得知了师昌绪想回国的事，特意当面询问缘由，并表示若是嫌待遇低、职位低或有别的困难，均可帮忙解决。师昌绪婉言谢绝了，很诚恳地说："我是中国人，应该回去帮助建设中国。像我这样的人在美国比比皆是，但现在中国很

1954 年，中国留美学生师昌绪争取回国的故事登上了美国报纸

落后,需要我这样的人。而且中国人讲孝道,我的父母都已年迈,需要我照顾。"科恩听后,不仅同意了他回国的请求,还做了一些有助于他回国的事。对此,师昌绪始终感念于心。

与科恩共事多年的同事曾撰文回忆道:"科恩对一个人有一种特殊的欣赏,那就是我们在 MIT 称为 Chester Shih(师昌绪)的那个人,每当科恩提到师博士及其成就时总是喜形于色。"

经过持续的努力和斗争,1955 年 6 月,师昌绪成为第二批获准回国的中国留美学生,乘坐"克里夫兰总统号"轮船驶向他渴望已久的神州大地。然而,为国尽忠的渴望就要实现,在家尽孝的愿望却终成泡影,就在他上船的同一天,母亲辞世,这成为他心里永远的伤痛和遗憾。

"庸才"的本事

一回国,已在美国金属学领域有所成就的师昌绪就成了"香饽饽"。在美国争取回国的"战友"、西北工业学院的校友李恒德邀请师昌绪到清华大学工作,北京钢铁学院也欢迎他,中国科学院技术科学部主任严济慈则表示上海冶金陶瓷研究所和沈阳金属研究所任他选择。最终,在归国留学生的志愿表上,师昌绪只写了四个字:"服从分配。"

"既然千辛万苦回来,就不能挑肥拣瘦,国家什么地方需要我,我就到哪里去,就算吃窝窝头我也愿意。"师昌绪说。他从小生性豁达,对生活的要求不多,所以也很少患得患失,他认为,那是人自寻苦恼的根源。

最终,师昌绪被分配到沈阳的中科院金属研究所(以下简称"金属所"),是几个选择中环境相对艰苦的地方。师昌绪在这里一干就是 30 年,历任研究员、研究室主任、副所长、所长。

刚到金属所,他在一无经验、二无技术资料的情况下,自行研制成功重要的航空材料——中国第一个铁基高温合金,后来这项成果获 1978 年全国科学大会奖。

而他最难忘的工作经历,也是他最突出的科研成果之一,是研制成功中国第一代空心涡轮叶片。

涡轮叶片是飞机发动机的关键部件,也是当时中国自主研制新型飞机的重点和难点。这种叶片必须能在高速、高载荷、复杂受力、频繁交变温度下长寿命稳定工作,要求极高,因为一旦失效就会造成机毁人亡。

当时,全世界只有美国能铸造空心叶片,中国连技术难度较低的实心叶片都不能生产。师昌绪领衔的攻关组,仅用不到一年时间,就在沈阳简陋的实验室里研制成功中国第一片 9 孔铸造空心涡轮叶片,一步实现"超英赶美"。至今,中国一些先进机种的发动机仍在装备这种叶片,多年来从未因其失效而发生过事故。1985 年这项研究成果及其技术推广获国家科技进步一等奖。

不过,每当谈及功劳,师昌绪永远是主动靠后站。在任何场合,他总是将空心叶片的成功研制归功于团队的齐心协力。他常说:"我这个人没什么本事,如果说我取得了一些成功,大概是因为我有本事让大家都发挥作用。"

几乎所有与师昌绪共事过的人对他的评价里都有一句:"特别能团结人。"

"团结"两个字,几乎没有哪个组织不强调,但真正要做到却并不容易。师昌绪是如何做到的?他的秘诀有三个:第一,身先士卒。功劳让给他人,难活苦活自己冲在前面。第二,无欲则刚。当团队出现不同意见时,他诚实直率,敢于表达,而正因为他无私欲,所以往往能使人信服。第三,人尽其才。他总是尽可能地让每一个人都发挥出作用,各得其所,这样人们的

心情才会愉快,心情愉快了,工作才能做好。

师昌绪认为"妒忌是万恶之源"。在他看来,"在工作中,决定和影响成败的关键往往并非技术,而是人和人的关系。一个团队,如果你防我,我防你,大家都不出力,怎么可能搞得好"?

师昌绪写下他总结的"做人之道":一要重德,二要苦干,三要敢闯, 四要与人为善

留美 7 年,除了开阔视野,使其学术研究始终紧跟世界前沿之外,他还学到了美国的科研管理理念。他将高级科研人才的任务比喻为"指出哪座山里有兔子",中级人才负责"打兔子",初级人才负责"拣兔子"。在担任领导职务时,他十分重视学术自由,鼓励科技人员敢闯敢干,认为只要大方向对,用什么工具,怎么"抓兔子",任由发挥。

师昌绪在金属所倾注了 30 年心血,为中国的材料科学发展做出了卓越贡献,被誉为"中国材料科学之父",是中国高温合金的开拓者之一。虽然后来于 1984 年调任北京,开始更多地从事国家科研战略管理工作,但他仍然长期担任金属所名誉所长。在他和金属所新老同事的共同努力下,中科院金属所不仅在国内材料研究机构中出类拔萃,还被认为是世界上实力最强的五个材料研究所之一。

"自讨苦吃"的快乐

"文革"期间，"出身不好"、海外归来的师昌绪曾备受磨难。他坦言，回国后吃苦他有思想准备，但蒙受不白之冤确实没想到。"最痛苦的并非皮肉之苦，而是一度觉得国家无望"，他有过轻生之念，幸而挺了过来，迎来了科学的春天。于是，不再年轻的他加倍努力，勤恳耕耘。

"遇事要向远处看，不要为眼前暂时的功过得失纠缠不清。凡事只要坦然处之，没有过不去的坎。"这是老人历经风雨后悟出的道理。

在生活中，师昌绪一生极为节俭。拖鞋破了洞仍不舍得扔，极少添置新衣，喜欢"打扫"剩饭剩菜，得友人送"净坛使者"称号。此外，还以"爱管闲事"而著称。夫人郭蕴宜回忆说，当年初识回国不久的师昌绪时，有一件小事令她印象极深。当时，一群朋友一起到公园划船，路中央有块砖头，大家都绕着走，只有师昌绪弯腰拾起放到了路边。有人开玩笑说他是"清道夫"，他也不生气，只说："如果不捡，有人走过时不留神会绊倒的。"

在工作中，师昌绪"爱管闲事"的事例更不胜枚举。

国内外对科研人才的首要评价标准，往往是看发表论文的数量和质量。然而，回国以后，师昌绪深感国内急需的不是高明的论文而是实用的材料，不是实验室里的新成果而是生产线上的新产品。所以，他身为海归博士却没有半点

1956 年，师昌绪与夫人郭蕴宜的结婚照

知识分子的"清高",经常带着成果低声下气地找厂家推广新技术,而很少坐在书房里埋头写论文。有长辈为他的前途担忧,有人讽刺他"铜头、铁嘴、蛤蟆肚""不如去做器材科长",尽管心里不是滋味,但他仍默默地做着自己认为正确的事,从未动摇过"科研为生产服务"的理念。

妻子怀孕的那年冬天,师昌绪帮助抚顺钢厂解决高温合金的生产工艺问题。为兼顾家庭和工作,每天清晨 8 点,他冒着东北刺骨的寒风,坐车 3 个小时到抚顺上班,晚上 8 点下班,再坐车 3 个小时回到沈阳。历时 3 个月,每日如此。因为劳累过度,他患上了肾盂肾炎,却仍然坚持到生产攻关结束。这件事感动了很多人,师昌绪却说:"能为国家做点事,我真心高兴。曾经经历过旧社会国破家亡的逃难生活,这点苦算不了什么。"

2002 年,师昌绪为中国科学院金属研究所博士研究生授学位

为什么他总喜欢"管闲事"? 他的回答是:"如果我不管,别人也不管,怎么办? 所以,好多事我不觉得与我无关,我觉得和我有关就尽力去管。别人看我,可能觉得我活得挺没意思的,但是我觉得挺有乐趣。在工作中,在为国家解决问题和帮助别人的过程中寻找乐趣,也很有成就感。"

师昌绪：金属学家的人生"炼金术"

　　光阴荏苒，当年的"小师"渐渐变成了"老师"，再逐渐成了"师老"。称呼变化的背后，不仅是时光的流逝、年龄的增长，也是其成就和威望的积累与沉淀。

　　1984年调任北京后，师昌绪历任中国科学院技术科学部主任、国家自然科学基金委副主任、中国工程院副院长等职，为国家科技战略发展、重大项目的立项和评审等做了大量卓有成效的工作。

　　师昌绪是中国工程院的主要发起人之一，先后组织成立了中国材料联合会、中国生物材料委员会，引领和推动了中国纳米技术、碳纤维、镁合金及生物材料等许多新学科的发展。

1998年，师昌绪主持研制的"高温合金低偏析技术"
被国际材料联合会在华盛顿授予"实用材料创新奖"

　　他多次获国家级奖项，多次任国际材料大会主席，获"国际实用材料创新奖"，是在美国之外唯一获得国际材料学会"TMS-Fellow"[1]称号的华人科学家。但师昌绪说："获奖并不能代表一个人的真正成就，荣誉更不能说明

---

① TMS是国际材料界最有影响的学会之一，TMS-Fellow授予世界著名材料科学技术专家与学者，其名额保持在100个左右，评审制度严格。

一个人的真正水平。"他对很多工作由集体完成却把荣誉给了他而感到"极为不安"。

直至耄耋之年,师昌绪仍在为国家科技的发展殚精竭虑。据他的"效率手册"记载:92 岁那年(2010 年),他在京接待来访一二百人次,在京开会四五十次,出差十余次,做特邀报告三次。

他常说:"祖国的需要就是我的需要。"这句话就像是指引他一生航线的灯塔。多年来,他判断是否做一件事的标准很简单:是否对中国有利。"哪里需要发展,怎么做对中国有利,我就去做。"①

---

① 2014 年 11 月 10 日晨 7 时 7 分,师昌绪先生因病在京辞世,享年 96 岁。那年春节,师昌绪被选为中央电视台"感动中国年度人物"。颁奖词说:"八载隔洋同对月,一心挫霸誓归国……有胆识,敢担当,空心涡轮叶片,是他送给祖国的翅膀。两院元勋,三世书香。一介书生,国之栋梁。"

孙家栋 此生最爱"放卫星"

孙家栋(1929—　　），航天工程技术专家，中国科学院院士，"两弹一星"功勋奖章获得者，国家最高科学技术奖获得者。

"搞总体工作，在思想上要大胆创新，在实际工作中务必脚踏实地。"

"我们小时候用的是洋火，穿的是洋布，就连那么简单的人力车也叫洋车。中国人现在自主研制出人造地球卫星，这是多么了不起的进步。"

引 言
Introduction

在孙家栋的办公室里，最抢眼的摆设当属那个约有一人高的月球仪，它根据"嫦娥一号"探月卫星带回的全月球三维数据制成。而它的主人就是中国探月工程首任总设计师。

作为业界公认的中国"卫星之父"，孙家栋常开玩笑说，自己此生最大的爱好就是"放卫星"。

在中国自主研制的一百余个卫星型号中，约有三分之一是由孙家栋担任总设计师或总负责人，其中包括众多的"第一"：第一颗人造卫星、第一颗返回式遥感卫星、第一颗通信卫星、第一颗资源探测卫星、第一颗气象卫星、第一颗探月卫星……至今，年过八旬的他，仍像一颗卫星般围绕着"科技"的轨道转个不停。

尽管大半生都在担任尖端科技项目的"总设计师"，但回望自己的人生，孙家栋的心得却是"从不设计"。他说："一个人的成长，当然离不开自己努力的成分，但也要看人生中的许多机缘，与所身处的时代密不可分。"

一碗红烧肉改变的人生

孙家栋万万没想到，人生竟因一碗红烧肉而改变。

1950 年年初，农历正月十五，按照以往惯例，孙家栋吃完午饭后就要去姐姐家过节。当时，孙家栋正在哈尔滨工业大学读"预科"，听说当晚学校食堂加餐，有他最爱吃的红烧肉，他决定吃完红烧肉再走。傍晚时分，就在孙家栋大快朵颐时，校领导突然来到食堂，宣布空军来校招人，现场报名，当场决定人选。

亲历过旧中国的山河破碎与新中国来之不易的和平，加入空军是当时无数男儿梦寐以求之事。孙家栋激动不已，立刻报名。作为预科班为数不多的共青团员，他幸运中选，甚至来不及通知家人，当晚即登上列车，前往中国人民解放军空军第四航空学校（以下简称"航校"）报到，穿上了蓝色的空军军装。

在此之前，孙家栋的求学之路可谓坎坷多舛。他于 1929 年生于辽宁盖县，3 岁时因父亲工作调动而举家迁往哈尔滨生活。7 岁上学，老师说要用右手写字，左撇子孙家栋说什么都不干，宁可退学。1942 年，他考入哈尔滨第一高等学校土木系，中途因"抗战"而失学。17 岁，他进入锦州大学先修班读"预科"，次年冬天再次因辽沈战役而中断学业。1948 年，哈尔滨已是解放区，孙家栋考入苏联人管理的哈尔滨工业大学预科班学习俄语，并计划未来进汽车系，学习在当时看来先进而令人向往的汽车专业。没料到，还没来得及在哈工大学一天汽车，就因为一碗红烧肉而获得机会去直接接触更为先进的飞机。他更不可能料到，这次偶然加入空军，竟成为日后迈向航天之路的重要阶梯。

在航校，因俄文优秀，孙家栋被选任为苏联航空教官的授课翻译。新

孙家栋在中国人民解放军空军第四航校时的留影

中国百废待兴，各行各业急需专业技术人才。在时任空军司令员刘亚楼的关注下，空军决定选拔约20人，到世界（尤其是军事领域）知名的苏联茹科夫斯基空军工程学院留学，以培养中国自己的飞机专业技术队伍。经层层选拔，孙家栋最终入选。

1951年秋，坐了七天七夜火车，孙家栋抵达莫斯科。他第一次看到宫殿般的百货商场，第一次乘坐地铁……扑面而来的新鲜的一切，无不使他意识到"确实比我们先进很多"，同时也在不断加深他内心的强烈愿望：一定要好好学习，回去建设自己的国家！

在茹科夫斯基空军工程学院，因同批学员的基础参差不齐，校方决定让这批中国留学生先读一年"预科"，加强语言和基础知识，然后再正式进入大学本科。三读"预科"，成为孙家栋人生中一段特殊而难忘的经历，这既是时代动荡的写照，也在无意中为他后来的学习和工作打下了牢固的基础。

在苏联高校，有一个激励学生的传统：第一学年考试所有科目全获满分5分的学生，将会有一张两寸大小的照片出现在学校的"明星榜"上。下一学年，如能继续保持，照片就会放大一倍，并往上挪一行，以后每年皆是如此。只要有任何一年未能获得全满分，照片就将从这张榜上消失。毕业时，仍能留在榜上的人将获得一枚印有斯大林头像的纯金质奖章。凡是获得该奖章的苏联学生，毕业后比普通毕业生军衔高一级，还可优先选择工作。

20 世纪 50 年代，孙家栋留学苏联期间，在实验室做实验

1958 年，孙家栋带着一枚珍贵的金质奖章回到了中国。对此，他尤为自豪的是："那一年，全苏联的高校毕业生只有七人获得金质奖章，其中就有四名是中国留学生。这在当时是非常轰动的。"

钱学森赏识的年轻人

2009 年 3 月 5 日，孙家栋在 80 岁生日之时，收到了来自 98 岁的中国航天之父钱学森先生的亲笔签名信。信中说："您是我当年十分欣赏的一位年轻人，听说您今年都八十大寿了，我要向您表示衷心的祝贺！您是在中国航天事业发展历程中成长起来的优秀科学家，也是中国航天事业的见证人……"孙家栋一字一句地细读，心绪难平。

当年，孙家栋在苏联学了 7 年飞行器研制。学成归国后，还没来得及"摸"一次飞机，便被一纸调令分配到了新组建的中国第一个导弹火箭研究机构——国防部第五研究院（以下简称"国防部五院"）。就是在那里，他结识了人生中不可多得的良师益友钱学森。

当时,国家正式决定大力发展导弹事业。虽然孙家栋对导弹基本"一窍不通",但对于组织的安排,他没有半分迟疑。他说:"我们那个年代,没有任何其他想法,国家需要我到哪里,我就到哪里。能搞飞机固然不错,但是,导弹却是比飞机更尖端的科技。"

虽然他只是刚毕业的年轻学生、基层工作人员,但是孙家栋恰巧被分配到国防部五院总体部总体室的总体组工作并任组长。各种"总体"下来,他所从事的工作经常需要与中国导弹工程的总负责人、国防部五院首任院长钱学森直接沟通。无论多忙,钱学森每周都会至少有两三天到孙家栋所在的总体组了解情况、讨论工作,而孙家栋遇到问题也可以随时找钱学森。

当时,钱学森已是誉满全球的大科学家,孙家栋在苏联留学时就曾久仰其大名,没想到自己刚一回国就有机会在他身边工作。虽然他们在职务上跨越多个层级,但关系是亦师亦友。

孙家栋与钱学森有着深厚的交情

孙家栋：此生最爱"放卫星"

在孙家栋的记忆中，钱学森先生非常平易近人，每次讨论问题，都会先认真听取大家的意见，如果工作中有什么不妥，也很少直接批评，而是耐心地引导和解释。钱学森还特别鼓励年轻人抛开思想包袱，大胆作为；每次讲成绩时总是把别人放在前面，出了问题则由他一人承担。钱学森从事科研的思维方法和待人接物的工作作风对孙家栋影响至深。孙家栋直言："如果没有遇到他，我在工作中肯定要多走许多弯路。"

而在钱学森眼里，孙家栋是他"颇为赏识的年轻人"。从总体组组长、总体室主任到总体部副主任，在导弹工程年轻一代的队伍中，孙家栋成长很快，成绩突出，他的工作任务不断"加码"，这也是领导们刻意栽培。

从事导弹研制工作9年，孙家栋亲历了中国导弹从无到有的艰难历程。特别是中苏关系破裂后，苏联专家全部撤走，中国的科技工作者们经过坚持不懈的努力，最终成功发射第一枚自主研制的导弹。1966年，又成功发射"两弹结合"的核导弹，标志着中国正式成为拥有实战导弹核武器的国家。

1967年7月，就在孙家栋潜心钻研导弹技术时，他的人生又迎来了一次"急转弯"。经钱学森向聂荣臻元帅推荐，38岁的孙家栋被任命为中国第一颗人造地球卫星总体设计工作的总负责人。从此，"孙家栋"这个名字便与中国卫星事业的发展密不可分。

共和国的造星专家

近半个世纪以来，孙家栋的人生轨迹用一句话便可概述：始终在担任不同型号卫星项目的总负责人、总设计师。

人造卫星，代表着目前人类的尖端科技，是一个极为复杂的系统工程。孙家栋介绍说，所谓"总体"，就是要用最可靠的技术、最少的代价、最短的

时间、最有利的配合、最有效的适应性和最有远见的前瞻性,制定出最可行的方案,以保证取得最好的结果。"搞总体工作,在思想上要大胆创新,在实际工作中务必脚踏实地。"

专注于"放卫星"五十载,孙家栋最难忘怀的是两颗卫星的研制:"东方红一号"和"嫦娥一号"。

"东方红一号"是中国自主研制发射的第一颗人造地球卫星,也是孙家栋第一次担任卫星项目的总负责人。

1967 年,正值"文革"期间,研发零基础,要解决"从无到有"的问题,还要执行领导下达的死命令"1970 年要发射我国第一颗人造地球卫星","困难"二字成了整个工程的关键词:"第一,不知道怎么干;第二,大家都没干过;第三,要用的东西,什么都没有。"

当时,国家工业基础薄弱,即使是最基本的插座、螺丝、铝板等,在全国也找不到一个符合卫星技术要求的生产厂家。孙家栋只得挨个找到最有实力的单位,组织力量攻关。同时,原定的部分子系统单位受"文革"冲击较大,有的单位甚至连人也找不到了。为了按时完成发射卫星的任务,孙家栋力排众议,去掉了原发射计划中的探测功能,将发射任务明确定位为"上得去,抓得住,看得到,听得见","先解决有无的问题,再在未来进一步解决各种功能的问题"。为保障成功发射,在政治挂帅的年代,他甚至斗胆向周恩来总理进言,去掉了卫星上可能影响仪器散热的毛主席像章。

1970 年 4 月 24 日,"东方红一号"卫星成功发射,《东方红》乐曲响彻太空。"东方红一号"上的全部元器件、设备和材料均由中国人自主研发生产,这令孙家栋无比自豪:"真的太不容易。我们小时候用的是洋火,穿的是洋布,就连那么简单的人力车也叫洋车。中国人现在自主研制出人造地球卫星,这是多么了不起的进步。"

20世纪80年代，孙家栋与美国代表签署《关于卫星技术安全协议备忘录》

"嫦娥一号"则是中国第一颗探月卫星，也是中国第一次研制围绕地外星球运行的人造卫星。

作为中国探月工程首任总设计师，孙家栋将其比喻为"骑在马背上打兔子"：地球是马，月球是兔，嫦娥一号就是一支箭，要在奔马上一箭射中跑跳中的兔子。这属于深空领域，涉及复杂的"三体运动"。孙家栋提出了一个大胆的方案，不是全部重新设计，而是着重利用近几十年中国航天科技的成就，集各方面尖端技术之大成，最终实现探月。

2007年10月24日，"嫦娥一号"在西昌卫星发射中心成功发射。10余天后，经过40万公里的星际飞行，"嫦娥一号"顺利抵达月球并实现绕月，终于实现了中华民族流传千年的"奔月"传说。航天飞行指挥控制中心内，人们欢呼雀跃、握手拥抱，唯有孙家栋退到一个僻静角落，独自默默地抹眼泪。

"航天人这一辈子，打失败了哭，打成功了也哭。"孙家栋说，那一刻，他之所以格外激动，不全是因为中国人终于实现"奔月"梦想，还因为他一直把这次发射视为中国航天事业近几十年发展的一次汇报。他心潮澎湃地说：

"整个'嫦娥一号'花费了14亿元人民币,这仅仅相当于发射一枚普通人造卫星的费用。航天事业的发展,带动和促进了中国工业的发展;同时,航天事业的进步,也代表着中国工业水平的进步,两者相辅相成。"

犹向苍穹寄深情

转眼又是10年过去,预计至2017年年底,"嫦娥五号"将带月球样本返回,完成"探月"的最后一步。孙家栋说,自从参与了探月工程,每晚举头望月时,似乎感觉便与从前有所不同了。偶尔地,他在夜里为冥思苦想某个问题而睡不着,就会站在阳台上望着天琢磨,直至东方既白。

至今,孙家栋除了腰椎有点毛病,身体还很健康,思维也很活跃。他笑称:"除了体力劳动,脑力劳动大概也能促进人体系统的不断运转,从而保持健康。"

作为北斗卫星导航工程总设计师,孙家栋在视察工作

孙家栋：此生最爱"放卫星"

当前，最牵动他一颗心的，除了探月工程，还有北斗导航卫星工程。自1994年正式立项启动、2000年发射第一颗导航卫星以来，至今，中国已成为继美、俄之后，世界上第三个拥有自主卫星导航系统的国家。"北斗卫星导航系统"（BDS）作为中国自行研制的全球卫星导航系统，已成为联合国卫星导航委员会认定的供应商，并在包括北京奥运会、汶川抗震救灾等在内的诸多公共事件和领域中发挥了重要作用。

2014年，孙家栋从干了20年的"北斗导航卫星工程"总设计师的位置上退下来，"让年轻人放心地干"，但仍在为中国的航天事业而殚精竭虑。

"就说最近火爆的共享单车吧。这些单车的系统里都有一个重要的环节，需要用天上的信号给它导航。但是，并不是所有的共享单车都用了'北斗'定位系统。我们应该反思一下，国内新兴行业没有用北斗，确实有我们工作不到位的地方。"2017年6月，在北京召开的智慧北斗精准应用峰会上，孙家栋一心为"北斗"的发展献计献策。他表示，作为中国自主研发的卫星导航系统，"北斗"还是要在公众和企业认知上加大力度，在认可度、用户使用黏性和盈利模式上下大功夫。

据孙家栋介绍，未来，"北斗"将着力打造全球化的导航服务体系，预计在2018年，向"一带一路"沿线及周边国家提供服务。到2020年前后，中国将陆续发射34颗卫星，建成北斗全球系统，为全球用户提供免费、连续、稳定、可靠的北斗导航公开服务。

孙家栋还在操心着航天队伍的人才培养。在20世纪最后20年，有个说法曾一度流行："造导弹的不如卖茶叶蛋的。"那时，航天研究部门工资低，人才流失严重。曾有辞职的年轻人对孙家栋说："我很热爱航天事业，可现在连请女朋友吃几顿饭都请不起。"近年来，这种情况终有好转，新来的年轻人开始跟他讲："我们航天人现在收入可以。中等收入，但荣誉感非常强，

这是去外企的同学比不了的。"

由于孙家栋对中国卫星事业的杰出贡献，他先后荣获"两弹一星"功勋奖章及 2009 年度国家最高科学技术奖。但在所有场合，他总是一再强调，做出成绩的不是"我"，而是"我们"。

他说："有人说我是科学家，那是人们尊重我，实际上我也就是个合格的工程师。如果算是经验丰富，顶多再加上高级两个字。卫星是一个浩大的系统工程，绝不是哪一两个人能完成的，是成千上万人共同努力的结果。只是工作做出来，有时候需要找一个代表人物，我这个老头儿就被大家推出来了。"

谭靖夷 大江留处万家灯

谭靖夷(1921—2016)，水利水电工程施工专家，中国工程院院士，中国水利水电施工技术开拓者之一。

"吹毛求疵，以实现无疵可求。"

"施工的最高境界是把工程做成艺术品。"

"三峡这样一个全世界规模最大的工程，要做到真正的一流，绝不能只看一时，而要经受长期的历史的考验。"

引 言
Introduction

在水利工程施工领域，谭靖夷是没有问题能难倒的泰斗级人物，但在普通民众中，却鲜有人听说过他的名字。

他极少接受媒体采访，伏首工作近七十载，走遍中国的江河湖川，身前是滚滚江水，身后是万家灯火，每建好一座大坝，就再换一个地方。在旁人看来艰苦枯燥的生活，在他看来，却是"得展平生志"的幸福。

谭靖夷亲历并参与推动了中国的水电建设从一片空白、基础薄弱，到不断赶超世界先进水平，终成世界水电第一大国。他参与了约80座大坝的建设，足迹几乎遍及中国每一座大中型水电工程。世界排名前15位的特大型水电站，中国有7座，无一不倾注了他的大量心血。

在谭靖夷眼里，一个个水利水电工程项目，"像一轮轮冉冉升起的太阳，在金沙江上、雅砻江上、澜沧江上发出绚丽的光芒"。

"我就喜欢看山看水"

2013 年 7 月的一天,在铺满工程图纸的会议桌前,92 岁的中国工程院院士谭靖夷穿着短袖衬衫、戴着框架眼镜,跟几位中青年技术人员热火朝天地讨论施工方案。四川岷江大坝的地基灌浆出了问题,特请"谭老"前来问诊把脉。

"现在有很多设计师都是坐在办公室里搞设计。搞工程,不到现场是不行的。"经过实地考察和分析,谭靖夷认为岷江大坝原有方案的问题出在有的设计与现场情况不符,经他将方案修改后,工程果然得以顺利进行。"永远不要离开实际,踏实了,才不会落空。"已有 67 年工程经验的谭靖夷说。

1946 年,谭靖夷从当时的交通大学唐山工学院土木工程系毕业。受到在长江三峡建水电站的伟大构想的鼓舞,他没有像多数同学那样选择时髦且待遇优厚的铁路工程领域,而是决心投身为国家兴利除害的水利工程。他的第一个工作单位是刚成立不久的中国历史上第一个全国性水电机构——全国水力发电工程总处。

在四川省的龙溪河,谭靖夷生平第一次参与设计一座大坝——上清渊硐水坝。坝高仅 15 米,装机容量 1 万多千瓦,却已是当时中国自主建设的最大水电站。这项工作使他结识了留英归来、时任工程总处总工程师的张光斗等水电专家,他们关于水电理论技术的切磋、对于中国水电建设的理想,更加坚定了谭靖夷对水电事业的兴趣和追求。

两年后,谭靖夷奉命参与新中国第一座梯级水电站——福建古田溪水电站的筹建工作。主体工程引水隧洞开工后,时任技术科科长的谭靖夷和其他技术人员一起,与工人们同吃、同住、同劳动,不断在实践中寻找解决问题的办法,将工程进度由初期的月掘进仅 12 米,逐渐提高到月掘进单

谭靖夷在古田溪水电站引水洞

向 120 米、双向 202 米的速度。总长 1920 米的隧洞贯通后,经测量,两头对接处垂直偏差 7 厘米、水平偏差 2~3 厘米。在当年完全靠人工风钻挖掘的条件下,如此误差,实属奇迹。

1953 年,出于国防需要,古田溪水电站变更设计,承担设计任务的北京水电勘测设计院从古田溪工程处借调包括谭靖夷在内的 60 余名技术人员。一年后,首期设计任务圆满完成,水电总局决定将这 60 余人全部留京。古田溪工程处书记梁东闻讯匆匆赶到北京,对北京水勘院院长王鲁南说:"别人可以留,但谭靖夷得回古田,不然就任我从北京院挑选三位工程师。"双方意见难以统一,最后让谭靖夷自己选择,他选择了回到古田。

"我从小在农村长大,不喜欢看高楼大厦,就喜欢看山看水。"半个多世纪后,谭靖夷这样解释自己当年放弃留京机会的原因。

吹毛求疵,以实现无疵可求

在水利界,谭靖夷一向以对工程质量要求严苛而著称。这在他首次出任总工程师的广东流溪河水电站的建设过程中,就已展现得十分明显。

1956 年,未满 35 岁的谭靖夷被破格提拔为流溪河水电站工程的总工程师。流溪河水电站工程是一个以发电为主,兼顾灌溉、防洪等综合利用的枢纽工程,坝高 78 米,是中国第一座自行设计与施工的混凝土双曲拱坝。工程技术难度大,国内尚无类似先例。谭靖夷在参考国外经验、自行探索解决了一系列技术难题的同时,为确保工程质量,要求基建面做到用手绢抹擦无灰土方可验收,规定拱坝模板安装误差不得超过5毫米,授权工程质检人员"质量可能出现问题时,可现场下达暂时停工令"。

一次,混凝土模板在浇筑过程中变形超出要求,出现了几平方米的蜂窝麻面,谭靖夷责令工区主任和工区主任工程师在职工大会上做深刻检查。有人认为这是小题大做,但谭靖夷认定:"千里之堤,溃于蚁穴,工程质量来不得半点马虎。"

得益于全体高度统一的质量意识,流溪河工程从开工到正式发电,仅耗时两年,施工期全坝无裂缝,坝基灌浆廊道无渗漏。后来,一位日本水电专家到此参观,他根据以往廊道内通常有渗漏积水的经验,特意换上了高筒雨靴,结果在廊道里四处寻找,只找到一个灌浆孔孔口稍有湿印。他惊讶不已,竖起大拇指称赞"中国人创造了奇迹"。

1989年和2008年,谭靖夷曾两次重访流溪河工程,穿着布鞋走进廊道,见其仍滴水不漏。从坝面取混凝土试件进行试验,结果表明混凝土强度不

流溪河水电站

但没有衰减,反而提高了。他高兴地说:"看到电站几十年后还焕发着青春的光芒,我甚感欣慰。"

现任中国水利水电第八工程局(下文简称"水电八局")总经理朱素华算是谭靖夷的"徒孙"辈,坦言他们对"谭老"是既尊敬又害怕:"他总是一丝不苟,对工作极其认真,了解情况时每一项数据都问得很细;在施工过程中发现稍有差池,就会毫不留情地批评。"

谭靖夷有句名言:"吹毛求疵,以实现无疵可求。"在追求完美的质量理念指导下,凡是有他参与建设的水电水利工程,几乎就等于贴上了"质量好""水平高"的标签。

岷江支流上的沙牌水电站位于汶川县城与映秀镇之间,是迄今全球最高的碾压混凝土拱坝,于1995年由谭靖夷所在的水电八局负责建设。当时谭靖夷已从局总工程师的位置退下来,但仍作为顾问指导工作。建设过程中,国际碾压混凝土筑坝技术讨论会在四川都江堰召开,与会专家集体到现场参观,有人对其工程质量质疑,大家的意见莫衷一是,最后请谭靖夷做决断。年逾古稀的谭靖夷不眠不休地看现场、查资料,仔细追溯和分析施工过程的每一个细节,三天三夜只休息了4个小时,最终做出"质量可靠、大坝安全"的结论。2008年,汶川发生8.0级特大地震,沙牌水电站距离震中仅20公里,山崩地裂中,房屋倒塌、桥梁断裂,沙牌大坝却纹丝不动,毫发无损,被称为"最牛大坝"。

"细节决定成败。安全要管几十年、几百年甚至上千年,哪一点点小问题没有考虑周到,就可能出大问题。"谭靖夷语重心长地说。

1994年,谭靖夷已企盼了近半个世纪的长江三峡工程,建设条件终于成熟,正式开工。建设初期,谭靖夷任三峡工程专题论证及质量检查专家组专家,后接替张光斗院士,任专家组副组长。在长江三峡水利枢纽工程这个中国有史以来建设的最大型工程项目中,谭靖夷继续将"吹毛求疵"的精神发扬光大,提出"从正常中找不正常,在长板中找短板,不放松一个细节,不留下任何隐患"。

谭靖夷院士与潘家铮院士在三峡

他说:"从国际上看,目前特大型水坝工程还没有一座达到百年。都江堰经过了千年,从水利学的角度来说很不简单,质量不错。三峡这样一个全世界规模最大的工程,要做到真正一流,绝不能只看一时,而要经受长期的历史的考验。"

三峡大坝高 185 米,是迄今世界上规模最大的水利枢纽工程。2003 年一期工程开始蓄水发电,2009 年三期工程全部完工。截至 2017 年 3 月 1 日,累计发电量已突破 1 万亿千瓦时大关,并连续 14 年安全稳定高效运行。

2008 年,三峡大坝三期工程开始试验性蓄水,水位升高到 170 米以上,大坝仍安然无恙。谭靖夷欣然赋诗《赞长江三峡工程》两首。诗中写道:"巧挥铁臂立高坝,更教明珠耀九天。惊破巫山神女梦,尘寰遍览叹无前。"

把工程做成艺术品

在水利界,有一段对话被传为佳话。一天,时任东江水电站总工程师的谭靖夷陪同时任国家水电部总工程师的潘家铮参观东江水电站施工现场。东江水电站是当时中国自行设计施工的最高的混凝土双曲薄拱坝,在谈到其设计、施工中的种种难题时,潘家铮说:"作为设计师,我们完全有信心做好双曲拱坝的设计,问题是施工上能不能保证?"谭靖夷答:"你们能设计出世界一流的双曲拱坝,我们就能建设出一座最漂亮的高质量的双曲拱坝。"

谭靖夷陪同国外专家考察东江水电站

原国家水电部总工程师李鹗鼎曾评价说:"水电施工方面的技术问题,没有谭靖夷解决不了的。"

谭靖夷在严控工程质量时心细如发,在技术创新上却屡屡"胆大妄为"。贵州乌江渡水电站,就是他勇闯科技禁区的经典"战役"。

曾经,因为防渗漏和保持坝基稳定非常困难,在岩溶发育地区建高坝水库在国内外一直被视为禁区。1970年,国家计划在贵州的乌江峡谷中建造一座水电站,以缓解当地用电不足的问题。但那里为岩溶发育地区,选定的坝址区探明的溶洞总体积达8万余立方米,地质断层500多条,甚至在河床以下200米深处还有大型溶洞。工程究竟能不能建? 水库能蓄水吗? 大坝安全吗? 问题惊动了国家高层领导,时任国务院副总理李先念亲自批示:可适当放慢工程进度,下决心查明地质情况,制定出确保大坝安全的应对措施。

当时,出身地主家庭的谭靖夷遭"文革"冲击,已被下放木工班劳动。1972年3月,乌江渡工程上游围堰出现漏水,两次水下填石注浆皆以失败告终,800吨水泥打了水漂,特从北京请来专家也未能解决问题。工程局领导决定将在木工班劳动的谭靖夷调来,以工程师助手的名义,帮助解决围堰漏水问题。谭靖夷到现场看过后细致思考了几天,提出一方面抓紧在水上抛填黏土止漏,另一方面抢浇围堰下游侧加固拱,终于在汛前完成水下填石注浆,使围堰转危为安。此后,谭靖夷被留下来"协助"工作,后逐步被明确为乌江渡工程技术负责人。

在贵州偏僻的峡谷里,谭靖夷与勘测、设计、施工各方人员一起奋战十余年,克服"文革"不利影响、国家财政紧张等困难,革新技术成果达791项。特别是他

谭靖夷陪同国外专家考察乌江渡水电站

首创的高压帷幕灌浆工艺,成功解决了岩溶地区建水电站的水库防渗、坝基稳定等重大技术难题。1982 年,电站建成投产,贵州省发电能力增加了40%,施工过程中还精打细算地节约资金 8000 多万元、木材 1 万多立方米、水泥 11 万多吨,成为当时国内经济效益最好的大型水电工程。后来,谭靖夷在国际学术会议上介绍乌江渡工程的建设经验时,有外国专家感到难以置信,甚至询问他报告中提到的渗漏数据是否把小数点标错了点位。1985 年,谭靖夷作为"在岩溶峡谷地区建设乌江渡水电站"项目主要负责人荣获国家科学技术进步一等奖。

从早期的古田溪、流溪河等水电站和韶山灌区、欧阳海灌区等水利工程,到改革开放后的黄河小浪底、南水北调等国际瞩目的重大工程,以及小湾、溪洛渡、向家坝、锦屏、龙滩、二滩等特大型和大型水电站,谭靖夷无不在其中倾注了大量心血,创造了中国乃至世界的很多个"第一"。不算那些只是粗略看过的,仅谭靖夷参与过具体工作的大坝就有 80 座。

与谭靖夷共事过的人都说,他总是勇担责任,"敢啃硬骨头"。作为总工程师,在施工出现问题时,他总能果断决策,并找到解决方法。这些方法

2010 年谭靖夷作为质量专家组成员第五次检查溪洛渡工程

除了源自多年扎实的技术功底,还常有石破天惊的大胆突破。例如,将玄武岩、灰岩这两种硬度差别很大的砂石料混在一起用,这在过去的工程中是忌讳的事,但到谭靖夷这里就被打破了,还被用出了意想不到的效果。

"搞土木工程也要有创新精神。"谭靖夷对创新的理解是:原来不会干的事,现在会干了;原来干不好的事,现在能干好了。他说:"施工的最高境界是把工程做成艺术品。"

工成利在民

谭靖夷90岁生日时,虽然白发日渐稀疏,但面容仍然红润有光,牙齿依然坚固。后生晚辈们尊称他为"谭老",但谭靖夷却不大喜欢这个称谓。他收到许多手书的生日贺词,表示最喜欢的一幅是"今日 80 后,明日 90 后"。尽管他亦慨叹"岁月催人老",但还是盼望永葆青春,继续为国家建设添砖加瓦。为此,他每日坚持步行五公里,再做半小时运动,一年四季从不间断。他和老伴一起坐公交车,很多人给老伴让座,不必给他让,他觉得很自豪。

1989 年退休后,谭靖夷继续担任了十几座水电站的顾问专家。根据其工作记录,1990 年至 2010 年的 20 年间,他平均每年有 160 天奔波在咨询现场。90 岁后,他外出的天数有所减少,但并未停止,且在工地现场时,他从不让人搀扶。

一丝不苟的谭院士

"平生志在治山川,闽

167

粤湘黔不计年；何惜青春成白发，喜看水电展新篇。惊涛骇浪犹萦梦，高峡平湖别有天；四化征途堪再战，丹心捧向红旗前。"这是1982年谭靖夷在他如愿加入中国共产党那天写下的《六一岁入党感怀》。

谭靖夷觉得自己与中国共产党有缘。1921年，中国共产党成立，而他在湖南衡阳的小村庄出生。"靖夷"取自《诗经·大雅》中的"实靖夷我邦"，父亲以此寄望他未来能为多灾多难的国家效力。他亲历过中国最动荡的年月，感谢党给了他施展才华、报效国家的机会。1949年，谭靖夷正式递交了第一份入党申请书，但由于其地主家庭出身，直至改革开放后，花甲之年的他才得偿所愿。

许多人说，谭靖夷真正是模范共产党员。数十年，他钻深山，穿峡谷，闯江河，亲历并参与推动了中国的水电建设从近乎一张白纸到总装机容量突破2亿千瓦，成为世界装机容量第一的水电大国。其中，因他个人贡献而创造的效益难以估量。但在生活中，他衣着简朴，粗茶淡饭，轻车简从，不抽烟，不喝酒；晚年一直住在20世纪90年代建的老房子里，没有电梯，照明还是拉线开关的日光灯管，家具摆设都是用了多年的老物件。作为院士，他享有专车待遇，但公交始终是他出行的首选，出差时他往往一个人背包出发，不接受专人陪同。

谭靖夷对自己的生活感到由衷的满足。92岁时，他新作了一首《耄年吟》："得展平生志，工成利在民。百年争旦夕，万木喜逢春。"①

---

① 2016年11月6日是谭靖夷95岁的生日，按照他的意愿，妻子为他交了最后一笔党费。11月12日15时45分，谭靖夷先生在长沙因病去世，享年95岁。多位党和国家领导人以不同方式表示沉痛悼念。人们深切地缅怀他说："他已将自己的生命，筑成了一道大坝，质朴如石、精纯如金、光华庄严，仰之弥高。"

童志鹏 穿越电子"硝烟"60年

童志鹏(1924——　　),电子信息工程专家,中国工程院院士,中国综合电子信息系统开拓者和奠基人之一。

"人生难免苦与乐,保持乐观很重要。"

"工程的问题往往不是孤立存在的,需要多方面、跨领域的配合。"

"科学研究应设法做一些别人没做过的、超前一步的工作,而不能总是跟在别人后面。"

引言
Introduction

在现代信息化战争中,"综合电子信息系统既是武器装备系统背后的'无名英雄',又是很可能决定战争胜负的中流砥柱"。从研制第一批国产军用电台、中国第一代机载雷达,到成为中国综合电子信息系统的开拓者和奠基人,童志鹏见证并参与了新中国军事电子工业从无到有、从小到大的全过程。

因为曾亲历深重的国难,"为国家多做贡献"成为童志鹏人生航程中最亮的灯塔。至今,虽年过九旬,他眼睛明亮有神,身体行动自如,畅谈一个半小时后依旧容光焕发。他仍在密切关注电子领域的前沿课题,盼望"平流层飞艇"这一多国均在研制、尚无人取得成功的战略装备,能在中国率先一飞冲天。

爱国是最起码的"主义"

1950 年,26 岁的童志鹏怀揣美国威斯康星大学博士学位证书,乘坐"克利夫兰总统号"轮船回到祖国。同期归国的留学生,大多选择进入高校或研究机构工作,童志鹏却希望"从事一些对国民经济影响比较大、能早点出成果的工作,以支撑国家建设",于是加入了中国电子工业的主管部门——第二机械工业部第十局。

那时,童志鹏满脑子想的都是"怎么能为国家做一些更切实的贡献",他称之为"最起码的爱国主义"。这源自其青少年时代的经历。

童志鹏 1924 年生于浙江宁波的慈溪县,家中经营药材生意,原本平静美好的生活在"七七事变"后被日军侵华的炮火打破了。1940 年,他随家人辗转至"战时孤岛"上海租界,入读国民政府教育部"特准立案"的晓光中学。

动荡岁月,家长对他管束不多,他"自己管自己"却硬是把自己管成了标准的模范生:极度爱学习,求知欲旺盛,成天不是求解各种数学难题,就是读各类英文报刊,尤其喜欢抱着巴金、茅盾、鲁迅、托尔斯泰、高尔基等作家的小说"啃";受进步思潮影响,他自中学时代就积极参加学生运动,还结识了一些进步人士,多年后才得知他们是中共地下党员。血气方刚的童志鹏对日本侵略者恨得牙痒痒,也痛恨腐败的国民政府,一心渴望为振兴家国做贡献。

1946 年,童志鹏以优异成绩毕业于上海交通大学最热门的电子专业,后通过考试获得官价外汇留学资格,赴美国威斯康星大学留学。留美期间,他是中国同学会中的活跃分子,曾写下 60 余行长诗在"归国同学欢送会"上诵读:"多少祖国的弟兄们,早已卷入这建设创造的热潮,你们不再迟

1948 年，童志鹏（左一）在美国与同事们在一起

疑，更不愿袖手旁观，欣赏人家可歌可泣的事迹。你们愿意舍弃个人舒适日子，再征服一次海洋和自己……"

仅花了两年半，童志鹏就顺利获得博士学位，踏上了"征服海洋和自己"的回国归途。

回国后，童志鹏接到的第一项重要任务是为抗美援朝前线研制军用无线电台。当时，中国的电子工业百废待兴，生产设备简陋，元器件和原材料匮乏，战场上沟通军情所用的步话机（一种对讲用的便携式小型无线电台）大多来自缴获的老旧装备，无法满足前线战事的需要。童志鹏考察了从国民政府手里接管的天津、南京、重庆 3 座无线电厂，了解了国内电子工业实际生产水平后，仅用一年时间，就成功研制出比美军装备的无线电台更加轻便省电的新中国第一代军用电台，批量生产运往抗美援朝前线。

"当时，国内的条件和美国肯定是不能比，但是，出国时就一心想着建设国家，从来没有考虑过留在美国。受当时国内电子工业水平所限，那批军用电台的稳定性虽有所不足，但在部队上还是很受欢迎。"童志鹏微笑着回忆道。

最愉快与最苦痛

1955 年，为加强对军用电子装备和信息系统的研制，中国第一个综合性电子技术研究所——四机部第十研究所（以下简称"十所"）在北京组建，两年后迁址成都。童志鹏出任副总工程师，兼任微波研究室主任，后升任总工程师、副所长。

童志鹏说，在十所，他度过了一生中最愉快的时光。

十所迁到成都后不久，便划归部队管辖。部队对十所的科技人员十分重视和照顾，即便在三年困难时期，仍想方设法改善十所人员的生活条件。所领导是位老红军，对童志鹏等科技人员的研究工作极为支持，凡是他们提出的意见和想法基本都会被接纳。因而，尽管物质条件艰苦，但童志鹏却获得了一个能够全心全意搞科研的环境。他回忆说："工作起来感觉'很爽'。为了尽快完成国家交给的任务，我们几乎每天加班至晚上 12 点以后。周末也在加班，没有加班费，夜宵就是馒头就咸菜。但是大家也不觉得累，精神很愉快，干劲十足。"

在科研中，少不了遇到各种各样的"拦路虎"，但对童志鹏来说，最大的困难往往并非来自专业技术本身，而是出在配套的电子元器件生产上。

在童志鹏主持研制大型通信系统"地面微波脉冲接力机"的过程中，系统整机联试时，总在运行一段时间后出现莫名其妙的"喀喀喀"声音，数据也随之紊乱，这个问题困扰了童志鹏半年之久。他想了很多办法，进行了无数调试和排查，始终找不到原因。最后发现，问题出在半导体器件上——由于终端设备的器件遇热性能不稳定，导致运行一段时间后发热并产生异响。后来，由国家集中力量组织对相关的半导体器件进行攻关，才解决了此问题。

"解决本专业难题是我们工作的本分，但是，器件的问题我们解决不了，只能设法推动。工程的问题往往不是孤立存在的，需要多方面、跨领域的配合。器件是电子工业的生命，器件不好，我们的工作就会有问题。"童志鹏感慨道。

20 世纪 60 年代，童志鹏（右四）随中国考察团到苏联参观访问

那段时期，童志鹏成果斐然。他主持研制成功的地面脉冲微波接力机、中国第一代机载雷达等电子设备与系统，后来成为"两弹一星"电子系统的核心装备。

然而，童志鹏万没料到，就在十所，他又遭遇了一生中最大的苦难。

1966 年，"文革"爆发不久，童志鹏就成了"美国回来的大特务"。此后 6 年，他在研究所内"监督劳动"，远离科研岗位，完全与外界隔绝；每天背砖头、盖房子，干重体力活，曾发着高烧背 50 公斤一袋的水泥。

"42 岁到 48 岁，那是一个人一生中最好的时光。好在那时年轻，要是现在肯定吃不消了。" 90 岁的老人面带微笑谈及往昔，似乎往事已如烟。他说，人生难免苦与乐，保持乐观的态度很重要。支撑他挨过那段日子的是一个信念："受苦受难的人还有很多，不只是我一人。我相信，历史终归会搞清楚一切，如果我这一生搞不清楚，未来也终归会搞清楚。"

1972 年 3 月 31 日，童志鹏对这个日期刻骨铭心——这是他被"解放"的日子。同年 4 月，他被调回北京。他"高兴得不得了"，很快全身心投入新一代卫星无线电测控系统、数据交换网等研究工作，

20 世纪 80 年代，童志鹏（右三）与时任第四机械工业部副部长王士光（左三）一起参加国家科技进步奖颁奖仪式

多项成果均处于国内领先水平，获得国家多项奖励。

超前一步，发展"树干"

基于电子信息系统在现代国防体系中的重要性，1984 年，中国电子科学研究院（下简称"电科院"）正式成立，重点从事国家电子信息技术发展战略研究和重点工程总体研发。

3 年后，童志鹏受命出任电科院第二任院长。他提出："我们的科学研究应设法做一些别人没做过的、超前一步的工作，而不能总是跟在别人后面。"

为此，他领导研究与国际开放系统互联标准一致的中国研究网，建成中国与国际联网最早、最成功的系统之一。他创造性地提出"综合性电子信息系统"概念，成为中国综合性电子信息系统的开拓者和相关国家级重点工程的带头人之一。

童志鹏见证并参与了中国电子工业从无到有、从小到大的全过程。令他欣喜的是，经过多年努力，中国电子工业水平飞速发展，全国电子工业总

产值已升至全世界第二位。但他也指出,在科技的原创性方面,中国仍与
发达国家有较大差距:"如果电子信息工程是一棵大树,我们只是在一些树
枝的细节上做了一些贡献,而对于基础的树干的发展,贡献还太少。"

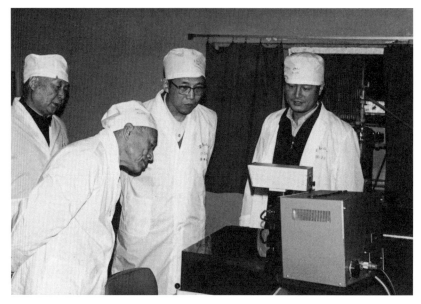

20 世纪 80 年代,童志鹏(左二)陪同参观新研制出的电子设备

如今,已年届九旬的童志鹏坚持每天清晨五点多起床,在家附近散步
70 分钟后回家吃早饭,每周有 4 天到电科院上班,晚上通常在十一二点
入睡。

他花很多时间来思考电子信息工程领域的未来发展和人才培养问题。
他说:"现代的信息化战争是多兵种联合作战,综合电子信息系统通过通
信网络将各作战系统连接集成在一起,既是武器装备系统背后的'无名英
雄',又是很可能决定战争胜负的中流砥柱。其牵扯领域很广,对人才的要
求很高,光靠学校培养不了,需在实践中不断磨砺。"

他最关心的工作是国际上尚无人研制成功的"平流层飞艇"。这是一

种理论上依靠空气浮力、由太阳能提供动力、可长期悬浮于平流层高空的无人驾驶浮空器,可用于对地球表面进行军事或民用的侦察和观测。它比发射卫星更快捷和便宜,离地球更近,有效荷载量更高,可携带更多仪器;又比飞机飞得更高,"看"得更远,处于绝大多数地面防空导弹杀伤区之外,且适应性更强,不依赖跑道,无须频繁返回地面加油,可垂直升降和悬停于任意地理位置上空,不受对流层恶劣天气影响。而且,相对于飞机飞行一派忙碌景象的对流层和竞争日益激烈的卫星轨道空间,平流层目前仍处于"真空"地带。然而,平流层昼夜温差大,季节变化复杂,对材料和空气动力学等相关技术要求很高,目前世界上还没有研制成功的案例。

童志鹏关注平流层飞艇的研制已有 20 余年,问题的复杂程度超出了他最初的想象,但他仍然充满期待。他说:"我已经 90 岁了,希望在有生之年能看到中国的平流层飞艇飞到平流层高度,起码能进入临近空间[1]。"

---

① 临近空间,即介于普通航空飞机的飞行空间和航天器轨道空间之间的区域,一般定义为距离地面 20~100 公里的空域,包括大部分平流层。

王文采 花中自有清凉境

王文采（1926—　　），植物分类学家，中国科学院院士，两次获得国家自然科学一等奖。

"很多人以为，植物分类学就是背各种植物的拉丁学名，很枯燥，其实不是这样的。植物的构造千变万化，引人入胜。"

"不能成天考虑地位、钱之类，要考虑那些就走神了。搞研究需要有干劲。"

引 言
Introduction

王文采说,他害怕"可怕的社会",向来直言自己"窝囊、懦弱"。但或许正是凡事隐忍的处世态度,使他在动荡岁月中安然无恙。

他觉得自己特别普通,研究工作只做了一点点,其中有些工作有一点点"小得意",仅此而已。实际上,他不仅是中国科学院院士、世界植物分类学毛茛科最权威的三位学者之一,也是国内极少的获得过两次国家自然科学一等奖的科学家,是中国植物学家中承前启后的一位。

他淡泊名利,自嘲"说得好听点,叫安贫乐道",毕生潜心于研究旁人眼中枯燥乏味的植物分类学,陶醉其中,以为乐趣无穷。他说,这是自己最喜欢的"清静的世界"。

因祸得福入斯门

1949 年，在北京师范大学生物系的 23 名毕业生中，王文采以第一名的成绩留校任教。当时，他的工作是担任动物分类学、生物切片技术和外系的普通生物学 3 门课程的助教，与研究植物并无关系。最终，使他走上植物学道路的是"不想与社会打交道"的念头，还有两位德高望重的老先生——林镕与胡先骕的影响。

林镕先生是中国植物学学科的先驱者之一，留法归来，是王文采大三时植物分类学课的老师。林先生不仅授课引人入胜，还时常带学生们到天坛、香山等地采集标本。花的构造为何千变万化，它们又是如何演变进化？王文采急切地希望自己也能像林老一样，只看一眼就能说出植物的名称和特征。从此，他的宿舍里摆满了各式各样植物标本。

胡先骕先生是中国植物分类学的奠基人，哈佛大学博士。王文采在北师大做助教时，时任静生生物调查所所长的胡先生经人推荐，找他来协助编写《中国植物图

1945 年 10 月，北京师范大学生物系一年级同学在石子兴教授（一排左三）的带领下到中山公园观察植物。二排左一为王文采

鉴》。王文采初生牛犊不怕虎,一口答应下来。开始工作后才发现,他只是对植物分类学感兴趣,却对很多必要的知识都不懂,基本无力胜任相关工作,只得硬着头皮边做边学。

不久,发生了一件王文采始料未及却对他的人生道路影响深远的小事。在一次内部会议上,他被系里一位研究生以莫须有的罪名批评,说他支持和纵容两名卫生员不好好打扫卫生。会上,王文采一句话也没说,心里却很恼火:"真没想到大学里的人际关系也这么复杂,没法继续在北师大待下去了。"

"躲避复杂的人际关系,不想和人冲突"的想法在王文采心中根深蒂固。他于 1926 年生于一个旧式商人家庭,由二太太庶出的身份使他从小就学会了"看人眼色"。父母脾气均暴躁,争吵不断。父亲去世后,只分得 3 张借据的母亲为了生计,带着年幼的文采一次次上门追讨债务,双方争执的画面叫他永生难忘。凭借讨回的五六千块大洋,母亲在济南买下三处房产,母子俩靠房租过活。但收租不易,母亲时常与不按时交租的房客争吵。想起这些往事,王文采边皱眉边摇头:"从小就觉得,社会真是可怕。其实,我的脾气也和父母一样,只是为了减少不愉快,尽可能地不去招惹谁。"

1936 年 6 月,王文采(右)在山东省济南市第十三小学读四年级,和同班同学在一起

躲开可怕的社会,甚至成了王文采学习的动力与择业的准则。抗日战争开始后,他随母亲迁至北京,考入著名的北京四中。他渐渐迷上了书画和音乐,常练习至深夜而不知疲倦。王文采似乎还颇具天赋,画作曾被人买走收藏,赚得人生第一笔收入。但是,看到书画老师们窘迫的生活,再想到与社会打交道的难度,王文采还是"现实"地决定"不能以此谋生"。

于是,他考入北师大生物系,并拼尽全力学习,因为他知道,只有成绩名列前茅的学生才能留校任教。躲在大学的"象牙塔"中,是王文采所能想到的离开"可怕的社会"的最佳选择。

就在王文采因发现大学里其实也有相互攻讦而烦闷不已时,胡先骕抛来了橄榄枝,邀他加入刚刚由静生生物调查所和北平研究院植物研究所合并成立的中国科学院植物分类研究所(1953 年改为中国科学院植物研究所,以下简称"植物所")。王文采简直喜出望外,直呼真是"因祸得福"。

至今,王文采仍对两位先生感激不已:"真是亏了两位老先生。首先是林老教得好,使我对植物分类学产生了兴趣;然后,是胡老领着我进了植物分类学研究的门。"

一花一世界

1950年调到植物所时,王文采24岁,是当时所里最年轻的助理研究员。其他同事大多是留学归来,至少比他大 10 岁以上。

终于可以名正言顺地从事自己最感兴趣的植物分类学研究,王文采打心眼里高兴。"很多人以为,植物分类学就是背各种植物的拉丁学名,很枯燥,其实不是这样的。"他说,植物分类学是植物学的一门基础学科,主要研究植物界不同类群的起源、亲缘关系及进化发展规律,也就是把纷繁复杂的植物,分门别类地进行鉴别,按系统排列起来,以便于人们认识和利用植

物。它兴起于欧洲,已有三百多年历史,但在中国的发展至今尚不足百年。

在所有植物中,被子植物,又名有花植物,出现得最晚,等级最高。它们是王文采主要的研究对象。"在植物鉴定的过程中,花朵很重要,有花就好鉴定,没有花就很困难。没有花和果的标本我们一般不要。"他介绍说,目前,植物学家把世界上已发现的被子植物系统地分为四百多科、一万五六千属、二十多万种。中国幅员辽阔,拥有丰富多样的植物区系,目前已系统地编辑在册的植物有一百二十多科、三千多属、三万余种。

近半个世纪以来,除"文革"期间短暂中断研究外,王文采的生活十分简单、明确,就是按照国家的需要与植物所的计划,采标本、看标本,进而著书立说。

每年春暖花开之时,王文采就和同事们出发,到野外去采集标本。广西茂密的热带雨林、云南丰富的植物区系、江西亚热带的常绿阔叶林、湖南常绿和落叶混交林……他形容自己成了"初进大观园的刘姥姥",目不暇接,绝大多数树种以及灌木、草本都不认识。

野外工作很辛苦,有时一天要采集数百份标本,天黑回到住处后还要一一整理制作。不时还有险情发生,比如被有毒蚊虫叮咬,烘烤标本时把茅草屋点燃了,等等。最危险的一次是在云南,王文采患了疟疾,10余天昏迷不醒,全身已无血色。幸亏有昆明植物研究所的4个小伙子每人献了400毫升血,他才捡回一条性命。

尽管如此,王文采依然觉得乐在其中:"我亲眼见到了许

1963年8月,王文采在四川康定新都桥高山草甸上采集植物标本

多植物和它们生长的环境,特别是在西南山区看到不少挺过冰期孑遗下来的种类,感到很高兴。"

每年秋冬时节,王文采便回到研究所和标本馆,潜心研究标本,撰写论文,编写文献。

1987 年,由王文采主持完成并被广泛应用的《中国高等植物图鉴》获国家自然科学一等奖。2009 年,他参与编写的共 80 卷 126 分册的《中国植物志》成为世界上最大型、种类最丰富的一部巨著,再次获得国家自然科学一等奖。这使他成为中国极少的两获国家自然科学一等奖的科学家。但他在一切场合总是反复强调,两部皇皇巨著是经过数十年、几代人共同努力的结果,只是申请奖项时需要填写一些代表人物,而他"恰巧被列在其中"。

王文采轻描淡写地说,自己只不过是做了一点点研究工作,其中有些工作有一点点"小得意",仅此而已。这些"小得意"包括:在他主要研究的毛茛科、荨麻科、紫草科、苦苣苔科中,发现了 20 个新属、500 余新种;根据研究揭示出的演化趋势,对翠雀属、铁线莲属、楼梯草属等多个属的分类系统做了重要修订;建立了赤车属、微孔草属、后蕊苣苔属、吊石苣苔属等的分类系统;根据 96 科植物分布区的分析,划分出东亚植物区系的 7 种分布式样和 3 条迁移路线,推测云贵高原和四川一带可能是被子植物在赤道地区起源后向北扩展中形成的一个发展中心。

一"木"一浮生

无论在政治风波中,还是在植物学界的学术派别纷争里,王文采从不"站队",从不评论他人。半个多世纪以来,他两耳不闻窗外事,一心埋头搞研究。他的论文总是写得很直白,既不咬文嚼字,也不引经据典,从不表达研究者的情绪感受,只是客观地写下自己的发现和结论。

因为他"斗争性不强",从不为自己主动争取什么,很多机会都与他无缘。然而,也正因为他对任何人都无害,在漫长的动荡岁月中,他皆安然度过。

"文革"期间,除科研不得不短暂中止外,王文采基本没有受到任何波及和伤害。因为他的毛笔字写得好,各派都来找他抄写大字报。他只管抄,从来不看内容。植物所里互相批斗与侮辱的乱象,他都看在眼里,但只字不说。多年后,想起那些无辜受到迫害的同事,以及参与迫害的同事,他感到"脖子后面还直冒凉气"。

王文采的淡然常令旁人觉得不可思议。改革开放后,他开始带研究生,学生曾问他:"您难道对周围事物就没有任何意见吗?"王文采心平气和地回答:"有啊,有意见就对标本去提啊!"他告诫学生,专心搞研究,别被外物困扰。

王文采的学生、曾先后任植物所副所长和中科院华南植物园副主任的傅德志说,"文采师"对他们很少言传,更重身教。"在他的平淡平和之中,

王文采的全家福

确实有种独特的魅力。只有真正追随过他的人，才能体会得到这种宠辱不惊、随遇而安、外柔内刚的魅力。不管逆境顺境、屈辱荣誉，统统都化解在对学术的追求之中。这种魅力包容了天下的学问，它普通得不能再普通，普通到你觉得你也能做到，却又普通到无论如何也难做到！"

王文采一生淡泊。他的爱人是研究中药学的药师，两人抚养三个孩子，经济一直较为拮据。王文采从未想过要设法赚钱。他只培养过三个研究生，他说："培养一个研究生，一年至少要一万多块，我没这么多钱。植物分类学想要申请国家自然科学基金也非常困难。"

"不能成天考虑地位、钱之类，要考虑那些就走神了。搞研究需要有干劲。"王文采正色道。

他曾担任《植物分类学报》主编，1988 年卸任，他很高兴，感到"无官一身轻"。在 1993 年当选为中国科学院院士后，他甚至曾经想向组织申请"把院士的帽子拿掉"，后得知院士是终身制，除非犯有严重错误才能免除，只得作罢。

在王文采 80 岁生日那年，学生打算将他的论文整理结集出版，却惊讶地发现，几十年来"文采师"发表的论文基本都是独自署名。有时，学生在他的指点和帮助下做出一些不错的成果，邀王文采共同署名，他总是笑着婉拒："文责自负。"

1990 年，小女儿王卉在瑞典乌普萨拉进修，帮王文采联系了到乌普萨拉大学植物馆做访问学者的机会。这是他第一次出国访学。此前曾有过几次出国进修或访问的机会，最后皆未能成行。结束在瑞典的访问后，王文采又游历了法、英、德三国。每到一处，他基本上成天都泡在当地最著名的植物园和标本馆里。1996 年，因为参与英文版《中国植物志》的编写工作，他又到美国史密斯植物研究所访问工作。此后，他又多次到世界多国访问

和工作。

这些国际交流和访问令王文采感到眼界大开,也更加意识到中国植物分类学与欧美国家的差距。他发现,中国的标本馆目前仍然主要以收集中国本土植物的标本为主,而英、美、法、俄、瑞士等国最大的植物标本馆,都收藏着世界五大洲的植物标本。其中有一些中国植物的标本,他甚至在国内也未见过。

在王文采看来,植物分类学分为四个发展阶段:考察采集、描述分析、实验研究以及兴起于 20 世纪 60 年代的分子系统学。目前,对于欧美许多国家来说,前三个阶段已基本完成,已经很少再有新的种属被发现,分子研究正在蓬勃发展。而对于中国来说,则是四个阶段齐头并进,"考察采集"的工作仍未全部完成,还不断有新的种属被发现,甚至部分地区的植物研究仍是空白。

至今,王文采仍然每天六点起床工作,每周一、二到植物所看标本,余下几天在家做研究。他最遗憾的是,因 2004 年患痛风,他不能再爬山了,而他却还没到过青藏高原和三北山区。他最忧心的是,在野外考察时,看到不少地区森林被大肆砍伐,生态破坏严重,"对人民生活和国家经济建设极为不利"。

他还忧心,近年来,投身到植物分类学,特别是经典植物分类学的年轻人太少了。"去标本馆里看看,在那里看标本的基本都是老先生。植物分类学是植物学的基础学科,如果分类学搞不好,更进一步的研究将会受到影响。"

王小谟 "魔鬼"的远见

王小谟(1938—   ),雷达工程专家,中国工程院院士,中国现代预警机事业开拓者和奠基人,国家最高科学技术奖获得者。

"工程师的思维是尽量把复杂的问题简单化。"

"有问题算我的,有功劳算你的。"

"我这辈子遇到过很多不顺利的事,但我能找到自我调节的机会,从中看到好的一面,很快就能过去。"

引言
Introduction

　　熟悉王小谟的人都知道,他有个绰号叫"魔鬼"。"魔"是"谟"的谐音,"鬼"则源于他"鬼点子"特别多。

　　不过,这位"魔鬼"非但不可怕,还特别爱笑。他讲述自己的故事时,几乎总是在笑,时而笑得眼睛眯成一条缝,时而乐得直拍大腿。即便讲述那些生命里最苦的日子,他也总能找到"好玩"的角度,以哈哈大笑结尾。

　　爱笑的他,是中国雷达工程界泰斗级人物、国家最高科学技术奖得主,被誉为"中国预警机之父"。中国第一部三坐标雷达、第一部中低空雷达和第一架有雷达功能的飞机即"预警机",是他的三项代表作,同时也是中国电子及国防工业的三座里程碑。

　　不少与王小谟共事过的人说,他不仅是工程师、科学家,更是战略家。很多次,他超前、大胆的决策,事后总被事实证明是正确的。而王小谟自己则说:"我一生也遇到过很多不顺利的事,最难的时候,连跳江的心都有。"

　　在他眼里,雷达探测与科研工作完全是相通的——"站得更高,看得更远"。

搞雷达的京剧团长

"你搞三坐标雷达吧。"1961年，王小谟大学毕业，到中国雷达工业的发源地——南京的中国电子科技集团第14研究所报到，雷达研究室主任扔给他一句话和一摞砖头厚的纸稿，此后两年再没管他。那摞纸是苏联专家撤走前留下的研究方案，也是14所关于三坐标雷达的全部资料。

雷达是"二战"中兴起的军工骄子，用于监视和跟踪空中飞行器，曾经是一国电子工业水平的标志。早期雷达，像巨大的手电，通过监测无线电波遇到目标后的反射波，来获取目标的两个坐标——方位和距离，但无法探测目标的高度。

王小谟入职时，能够探测高度的三坐标雷达在国际上刚开始起步。23岁的小伙子，凭一句话、一摞纸、一个人，能研究世界最前沿的课题吗？王小谟初生牛犊不怕虎，说干就干。他自嘲说："我从小受的是'散养'教育，自理能力强。"

王小谟1938年生于上海，父亲曾是冯玉祥的参谋。新中国成立前夕，父亲携全家移居北京，准备投奔应邀从苏联回国的冯玉祥。冯玉祥在途中意外葬身轮船火海，父亲只好带全家租住在一个大杂院里。父母忙于生计，无暇顾及王小谟和姐姐。王小谟乐得自在，"放了学就是自己的天地"。他"爱玩儿"、淘气，曾经和小伙伴们在路中央放块砖头，再躲到一旁等着看骑快车的人被绊个跟头，笑得前仰后合。

王小谟学习不算刻苦，每每临考前"抱佛脚"，总还能拿个不错的成绩。受大杂院里的邻居们影响，他爱上了当时的"流行音乐"——京剧，高中时成为学校京剧团主力伴奏，拉得一手好二胡。

他见别人家里有无线电收音机，羡慕不已，那可是当年的时髦玩意儿。

王小谟表演拉二胡

可家里买不起,他便决心自己动手组装一个。听着莺啼婉转的梅兰芳唱段成功地从自己组装的收音机里传出,他兴奋得一宿没睡,对神秘的无线电波好感倍增。

高考时,北方昆曲院来招人,作为学校京剧团骨干,王小谟点个头就能去,但父母反对;北京工业学院(今北京理工大学)也相中了他,愿意保送他到无线电系;而他自己最心仪的是清华大学无线电系,但能否考上却没把握。最后,他选择了北京工业学院。他后来回忆说:"如果不是无线电系,我可能就去北昆了。"那时,无线电专业风光无限,就像21世纪的互联网、人工智能。

上了大学,王小谟的成绩仍不拔尖。他喜欢弄清各种理论的原理,却对记住无数以外国人名字命名的公式无比头疼。不过,等到了高年级,开始进入无线电专业课后,王小谟顿感如鱼得水,很快便名列前茅。由他设计的"雷达八木天线"被评为优秀毕业设计。

学习之余,他仍不忘"旧业",担任了学校京剧团团长。多年以后,他认为,自己能出任总设计师也有这段经历的功劳："搞工程和唱戏一样,项目里有乐队、灯光、导演、演员,要把几百人团结起来,共同演好一台戏,不容易。"

1961年,王小谟大学毕业,被分配到南京的中国电子科技集团14所工作。前辈们各有迫在眉睫的活要干,于是,国际前沿难题"三坐标雷达"落在了这个科研新人的头上。

王小谟用大学数学教授对他说过的一句话来激励自己,这句话他记了一辈子:"按照你们现在的智力,什么都能干,不要害怕!"

山沟里的惊世之作

王小谟"啃"完了苏联专家留下的手稿,再想搜集更多三坐标雷达的资料,就只能到各种英文国际学术书刊里找。学了多年俄文,面对英文,他成了"文盲"。

于是,一边自学英语,一边查资料,2年后,王小谟已经可以通读英语文章,并大量地吸收了世界各国关于三坐标雷达的研究成果。考虑到国家工业基础薄弱,他冥思苦想出一个极为简化易行的设计方案,获国家批准。又过了2年,王小谟在国际学术期刊上看到,有英国学者独立提出了和他完全一样的理论方案。这时,王小谟的设计图纸已经完成,进入样机加工阶段。

可惜,不久后"文革"爆发,王小谟成了靠边站的"牛鬼蛇神"。他设计的三坐标雷达后来虽然交由他人完成样机,但始终未能实现工业生产,最后不了了之。而英国的三坐标雷达却畅销世界各地,中国也曾考虑购买。

"我们气得很,想要另外搞一个更好的。"1969年,响应国家号召,支援"三线"建设,王小谟前往14所在贵州都匀地区对口筹建的中国电子科技集团38所(以下简称"38所"),同去的还有很多"靠边站"的技术骨干。他们决定选用另一个难度更大、技术更复杂、性能更优的方案,立志要做出世

界最先进的三坐标雷达,由王小谟出任总设计师。

在离都匀城区十五六公里外的荒郊野岭,有一块杳无人烟、四面环山的平地,38所就修建于此。职工住在"干打垒"毛坯平房或"羊毛毡"工棚里。所里每周派车沿坑坑洼洼的土路采买几车蔬菜,给每人分一点。大家多洒辣椒多放盐,拌着饭吃。他们自己养鸡种地,自制蜂窝煤,自垒节能灶,自办医院、学校,周末不时翻越两座大山去"赶集"。这时,王小谟成了家,常设法为全家改善生活,比如利用到北京出差的机会扛回一整头猪板肉,全家省着吃上一年半载。他甚至还自己动手组装了一台"利用军用雷达技术制造"的电视机。

山沟里的生活自然是艰苦的,但在王小谟看来也不无好处,其中最大的好处就是"什么都没有,天天以干活为乐"。他带领着几百人夜以继日地奋力工作。7年后,全新的三坐标雷达终于成形。苦于山坳里见不到飞机,他便带着团队从贵阳到南宁、武汉、长沙等地四处找飞机测试雷达性能。最后,他们来到北京,王小谟原本信心满满,却被告知"指标不合格"。他只觉脑袋里"轰"的一声。这个雷达可是38所数百人奋斗了整整7年的第一个产品,如若失败,不只是他个人的事,更关乎整个38所的存亡。

王小谟心急如焚,回到贵州的山沟里,立刻组织团队为雷达"会诊"。他们一共挑出了12处毛病,逐一解决。再到武汉试机,指标还是时好时坏。这时,整个团队就像找不到排气孔的高压舱,王小谟看谁一眼,谁就忙着千方百计证明"不是我,不是我的问题"。找不到问题所在,王小谟觉得"跳江的心都有"。就在最绝望时,一个偶然机会,他终于发现,毛病原来出在12路接收机之间存在相互干扰。问题一经解决,指标"好得不得了"。至今忆及此事,他仍是由衷地高兴。他颇有感触地说:"科研往往就是这样,不知道时想破头,一旦想通,简单得不值一提。"

1982 年,这部雷达正式通过国家鉴定。这意味着中国拥有了第一部自动化三坐标雷达,实现了防空雷达从单一警戒功能向精确指挥引导的跨越,使中国跻身雷达技术世界先进国家之列。1985 年,该项目获国家科技进步一等奖,王小谟排名第一位。1987 年,作为全国 14 位有突出贡献的中青年科学家之一,王小谟在北戴河受到邓小平同志接见。此时,他已经把目光瞄准了下一个目标。

胆大缘于艺高

小时候,为贴补家用,王小谟砸过钉子,糊过纸盒,还卖过冰棍。但他万万没想到,有一天,能用一页纸赚来 5000 万元人民币。

1986 年,王小谟被任命为 38 所所长。他要考虑的不再只是研制更先进的雷达,而是全所更长远的发展。此时,改革春风吹满地,支援"三线"建设的号召已然过时。38 所不少技术骨干"孔雀东南飞",另谋高就,大学毕业生又不愿到偏远山区工作。把研究所搬出大山,移到大城市,成为王小谟顺理成章的构想。说干就干,1988 年,38 所拿到国务院三线办批准科研院所外迁的"一号文件",迁往安徽合肥。后来,效仿者众。

然而,搬迁谈何容易,光职工及家属就有近 2000 人,还要设法创造好的科研条件。资金从哪里来? 国家财政拨款 2000 万元,王小谟又自己"找"来 5000 万元,靠的是他的第二项代表作——中低空兼顾雷达。

早期雷达存在低空盲区。1987 年 5 月,19 岁的西德青年马蒂亚斯·鲁斯特驾驶一架"塞斯纳 –172"型民用飞机低空飞行,穿越当时地球上最强大的苏联地面雷达防空网,成功着陆莫斯科红场,震惊世界。低空防御迅速成为全球焦点。

不久,在一次国际航展上,王小谟自制了一页纸"广告"——中低空兼顾雷达。当时,大家都在讨论低空雷达,王小谟独创的"卖点"中低空兼顾很快吸引到买家,有国家提出愿以5000万元购买。

王小谟兴高采烈地带着订单回国。他早就想研究低空雷达,却苦于资金不足。其实,在与外国客户签约时,别说样机,38所连中低空雷达的设计方案都没有,王小谟拥有的,除了一页广告,不过就是他自己"确信38所能行"的信心。

一年后,在王小谟带领下,中国首座中低空雷达果真研制成功,如期交付外方客户。对方拿着它与美、俄等国一起参加联合演习,取得综合性能第二、电子对抗性能第一的成绩。这个"出口转内销"的项目,为王小谟再次赢得国家科技进步奖一等奖。

作为所长,王小谟不断表现出企业家般的大胆果敢。在挣到足够的"搬家费"后,为解决人才紧缺问题,他又"阔绰"地花40万元从中国科技大学"买"来7名研究生,由38所出资定向培养。

陆军是这7名定向培养的研究生之一,毕业不久即被王小谟委以重任,担纲一个重要雷达项目的总设计师;后来更由王小谟拍板,年仅38岁就成

王小谟与年轻后辈交流

为中国首型预警机总设计师。同样年纪轻轻就被王小谟重用的人才还有一二十位，他们均出色地完成了任务，迅速成长为技术骨干。王小谟不断大胆启用年轻人，却从未失手。

王小谟怎么这么"神"？"有句老话叫'艺高人胆大'。"他笑眯眯地吐露秘诀。那些在别人看来胆大妄为的"冒险"，他自己却觉得是十拿九稳。当年卖出中低空雷达时虽然只有一个构想，但在他眼里看到的是，当时38所已有世界先进水平的三坐标雷达为基础，接收机、发射机、处理器都很成熟，再设计个天线就行了，"搭积木而已，一点问题没有"。至于重用年轻人，王小谟认为，信任是最好的鼓励，压力助推人才进步。"当年，很明显，陆军拿出的方案非常好。内行跟内行说话，一说就清楚。他是明白人，让他做，肯定不会错。即便万一出了纰漏，还有我呢。"王小谟说这话时的表情颇像位一语道破玄机的神探。

拿什么让人相信你

1982年，以色列同叙利亚空战两天，以军击落对方82架军机，自身却无一架损毁，这场完胜相当程度上正是得益于他们有空中预警机的调度。20世纪90年代，在海湾战争等几场局部战争中，预警机进一步展现出得天独厚的空中监视和跟踪能力，使少数拥有它的国家在战争中赢得压倒性胜利。中国也迫切希望能尽快装备预警机。

所谓预警机，其实就是装备有雷达系统的飞机。据王小谟介绍，因为雷达和人的眼睛一样，站得越高，看得越远，所以，传统的雷达往往是架在高山顶上。如果还想看得更远呢？可以把雷达搬到飞机上去，这就是"预警机"。

早在20世纪70年代，中国就曾探索研制预警机"空警一号"。但是，

王小谟展示他主持研制的某型预警机模型

把雷达搬到天上，并非想象的那么简单。雷达从地面向空中看，唯一能反射电磁波的目标就是飞机；而从空中往下看，汽车、火车、轮船、钢筋……到处是反射波，如何确定目标究竟在哪里？由于关键核心技术未能解决，中国的预警机项目终被搁置。

转眼 20 余年过去，中国能造预警机了吗？王小谟的答案很肯定：当然能！他认为，中国的基础雷达已经可与世界先进水平比肩，同时雷达上天最关键的滤波技术也已突破。所以，此时他认为自己面对的最大难题是：如何让别人相信你能？

而说服，是除技术难题外，王小谟多年担任总设计师常要面对的另一大难题。每次建立新的立项，都需要巨大的经费支撑，动辄牵涉数百人的团队，怎么能让大家认同你、支持你、统一思想？各方出现分歧时如何调和矛盾？王小谟的策略是：首先，换位思考，解决对方眼中的疑难；同时，勇担责任，"有问题算我的，有功劳算你的"。这种思路不仅解决了很多矛盾，还为王小谟赢得了好人缘和高威信。

为了争取自主研发预警机，王小谟一边不厌其烦地四处讲解，争取让更多人相信"中国人不比别人笨，我们能行"，一边积极在职权范围内竭力推进相关技术的研发，因为"你真做出来，别人自然就信了"。

后来，中国与外方签订合约，决定共同开发发展型预警机，由王小谟出任中方总设计师。然而，2000年，外方单方面终止合作。王小谟再次力争"立足自主研制国产预警机"，得到国家大力支持。

年过六旬的王小谟进驻西北茫茫戈壁上的试飞现场。那里，夏日像"蒸桑拿"，冬天如"进冰柜"，但为早日造出被称作"争气机"的国产预警机，王小谟带头加班至凌晨，周末和节假日很少休息。如此，仅仅一年，第一架国产预警机的地面样机问世。又过一年，样机上天试飞。至此，预警机项目的成功几乎只是时间问题，王小谟决定把总设计师的担子移交给年轻人，自己担任总顾问，把更多精力转向考虑预警机未来更长远的发展。

2009年，国庆60周年阅兵典礼上，背负着雷达大圆盘的预警机"空警

2009年，国庆60周年阅兵典礼上，王小谟主持研制的预警机"空警2000"作为领队机引领机群飞过天安门上空

2000"作为领队机,引领庞大机群,米秒不差地飞过天安门上空。在观礼台上,头发花白的王小谟泪眼模糊了。"那是我们做的,我们做的!"他激动指向天空对周围人喊道。

"中国的空警2000,比美国的E-3C整整领先一代!"美国政府的智囊团"詹姆斯敦基金会"发表评论称。总设计师陆军则打了个更形象的比方:国产预警机探测的灵敏度,就像一个人能看到20公里外一根火柴划出的火焰。它定位的精确度不亚于射击比赛中每发子弹正中靶心。

2010年,中国首型预警机的研制获国家科技进步特等奖,王小谟排名第一。而此时,王小谟又有了更高的新追求:"如今的预警机不但要'看见'目标,更要成为空中战斗指挥枢纽,自身还要进行干扰与反干扰的电子战。我们未来的目标是真正的、不戴任何'帽子'的世界领先,引领国际潮流!"

凡事要看好的一面

2006年,就在"空警2000"攻关的紧要关头,王小谟在往返试飞基地的途中遭遇车祸,腿骨严重骨折。随后,又被查出身患恶性淋巴肿瘤。这让周围不少人忧心忡忡。王小谟指导的第一个博士生曹晨闻讯心急如焚地赶到医院探望,却听到从王小谟的病房里传出了悠扬的京胡声。

"我这辈子遇到过很多不顺利的事,但我能找到自我调节的机会,从中看到好的一面,很快就能过去。"王小谟回忆起那些曾经历过的苦日子:"大跃进"时期,他正在念大学,学校组织大家到工厂做工,每天要铣几千个零件,累到撒尿的工夫也能睡上一觉;工作后,他曾到溧阳农村"搞四清",在稻田里插秧,每天累得直不起腰,脸上被蚊虫咬得满脸包,腿上动不动就吸附着好几个蚂蟥。可话锋一转,他又能苦中寻乐:"很好的是,因为这些经历,所以我对生活没有太高要求,对现在的生活简直满足得不得了。不像现在的小孩,都在蜜罐里长大,这也是个问题。"

查出身患恶性肿瘤后,王小谟难过了几天。但笑容很快又回到了他的脸上,他觉得,自己想做的事都做成了,该去的地方也都去过了,这辈子值了。他一边积极配合化疗,一边坚持工作。医生叮嘱不要吃辣,但他仍然带着全家高高兴兴地去吃他钟爱的麻辣火锅。

幸运的是,由于发现及时,王小谟的肿瘤最终被治愈。现在,他仍然每天上班,得空就去游泳和爬山。除了腿骨里加了钢板使他走起路来不那么灵便外,他的身体和精神状况都相当不错。一张口,播音员似的洪亮嗓音,常让人定定神才能把这声音跟眼前这位白发稀疏的古稀老人联系在一起。

大家总说"魔鬼"王小谟点子多,他自己则说,很多点子都源于多看、多学,博闻强识才能触类旁通。他喜欢学习新东西,从组装第一个收音机,到工作后自学计算机、互联网、通信等新科技。他常说,工程师的思维是尽量

2013 年 1 月,王小谟从预警机试验平台前经过

把复杂的问题简单化。每次出现新技术，他往往要潜心研究好几年，直到能用一两句话把新技术的核心要害讲清楚，然后再设法将其运用到预警机的研制中。

得知自己荣获"国家最高科学技术奖"，王小谟说，这是雷达行业的骄傲，让人们重新关注这个看似风光不再、实则潜力很大的领域；同时也是中国电子科技集团公司的自豪，让更多人知道这个一直默默奉献的团队，说明国家没有忘记大家……反正说来说去，唯独不说自己。被追问个人感受，实在躲不过，他才腼腆地笑道："我自己得不得都一样。谦受益，满招损，什么事儿别过头。"

王永志 "大总师" 的飞天梦

王永志（1932—　　），航天技术专家，中国工程院院士，国家最高科学技术奖获得者。

"我的一生极为勤奋，没有怠惰的时候。"

"在'安全'两个字上，连万分之一的可能性也要排除，必须确保万无一失。"

"不要羡慕我们这代人赶上了这么多好机会。如今事业发展得越来越大，机会天天有，关键是，你准备好了吗？"

引言
Introduction

他身高一米八五,面容清瘦。见面时,一身考究的藏青色西服套装,配白衬衫、深蓝领带,青松般挺拔地站着,完全看不出他已年逾八旬。"头发是染过的,不过还挺多。"他一边笑着解释,一边用手拢了拢额头上方浓密的黑发。

他叫王永志,不少人叫他"王大总"或"大总师"。因为他不是普通的"总师",而是中国航天史上系统组成最复杂、技术难度最大、可靠性安全性要求最高的大型系统工程——载人航天工程的总设计师。

大而化之,王永志的人生故事,就是简单几个字——"知识改变命运"。他出生在一贫如洗的佃农家庭,只想通过读书摆脱贫困,不曾想因缘际会却成了中国千年"飞天梦"的圆梦之人。他曾主持研制中国多种新型火箭,从未失败;做过许多重大决策,事前争议不断,事后都被证明极富远见。他坦言:"航天是个高风险、高技术的领域,一辈子提心吊胆。但是,规避风险不能靠不做事,或者慢慢做,那是没出息!"

对的就要坚持

1964 年初夏,酒泉卫星发射中心,戈壁滩上热浪滚滚,中国首枚自行研制的中近程导弹"东风二号"准备发射。

推进剂加注环节,意外突然发生:推进剂在高温下膨胀,不能加注至所需数量,经计算无法达到预定射程。

指挥部里,专家们忙着研究解决方案,设法添加推进剂,几个方案都经不起推敲,迟迟找不到可行办法。这时,旁边一个年轻人突然站起来说:"只要泄出 600 公斤燃料,导弹便会进入目标区。"这个年轻人就是时任总体室总体组组长的王永志。专家们的眼神中充满不可思议:"小伙子,你在开玩笑吧,火箭推力本来就不够,还要减燃料?"

王永志对自己的计算结果十分笃定,但专家们却无意采纳。情急之下,王永志敲开了发射现场最高技术决策人、"中国航天之父"钱学森的房门,详细阐述了自己的方案及理由:气温升高,热胀冷缩,原先计算好的燃料和氧化剂最佳配比已随之改变。当前最佳配比下,泄出 600 公斤燃料,弹体变轻,射程变远,即可命中目标。钱学森听后两眼放光:"有道理,我看行!"随即叫来总设计师,指着王永志说:"这个年轻人说得对,就按他说的办。"果然,泄出燃料后,导弹顺利进入了目标区。随后,又连续进行了两次发射,都取得圆满成功,戈壁滩上一片欢腾。

凡事不盲从,独立思考,自己认为对的就要坚持,这是王永志从小养成的习惯。也正是这个习惯,让他离开穷困偏远的山村,迈进了中国最好的大学,加入了中国最前沿的高科技项目,来到了中国最卓越的科学家钱学森的身边。

1932 年,王永志出生在辽宁省昌图县八面城镇老房村的佃农之家,全

家十几口人挤在三间破旧不堪的土坯房里。因交不出日伪政府要的"出荷粮",王永志曾亲眼看见大哥在院子里被逼下跪挨打。他每天都在想:"怎样才能改变贫穷、受欺负的命运?"一年冬天,他看见几个打雪仗的富家子弟都背着书包,如醍醐灌顶般顿悟到:求学,是改变命运的唯一出路。

王永志求学的愿望遭到父亲坚决反对:"咱家这么穷,你就算学两年,还不是回来干活,白搭个身子,瞎耽误工夫。"终身给地主家扛活打工的父亲对他最大的指望是将来能当个警察——那是村里百姓平常能见到的最大的"官"。

最终能上学,多亏了比王永志大19岁的大哥。在王永志的恳求下,大哥决定支持他:"咱兄弟六个,不能都一辈子在家干活。"

1939年正月十六清晨,趁父亲仍在熟睡,大哥偷偷带着王永志到离家八里外的小学报了名。回家后,哥俩连唬带蒙,声称官学不能轻易退,父亲发了一通火之后终于妥协:"好吧,念到哪儿算哪儿吧。"

22年"一甲学生"

王永志格外珍惜来之不易的上学机会。学校离家八里路,没钱住校,他每天走读,回家还要帮忙干农活,从无半句怨言。他上课时精神高度集中,回家后见缝插针学习,边读书边照顾牲口吃草、就着月光看书,对小学生王永志而言是家常便饭。他心里清楚,父亲本来就反对,成绩再不好,那就迟早得"回家干活"。第一学年结束,王永志捧回了"一甲学生"的奖状。三里五村渐渐都知道老王家的孩子有出息,父亲倍感面上有光,支持起儿子的学习来。生命中那第一张奖状,王永志一直珍存至今。

直到五年级,王永志始终名列全班前两名。1944年,抗战正处"黎明前的黑暗",时局动荡,东北陷入无政府状态,学校被迫停学,王永志也只好回家务农。一年后,日本投降,八路军在昌图县开办中学,王永志才得以重返课堂。这段经历使他意识到:要改变境遇,光靠个人努力还不够,更受到时代和机遇的左右。

"受压迫者要联合起来,一起干,跟着共产党干。"1949年初春,王永志秘密加入中国共产党。

初中毕业时,他响应党的号召准备"参军参干",却突然接到学校通知,作为全班最优秀的学生被保送到即将创办的东北实验学校继续学习,去成为"国家急需的人才"。

出身农家,儿时时常听到父亲感叹"辛苦一年却没什么收成",如今有机会深造,王永志想研究生物学。最终改变他人生道路的是抗美援朝。战争爆发后,美军飞机频频到辽东上空滋扰,空袭警报不断,学校被迫停课。王永志如梦初醒:"什么生物,什么遗传,没有国防,啥也没有。"1952年,他以优异成绩考入清华大学航空系,立志为国家造飞机。

在清华学习了一年,他又被选拔到北京外国语学院留苏预备班学习,于1955年前往莫斯科航空学院学习飞机设计。两年后,据中苏两国有关协议,苏联首次向外国留学生开放火箭与导弹设计专业,王永志被选为转学该专业的八名留学生之一。

1960年,中苏关系破裂,中国留苏学生大批撤回。按照周恩来总理指示,国防相关重点专业每专业保留一名留学生,王永志成为火箭导弹专业被保留的唯一人选。苏联"火箭之父"科罗廖夫的第一助手和接班人、莫斯科航空学院火箭教研室主任米申院士得知此事后,主动提出要亲自指导这位唯一的中国留学生的毕业设计。首次见面时,米申院士对王永志说:"中苏两党的关系破裂了,中苏两国政府的关系也破裂了,但是,那是政治家的事,你我师生关系依旧。你有任何问题尽管问,不要有任何顾虑。"

1960 年，王永志与同在莫斯科留学的王丹阳结婚

王永志亦不负众望，毕业论文《洲际导弹设计》获得满分 5 分。事实上，他所有的科目成绩都是 5 分，获颁优秀毕业生奖章。莫斯科航空学院副院长克里莫夫劝王永志留下继续攻读研究生学位，这是该校首次破例让高度保密专业外籍学生留校深造。但王永志还是婉言谢绝了："谢谢您给我这个机会，只是我的国家急需这个专业的人员，等着我们回去参加建设。"

1961 年 3 月，22 年求学生涯始终表现出类拔萃的"一甲学生"、中国第一位火箭导弹设计专业留苏毕业生王永志，满怀"参加建设"的热情，登上了归国的国际列车。

不入虎穴，焉得虎子

回国后，王永志立刻被分配到负责中国火箭与导弹研究的国防部第五研究院一分院，参与"两弹一星"研制工作。他正式参与的第一个项目就是"东风二号"导弹的研制，于是有了那个在发射场大胆建言的故事。

此后，王永志在多种火箭的研制中攻克大量技术难关，肩上的担子也越来越重。20 世纪 70 年代后期钱学森亲自提议"第二代战略导弹的研制要由第二代人挂帅,建议由王永志出任总设计师"。40多岁的王永志被任命为中国新一代战略导弹的总设计师。他形容自己从此成了那个"总在探索的人",永远在研究最前沿的新型号。

1980年,王永志(右一)在美国通用电气公司考察访问

王永志常说:"航天是个高风险、高技术的领域,一辈子提心吊胆。但是,规避风险不能靠不做事,或者慢慢做,那是没出息!"

1986年,刚升任中国火箭技术研究院院长不久,王永志便主动"铤而走险"。

那年,美国"挑战者号"航天飞机爆炸,美欧多枚火箭发射相继失利,国际航天工业大受打击,王永志却从中看到了机遇。他决定,要将中国火箭打入国际商业卫星发射市场。只是当时中国火箭的运载能力只有2.5吨,唯有尽快提高火箭运载能力,才能承揽国际大型卫星发射。

就在一间简陋的办公室里,王永志和几位同事构想出了中国第一枚大推力捆绑式火箭的草图:以"长征二号"火箭为芯级,捆绑4个助推器,使中

国火箭的运载能力从 2.5 吨一下子提高到 8.8 吨。这就是后来大放异彩的
"长二捆"——长征二号捆绑运载火箭。

1988 年年底，"长二捆"仍然只是"纸上谈兵"，但王永志硬是凭借着 3
页草图拉到了第一张"大单"。美国休斯卫星公司愿意委托中方发射一颗
澳大利亚卫星，条件是火箭必须在 1990 年 6 月 30 日前完成一次成功的发
射试验，否则，不仅合同即刻中止，中方还要赔偿美方 100 万美元。当时，上
上下下反对声音很大，18 个月的研发时间实在过短，按常规计算，那至少是
4~5 年才能完成的工作。倘若不能按时履行合同，巨额贷款难以偿还，不仅
王永志个人将身败名裂，中国发射美国卫星失败的消息传出，政治上的负
面影响更难以估量。

"要是搞砸了，降你三级，你还主张干不？"在研讨会上，有领导直言不
讳地质问王永志。

"别说三级，降几级我也干。中国人不比别人矮一截，别人能搞的，我
们也能。只要中央支持，我保证按时把火箭立在发射塔上！"王永志拍着
胸脯立下军令状。

最终，在中央的支持下，中国火箭研究院向银行低息贷款四亿五千万
元人民币，用于"长二捆"的研制。

为什么宁可冒着身败名裂的风险，王永志也一定要接下这单生意？

当时，经济改革已波及国防工业，国家拨给火箭研究院的"皇粮"从每
年几亿元骤降至几千万元人民币，全院 3 万多员工，连发工资都成问题。身
为院长，王永志必须解决全院的财政困难和决定今后的发展方向。为此，
他谋到的出路就是："做自己最擅长也最该做的事——搞火箭，发卫星，打入
国际市场。"

另外，王永志还有一个更宏大的心愿。长久以来，他有三大航天梦想：

第一，能把导弹送到世界上任何地方；第二，能把卫星送入太空中不同的轨道；第三，能把中国人送上太空。当时，前两个已经实现，而第三个梦想，瓶颈就卡在需要有8吨以上运载能力的火箭。因此，如若"长二捆"研制成功，中国的载人航天飞船也就有了基础条件。所以，他说："这件事，风险大，意义更大。我甘愿冒险。"

18个月的研发时间，除了他几乎没人觉得能成功。但他就有那种扭曲现实的能力，鼓舞身边的人不断激发潜能，将不可能

1990年，王永志在"长二捆"运载火箭首次发射前留影

变为可能。一次，一位车间主任接到任务后，算了又算，咬咬牙说："我争取一个半月赶出来。"王永志笑笑说："你只有18天。"最后，竟然真的如期完成。类似的故事在整个攻关阶段屡见不鲜。他带着大家夜以继日地忙碌，人员两班倒，仪器设备始终不休。有人形容他们"没了亲戚，没了朋友，什么都顾不上了"。

1990年6月30日，"长二捆"火箭如期屹立在西昌卫星发射中心，等候发射。7月16日，在惊天动地的呼啸声中，"长二捆"直上云霄，一举发射成功，实际运载能力超过设计值，达到9.2吨。从此，中国火箭不仅成功打入国际市场，火箭运载能力还翻了近两番。

那一刻,王永志激动不已,更是如释重负:"我们用别人的钱,赚了外汇,发了工资,还发展了高科技!"

千年飞天梦想,从图纸到现实

飞天,是中国流传千年的传说,也是中国人,特别是航天人长久的梦想。

早在"文革"结束后不久,时任中国火箭研究院总体部主任的王永志就曾建议,跟踪研究载人航天的前沿,并在总体部下设了一个小组专门研究航天飞机。1986年3月,国务院组织全国200多位专家制定国家高技术发展规划,王永志任其中载人航天工程研究组组长。后来"863计划"正式实施,王永志成为载人航天领域七人专家委员会成员之一,负责勾画中国载人航天的发展蓝图。而他带领团队成功研制"长二捆",为中国载人航天的启动铺平了道路。

1992年9月21日,党中央正式批准"中国载人航天工程"立项。两个月后,王永志被任命为中国载人航天工程的首任总设计师。据说,当国防科工委就载人航天工程的总师人选征求钱学森的意见时,钱学森表示,王永志这人有许多过人之处,他的思维常常与众不同,很有自己的见解,年轻时就崭露头角,由他当总师,比较合适。

尽管是梦寐以求的任务,但王永志也坦言,载人航天工程是他一生中遇到的最大挑战。作

航天科学家王永志

为总设计师，王永志面临的首要难题是，中国比美俄起步晚了整整40年，什么样的方案才能既符合国情，又能提高综合国力和国际地位，增强民族自尊心和凝聚力？

在王永志主持和建议下，专家们提出了“三步走”发展战略设想：第一步，发射载人飞船；第二步，发射空间实验室；第三步，建设舱段组合式的空间站。其核心理念是：既不能保守，又要可靠；既要充分利用后发优势，借鉴国外航天的先进经验，又不能照抄照搬，要融合现代先进技术。

王永志定下的目标可不低：“必须一问世就要将40年差距一下子迎头赶上，局部还要超过。”

那么，如何将蓝图变成现实？经过多年历练，王永志深知“真正的铜墙铁壁是群众”：数千个协作单位，几十万人，拧成一股绳，将是无比巨大的力量；而只要有一个人在某个关键处捅娄子，整个系统都可能前功尽弃。所以，他尽一切努力要首

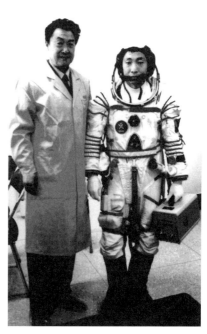

2003 年，王永志送中国首位宇航员杨利伟出征

先做到的事就是，让所有人统一认识，统一规范。他说：“每个人都兢兢业业把自己的事干好，这事才能成。特别是‘安全’两个字，连万分之一的可能性也要排除，必须确保万无一失。”

整整7年，王永志带领中国载人航天队伍默默奋战，不登报，不上电视，埋头将各种技术上的“拦路虎”一一打倒。直至1999年“神舟一号”发射成功，中国载人航天工程才开始被世人关注。

而王永志这位"大总师"为人知晓，则是在 2003 年 10 月 16 日之后。那天清晨 6 时 23 分，中国第一艘载人航天飞船"神舟五号"成功返回地面，杨利伟走出舱门向人们挥手致意……那一刻，王永志落泪了。他说："在我的一生中，这样眼泪控制不住地往下流是极少的。我最引以为豪的是，中国载人航天工程完全是靠中国人自己的力量完成的！"

机遇垂青的秘密

2002 年年底的一天，"神舟四号"发射在即，王永志正在酒泉卫星发射中心工作，突发急性胰腺炎。这种病如不能在 2 天内及时妥善治疗，死亡率高达 100%。幸运的是，他被及时接到北京，得到诊治，很快康复。

康复中的王永志，情不自禁地回想起往事。10 岁那年，他的父亲患胃穿孔，并非疑难杂症，却因家里没钱治病，只能眼睁睁地看着父亲在极度痛苦中去世。他感慨地说："当年读书是为改变命运，如今命运已经远远超出我的预期。"

那个曾经填不饱肚子的穷孩子，如今已成为中国"载人航天功勋科学家"、中国工程院首批院士、2003 年国家最高科学技术奖获得者，还在太空中拥有一颗以其名字命名的"王永志星"。他主持研制了中国多种新型火箭，从未失败。他做过许多重大决策，事后都被证明极富远见。有人称他是"战略科学家"，有人干脆称他"常胜将军"。而他总是谦虚地说："这是整个航天队伍的功劳，一个人是做不来的，国家给予我的实在太多。"

从日军侵华致使自己就读的那所小学停课开始，"强国"就成为王永志不懈奋斗的动力之源。他说，把事情做好，是他抒发爱国情怀的方式。在工作中，他喜欢那些有责任感、凡事从大局出发而不是先打个人小算盘的年轻人。出现争论时，他希望倾听每个人的意见，力求科学、民主。他反对人云亦云，鼓励大胆创新。他的助手李少宁说：“王总最令人钦佩之处是，他总能从国家利益、全局出发，从众多种观点中把握住关键，引领大家朝正确的方向前进。”

2006年，“神六”载人飞船成功发射后，74岁的王永志从“大总师”的

2011年9月，王永志在北京指挥中心指导“天宫一号”与“神舟八号”正在进行的中国首次空间交会对接任务

位置上退了下来，转而担任工程高级顾问，同时还兼任母校清华大学的航天学院院长。

王永志相信，探索太空，是人类探索文明和新技术的必由之路。他说：“从卫星广播电视、气象预报、信息网络、卫星导航到各种空间技术牵引下研制成的新材料、新技术，航天发展给人们带来的实惠无处不在。”

他介绍，目前，中国载人航天工程第二步的关键技术已经突破，成功实施了空间交会对接和多人多天驻留实验。接下来，他们还要继续巩固，同

时准备第三步建设空间站的任务,预计 2020 年前后中国就将拥有自己的载人空间站并实现首次火星探测,计划在 2030 年前后实现航天员登月。

他说:"虽然我们还没有实现载人登月、探索火星,与美、俄相比在航天领域还有较大差距。但是,在近地太空领域,我们已拥有绝不亚于他们的先进技术。我们的飞船、火箭和将来的空间站都是世界一流的。相信再过一些年,中国的载人航天工程一定会发展得更好。"

如今,王永志最大的愿望是培养一批中国航天领域未来的领军人物。他说:"我也是年纪越大才越体会到,一个人再能干,他能干多少年、多少事呢?"

他寄语年轻人说:"我这一生都很勤奋,没有怠惰的时候。勤奋加机遇等于成功。不要羡慕我们这代人赶上了这么多好机会。如今事业发展得越来越大,机会天天有,关键是,你准备好了吗?"

王振义 幸运的白血病 "杀手"

王振义（1924—　　），内科血液学专家，中国工程院院士，国家最高科学技术奖获得者。

"几乎从第一天穿上白大褂起，我就真心喜欢这个职业，尤其喜欢为病人解决问题后的那种成就感。"

"只会照搬书本，永远不会进步。"

"人终究是要离开这个世界的，能留下的只是对人有贡献的事。"

引言

Introduction

2013 年清明节小长假刚过，在上海瑞金医院血液科，十几位中青年医生跟随一位白发苍苍的老医生，认认真真地查房，再来到会议室进行研讨。大家都尊称主讲人"王老师"，对他恭敬有加。

这位"王老师"名叫王振义，那年 89 岁。虽已耄耋之年，但依旧耳聪目明，风度翩翩，稀松的银发梳得一丝不苟，衬衫领带熨得笔挺有型。

作为国际知名的血液学专家，他是唯一获得国际肿瘤界最高奖"凯特林奖"的中国人，也是第一位荣获"国家最高科学技术奖"的内科医生。

他还在世界范围有不少"粉丝"，因为他在世界上首次攻克了一种白血病，还颠覆了人类治愈癌症的方式。他说："白血病是杀手，我是'杀手'的'杀手'。"

令考官紧张的"开卷考试"

满头银发的王振义坐在会议室长桌的最前端,操控着自制的全英文电脑幻灯片,条分缕析、抑扬顿挫地讲解病例。一屋子"白大褂"鸦雀无声,聚精会神地聆听,生怕错过某个关键细节。

从查房到研讨,这些都是王振义自创的"开卷考试"的一部分。"考生"不是别人,而是他自己,"考官"则是瑞金医院血液科的临床医生们。每周一,医生们将上周在临床中遇到的难度最大的病例交给王振义,他会在接下来的几天"开卷"查阅中外文献,每周四交出有关病因、临床表现、国际最新治疗办法及效果等的"答卷"。

这个"考试"始于 2001 年。那年,年逾古稀的王振义逐渐从临床一线退下来,便想出了这个发挥余热的方式。十余年来,每周一次,雷打不动。

曾师从王振义攻读硕士学位的原瑞金医院血液科主任沈志祥说,有时,天气太热或太冷,大家担心王老师的身体,或偶尔想偷偷懒,提出是否

2013 年 4 月 11 日,王振义在例行的"开卷考试"中"作答"

考虑暂停一两周,却每次都在王老师那里碰了"软钉子"。

提起"开卷考试",王振义笑嘻嘻地开玩笑说:"益处多多啊!可以打发时间,还可以预防老年痴呆。"其实,他最看重的目的是激励年轻人。1996年,他在72岁时开始学习使用电脑和上网,从此每天都要在网上查阅医学文献三四个小时以上。遥想没有互联网的时代,他总是每周末大老远跑到中华医学会上海分会图书馆查阅资料,再逐字逐句地把有价值的内容抄下来,一天最多能读四五篇文章,他感叹"互联网真是个好东西,太方便了"。他说:"为人师表,我不能拿旧知识去糊弄年轻人。让他们看到我的学问仍在不断上进,他们也会受到激励,不断学习。"

事实是,每次"开卷考试"最紧张的不是"考生"王振义,反倒是"考官"们。年轻的医生们既为有机会能得到王老师真传而兴奋,又为王老师可能会提的各种问题而紧张。凡在王振义身边工作过的人,无不对他永远有数不清的"为什么"印象深刻。他对人对己要求严格,只要出错,无论是谁,必定毫不留情地当面指出。

有时,学生也会想"叫板"老师。一次,沈志祥遇到一个罕见病例,费了许多周折,查了很多文献,终于弄清这是一种国内尚未有报告的新型白血病。他决定"耍个小聪明",把病人的简单病史交给王老师,然后暗自等待在"开卷考试"中发表高见。没想到,仅48小时后,王老师的第一张幻灯片上就写着沈志祥苦苦追寻了很久才得到的诊断结果。他佩服得五体投地:"今后,我一定跟着佛祖认真上西天取真经,不再耍任何小聪明。"

良医的秘方

从医,是王振义一生的理想。7岁那年,疼爱他的奶奶因伤寒去世。"为什么奶奶会生病?伤寒是种什么病?难道就没办法治好吗?"幼小的王振义久久不能释怀。及至高考时，他确定学医，又有了更成熟、现实的考虑："医生受人尊重，工资高，生活安定。是人就会生病，有病就要找医生，医生永远不会失业。"

1948年，王振义从震旦大学医学系毕业，并以全班第一名的成绩留在学校附属的广慈医院工作。他说："几乎从第一天穿上白大褂起，我就真心喜欢这个职业，尤其喜欢为病人解决问题后的那种成就感。"

王振义最难忘的第一次"为病人解决问题"的经历，发生在朝鲜战场。1953年，他报名参加了抗美援朝医疗队。10月，作为东北军区内科巡回医疗组主治医师，他来到了黑龙江省勃利县后方医院，参加会诊。在那里，60余名志愿军战士集体出现了咯血、头痛等症状，初步被诊断为结核性脑膜炎。然而，29岁的王振义提出了不同意见。他提出，结核性脑膜炎并非传染病，如果是这种病，为什么会出现一群人同时患病？他想起，曾在医学书里见过一种肺吸虫病，与战士们的病状极为相似。当地的医生们从未听说过这种病，他们将信将疑地把病人咳出的血痰拿到显微镜下观察，果然发现了虫卵，证实了王振义的判断。

原来，朝鲜战场的食物供应时常中断，战士们有时就到山间小溪里捉蝲蛄吃。蝲蛄外形像小龙虾，身上常携有大量肺吸虫，如果没有完全煮熟就吃下，肺吸虫会随之寄生在人体肺部，甚至跑到脑膜里去，引起咯血、头痛等症状。正确的诊断使战士们及时得到治疗，王振义因此被授予中国人民解放军二等功一次。

从战地返回上海后不久，王振义又在临床中发现，不少口腔病患者在拔牙等小手术后出血不止，原因不明，普通止血法根本不起作用。为此，王振义通宵达旦地研读医学资料，终于在一篇外国文献中发现了关于一种轻型血友病的研究报告，报告指出这种病的患者的血液中凝血因子Ⅷ的水

平仅为正常人的 5%~25%，虽然平时没有出血症状，但即使动很小的手术也会流血不止。参考这份报告，在国内尚无实验所需的硅胶材料的情况下，王振义摸索着用石蜡替代硅胶，首次在国内成功建立诊断轻型血友病的方法。

此后，王振义又为病人解决了许许多多、大大小小的问题。他总结说："如果我没有读很多书，掌握很多信息，创新是不太可能的。"他举起手中的 iPhone 晃了晃说："乔布斯的'苹果'也一样是把好多东西汇集在一起。进步总是建立在前人的基础上，人家做的工作会带给你启发。但是，光做书呆子也不行，凡事得多问个为什么。否则，只会照搬书本，永远不会进步。"

白血病"杀手"

1952 年，广慈医院细分出消化、心血管、内分泌和血液 4 个专业。王振义开始在著名内科专家邝安堃的指导下从事血液学研究。他多次目睹白血病患者忍受病痛的摧残和化疗的煎熬，却无法摆脱死神的纠缠。

白血病俗称"血癌"，是人类造血系统的恶性肿瘤，死亡率极高。"大跃进"时期，年轻气盛的王振义曾立志"几年内攻克白血病"，并挑起了瑞金医院白血病病房主任的担子。然而，上任几个月，眼睁睁看着几十位急性白血病患者先后病逝，他沉痛而懊恼地意识到："空有热情，却无治好病的本领，行不通。"

王振义自幼性格随和，小时候是父母眼中的好孩子、老师眼中的好学生，长大后是"服从组织分配的好同志"。在"文革"前后近 10 年里，虽然工作多次调动，他却从无怨言，永远是"听从组织安排"。那段岁月，他当过医生，搞过基础研究，学过中医，当过半农半读的医专的教师，甚至曾做好了一辈子在农村当"赤脚医生"的准备。无论在哪里，做什么，他都一如既往地勤奋敬业,这使他的每一段时光都有收获,没有白费。后来,他于1984年被任命为上海第二医科大学(今上海交通大学医学院)校长,据说组织上正是看中了他的经历。他笑称自己是"吃了小亏,占了大便宜"。

而今,再回望走过的路,王振义认为,自己随遇而安的性格,既是优点,也是弱点:"没有抗争性,没有坚定的方向。如果当初一直坚持做白血病的研究,而不是50岁以后才开始,也许能做出更多成果。"

"白血病"始终是萦绕在王振义心头挥之不去的"心病"。1973年,他终于调回上海瑞金医院内科,便一头扎进血液病的治疗和研究。只要不查房、不上门诊,他就埋头查阅国内外的学术文献,同时主编或参编了多本血液学著作。然而,白血病的研究迟迟没有进展。

事情的转机发生在1978年。王振义先是从同行那里听说,后来很快在中华医学会上海分会图书馆的文献中得以证实,以色列专家在小白鼠身上试验成功,白血病细胞能在一定条件下发生逆转,变成正常细胞。王振义因此受到极大的鼓舞和启发。他向医院申请到一间原来食堂做饭用的"灶披间",用作培养室、操作室兼办公室,带领着几名研究生开始了白血病细胞诱导分化的研究。尽管没有任何基础,实验仪器也严重匮乏,包括培养细胞用的温箱在内都要到别的医院借用,但大家干劲实足。很快,2年过去,他们想了很多方法,试了很多种药品,做了数不清的实验,却一无所获。

"失败了就再继续。"王振义轻描淡写地说。他早就做好了打持久战的准备。

1983年,王振义再次从外国文献中看到希望。一位美国专家报告,有一种"急性早幼粒细胞"白血病,在"13-顺维甲酸"的诱导下病变细胞会向正常细胞逆转。当时,中国尚无药厂能合成"13-顺维甲酸",这种进口药不仅价格高昂,而且国内外已有一些医院用于临床试验,效果并不理想。

在国内能找到的唯一一种维甲酸,是上海第六制药厂生产的"全反式维甲酸",这是一种通常用于治疗皮肤病的药。王振义决定"将计就计",就用这种药进行试验。虽然还是日复一日地失败,但他毫不气馁,不断地调整实验方案,终于在半年后见到曙光——在显微镜下观察,"急性早幼粒细胞"在"全反式维甲酸"的作用下,顺利分化成正常细胞。再全力以赴地努力了一年,这种分化诱导效果得以确认无疑。

1985年的一天,王振义从妻子、也是其大学同学谢竞雄那里得知,上海儿童医院来了位5岁的小病人,名叫小静,患的正是急性早幼粒细胞白血病。孩子出血严重,极度虚弱,已无更多有效措施,家长在沉痛中已接受现实。

王振义提议,给孩子口服"全反式维甲酸",或许还有一线希望。他用"救人是医生的天职,哪怕有万分之一的希望也该尝试"的信念说服了妻子,但是,由于这种治疗手段从未用于临床,院方反对和质疑的声音很多。"用治皮肤病的药治白血病?"不明内情的人难免觉得王振义简直是在异想天开。有人好言相劝,告诫他,身为专家、教授、大学校长,何必冒着身败名裂的危险,去试图挽救一个并不该自己负责的病人? 但是,王振义一方面对自己的试验结果有信心,另一方面认为"试试总比什么都不做强"。他最终顶住压力,在征得了孩子父母的同意后,实施他的治疗方法。

7天后,奇迹发生了,小静的症状明显好转,1个月后完全缓解。原本已奄奄一息的小女孩,被王振义用10元钱、30粒药从死亡线上拽了回来。她是世界上第一个口服"全反式维甲酸"成功痊愈的急性早幼粒细胞白血病患者。如今,30多年过去,她早已健康地长大成人。

那一年,王振义一鼓作气,承担着风险,继续在上海各医院四处寻找急性早幼粒细胞白血病病患,陆续采用"全反式维甲酸"治疗了24例,病情完全缓解率超过 90%。他将相关成果写成论文,发表在国际血液学权威学术期刊《血液》上,立即在世界范围引起轰动,被誉为白血病治疗的"中国革命""上海方案"。这篇论文后来被评选为世界血液学领域百年最具影响的 86 篇学术论文之一。

"将基础研究与临床实践相结合,两者相辅相成,缺一不可。"这是王振义多年从医的心得,也是他出任上海第二医科大学校长期间大力提倡的"转化医学"思想的要义。他反复强调,医生必须不断学习,不断研究:"你的知识越全面,诊断越不易出错;你的医学水平越高,能够帮助的病人越多。"

1985 年王振义代表上海第二医学院授予法国巴黎第五大学校长名誉教授

清贫的牡丹

王振义渐渐变得国际知名。上海瑞金医院的医生到国外交流,常遇外国同行说:"我知道,你们那里有个老医生,叫王振义。"

王振义先后被评为法国科学院外籍院士和中国工程院院士。1994 年,

他被授予有国际肿瘤学界"诺贝尔奖"之称的"凯特林奖",授奖理由是,其贡献具有划时代意义:"在癌症研究史上,第一次发现如何使用自然而非化学物质使人体内的癌细胞'改邪归正',而不是使用传统的化疗、放射疗法等杀死癌细胞。"他还荣获了中国国家最高科学技术奖、香港何梁何利基金奖、求是杰出科学家奖、美国哥伦比亚大学荣誉科学博士学位等一系列殊荣。

不过,在王振义的办公室里,见不到任何奖状、奖章,也没有与大人物的合影。他家也是一样,客厅的墙上只挂着一幅白牡丹的油画,题为《清贫的牡丹》。那是一位亲戚画的,见他喜欢就送给了他。王振义对这幅画的解读是:"应该把事业看得很重,把名利看得很轻。"

他们一家人曾在45平方米的老房子里住了很多年。他的办公室原本

1994年6月15日,王振义(左三)在美国领取有国际肿瘤界"诺贝尔奖"之称的"凯特林奖"

有约 20 平方米，硬是被他隔了一半出去分给别人，因为他觉得自己实在用不着。他对办公室能有一扇能欣赏风景的大窗户已经相当满意和感激。他说："人要知道自己活着是为了什么。年轻时总以为日子很长，现在眼看生命快到终点时才发现，人生其实很短促。人终究是要离开这个世界，能留下的只是对人有贡献的事。"

在不少人眼里，王振义近乎圣人。他永远对工作勤勉认真，对病人温和可亲。大学刚毕业时，他遇到一位病

1990 年，王振义推着自行车到瑞金医院上班

人拿不出 160 元的医药费，便主动替人承担下来，让医院每月从工资里扣 10 元钱，扣了一年多。在农村行医时，他多次为了照顾病人，一直守候在侧，彻夜不归。他挽救了许多人的生命，并坚决不拿病人一分一毫。他的学术成果卓著，但在署名、评奖时，一贯将成果归功于团队，把合作者特别是年轻人推向前台。

但王振义说："我只是希望努力做一个好人，绝不是圣人。"他回忆自己在大学时代曾因忙于恋爱而在一次考试中只得了 65 分，"痛定思痛"后与当时的女友、后来的妻子谢竞雄达成共识，要以学业为重，共同进步。到了晚年，老伴罹患阿尔茨海默病，王振义在长达十几年里悉心照料，令亲友大为感动。王振义则坦言，有时难免也会烦闷，特别是最后几年，无论说什么，妻子已几乎不能回应，但他会自我疏解，让烦闷很快过去。他说："'无论贫穷还是富裕，疾病还是健康，都永远爱她陪伴她。'这句话，很多人在婚礼上

都会说,关键是,能不能真的做到。"

　　一边从医,一边在上海第二医科大学执教多年,王振义早已桃李满天下。他的学生里,有人成了地方要员,有人成为国际首屈一指的血液学专家,有人当了大学校长。他最著名的弟子当属现任全国人大常委会副委员长、前国家卫生部部长陈竺。王振义可以说是陈竺的伯乐。当年,陈竺以中专学历在王振义的鼓励下以优异成绩考取其研究生,后来又在王振义的力主下被破格提前晋升为教授。

1978 年,王振义(前排右一)与瑞金医院血液科的部分住院医生、进修医生合影,后排左四是前国家卫生部部长陈竺

　　王振义说:"看人就像选马,不能光看它站着漂亮不漂亮,更重要的是跑起来怎么样。"他心目中的人才,首先思想要端正,有明确的学习和工作的动力,如此才会有刻苦钻研的精神;其次要能在工作中表现出才能;最后,要能帮助别人。他认为,"陈竺显然是个人才,而且能力非常全面"。

　　尽管教育出了一大批优秀的人才,但王振义认为,自己其实并没有花太多时间去刻意指导。他说:"任何时代都会有多种思潮,关键在于自己如何取舍。一个人的人生观和道德观是逐渐建立和巩固的，是家庭、社会、个人等多方面因素共同作用的结果。如果说我能多少对身边人有一些影响，那么，很可能是通过自身行动在潜移默化中产生的。"

王振义的这种教育理念的形成，与他个人的成长历程密不可分。

他于 1924 年出生在上海一个富裕家庭，父亲格外重视教育，并强调要与人为善。王振义有八个兄弟姐妹，除最小的妹妹受"文革"影响外，其余七人均毕业于国内著名大学，全都精通两门以上外语，成年后无一不在各自领域有所成就。

王振义从不认为自己在学习方面多有天赋，"小升初"时他亦未能考取自己心仪的学校。但在家庭重视教育的氛围中，他从小学会自律，每当学习和娱乐冲突时，一定把学习摆在第一位。在震旦大学附中念书时，恰是中国最动荡的年月，但他有六个要好的男同学，组成"七个约翰"，常在一起听古典音乐、打乒乓球、打桥牌、旅游、学外语、练演讲。王振义认为这段经历对他"走上正确的道路"非常重要。

于王振义而言，人生最大的乐事有两件：一是学习，"把不知道的事变成知道"；二是治好病人的病。事实是，他一生中的绝大多数时光，基本上不是在学习，就是在治病，或者就是在教人学习治病。

年逾九旬，王振义仍致力于白血病的研究。他带领团队经过多年深入研究，在摸清"急性早幼粒细胞"诱导分化的医学原理后得知，当年国内唯一能合成的"全反式维甲酸"，恰巧就是治疗急性早幼粒细胞白血病最有效的药物，其疗效是"13-顺维甲酸"的 10 倍。

王振义直言，自己在急性早幼粒细胞白血病上的成功幸运的成分有很大，他称其为"上帝给的机会"。但他也相信，机会不会凭空从天上掉下来。"机会的到来一定是有前提、有条件的。首先，必须端正思想，研究问题的目

的是帮助别人,不是赚钱。如果只为赚钱,我不可能失败了那么多次还一直坚持。其次,要勤奋钻研,遇到困难,不断克服。再次,要尊重事实和科学,不能造假。当你做好了准备,无形中,机会总会到来,或早或晚。"

王忠诚 当个好医生不容易

王忠诚（1925—2012），神经外科专家，中国工程院院士，中国神经外科事业开拓者和奠基人之一，国家最高科学技术奖获得者。

"所谓'好医生'，不是不犯错，而是不断总结成功经验，吸取失败教训，尽可能少犯错。"

"人的中枢神经系统太复杂，我们目前所知道的仍是微乎其微。当医生真正是学无止境，活到老，学到老。"

"没有好的医德，再好的医术也发挥不出来。"

引 言
Introduction

在北京天坛公园东南侧的天坛医院里，操着各种口音的病人与家属熙来攘往。其中九成以上患者来自外地，全国乃至全世界患神经外科疑难杂症的病人纷纷慕名到此求医。自1956年建院至今，这所医院见证了中国神经外科从无到有，由弱到强。如今，这里已是世界上最大的神经外科临床、科研和教学中心。而它的筹建、发展和壮大，与王忠诚密不可分。

王忠诚被誉为"万颅之魂"，曾任北京天坛医院名誉院长、中国神经外科研究所所长，是中国神经外科的开创者之一，出版中国第一部神经外科专著《脑血管造影术》；也是迄今唯一获得世界神经外科联合会"最高荣誉奖章"的中国人，保持着神经外科领域多项世界纪录。

行医六十载，他已数不清实施过多少次开颅手术，从死神手里抢救回了多少生命。有人说，他是"华佗再世"；也有人说，他现在能治的病，大概当年华佗也治不了。而他本人则皱着眉说："当医生太不容易了，要小心，小心，再小心。"

鸭绿江边立下誓言

"冲啊,冲啊……"1951年,鸭绿江边的朝鲜战场后方,不少中国人民志愿军战士在作战中受了脑外伤,有人在昏迷中仍高喊着冲锋的口号。这喊声,在王忠诚的脑海里久久挥之不去。那时,中国的神经外科几乎一片空白,身为抗美援朝医疗队的医生,26岁的王忠诚只能和同事们眼睁睁看着战士们痛苦地死去,束手无策。

"觉得自己无能啊,很对不起他们。骨科、外科、内分泌科等我都能治,却治不了脑外伤。"王忠诚暗自立下誓言:回国后,一定要学习脑外科!

王忠诚出身贫寒,学医原是"无奈之举"。他1925年生于山东烟台,在兄弟姐妹九人中排行老六。父母靠摆地摊、卖杂货艰辛度日,家里穷,姐妹们都没能上学,兄弟们最多上到初中。只有王忠诚靠自己半工半读,坚持念到高中,最后一学期因家中经济实在困难,险些被迫辍学。幸得校长亲自写信邀他返校,他才得以完成学业,最后以优异成绩考入北平医学院(今北京大学医学院)。目睹旧社会的腐败,亲历日军侵华的国难,他原本一心想要学习工科以图强国,但受经济条件限制,最终还是报考了免学费的医学院。

大学四年,王忠诚一边勤奋求学,一边打零工,做过家教,送过煤球,赚取微薄的生活费,勉强度日。寒冷的冬天,他买不起新衣,穿的都是好心的同学"借"给他的棉袄。

1949年大学毕业,王忠诚成为天津总医院的一名外科大夫。他欣喜不已:"太好了,终于有薪水了!"两年后,作为业务骨干,他随抗美援朝医疗队来到鸭绿江边,在一片荒林雪野里,他们搭起土坯房,不分昼夜地抢救志愿军伤员。

1952年,王忠诚从朝鲜战场返回天津。听闻国家卫生部在天津筹建神

经外科培训班,恰如久旱逢甘霖,他毫不犹豫地申请加入,成为新中国第一批神经外科医生。不久,中国第一个神经外科研究所在北京成立,王忠诚随之调到北京。

豁出命实现突破

大学时代,王忠诚的解剖课曾考满分,可是,学习神经外科,他还是明显感到有难度。

他介绍说:"人脑就像豆腐一样,很软,一捏就坏了。里面集中了人体20%的血液,神经纤维比头发丝还细,线路非常复杂。大脑是人体的'司令部',是人生命、思想和行动的中枢系统。神经系统一旦患病,通常表现都较为严重,轻则瘫痪、痴呆,重则有生命危险。"

新中国成立初期,国家经济一穷二白,学习、科研条件很艰苦。没有现成的教材,西方又对中国实施技术封锁,王忠诚与同事们只能靠着少得可怜的翻译材料进行摸索。没有头颅标本无法做实验,他们只好深夜前往乱坟岗,挖些没有立碑的无主坟墓,自制标本,对照着研究神经解剖图谱。

王忠诚白天上班,晚上学习,倾尽全力搞研究。一年后,他首次为脑部肿瘤患者实施手术即获成功,极大地鼓舞了他的信心。

中国神经外科初创时期,在脑部疾病诊断方面,国内只掌握"气体造影"技术。这种方法有2%~3%的危险性,且病人需要承受巨大痛苦,头疼欲裂。当时,国际上已有较为先进的脑血管造影技术,危险性降为0.1%~0.3%,且病人几乎感受不到痛苦。王忠诚下决心,一定要自己研究出脑血管造影技术。

研究关键期正值夏季。整个夏天,王忠诚和同伴"泡"在医院一间密不透风的房间里进行研究和试验。室内没有通风设备,尸臭催吐,大汗淋漓。

他不管不顾，全神贯注地寻找脑血管通路，反复练习，终于初步掌握脑血管造影技术，将原本需要六七个小时的确诊时间大大缩短至十五分钟，为病人的进一步治疗赢得贵如黄金的分分秒秒。

此后，他开始着手临床实践，并持续完善脑血管造影技术。受当时条件所限，相关的隔离防护措施较差，在大量诊治与试验中，王忠诚长期暴露在放射线里，其白细胞数降至 4000 个 /mm³ 以下，远低于正常值，终身未恢复。因体内白细胞数量减少导致免疫功能受损，他最怕感冒发烧，曾八次罹患肺炎，两度胸积水，险些丧命。可他无怨无悔，只说："豁出去了！外国人能做，我们一定也要想办法研究出来。"

1965 年，王忠诚倾注心血著成的专著《脑血管造影术》面世。这标志着中国神经外科划时代的进步，使中国神经外科诊断技术同世界先进水平的差距缩短了 30 年。数不清的病人因其受益。

每个病例都是全新挑战

几十年如一日，每天面对脑部造影和手术台，会不会乏味？王忠诚说："人的情况太复杂，每个病例都不一样，都是全新的挑战。每天都在进步。"

20 世纪 80 年代，新时代的 CT 诊断技术、显微外科手术等引进中国，王忠诚的神经外科医疗技术也日臻完善。他曾是世界唯一完成开颅手术逾万例的医生，这个数字一度被

王忠诚在专心致志地做实验

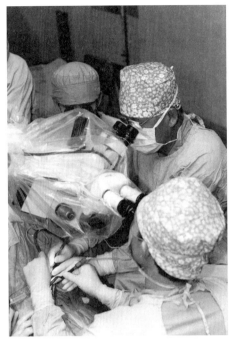
王忠诚在做神经外科手术

国外同行误以为多写了一个零，王忠诚也因此被誉为"万颅之魂"。1985年，他成功切除一例直径9厘米的巨大脑部动脉瘤，至今仍是世界上成功切除的直径最大的脑部动脉瘤。

但无论已取得怎样的成果，王忠诚从未停止前进的脚步。他又试着向一直被国际医学界视为手术禁区的"脑干"进行探索。

脑干是人的生命中枢，在那里"动刀子"，被称作是"在万丈深渊上走钢丝"，每一个细微动作都可能关系到患者的生死存亡。经过十几年攻关，王忠诚循序渐进地突破了这一禁区。1995年11月，他在悉尼召开的国际神经外科大会上作题为《脑干肿瘤250例》的学术报告，震惊了世界同行。他一生中完成了数百例脑干肿瘤手术，数量之多，死亡率之低，始终保持世界第一。

随后，王忠诚又开始进军另一个"不治之症"——脊髓内肿瘤。长期以来，此病一直是难点，治疗效果差，术后瘫痪多，往往是"治不了聋又添哑"，国外几乎无人问津。然而，王忠诚硬是创造了170例脊髓内肿瘤手术无一人死亡的奇迹。

1995年，江苏省一个18岁男孩的脊髓内长了一个粗约2.5厘米、长约22厘米的巨大肿瘤，侵占了9节椎体的空间。年逾古稀的王忠诚在手术台前奋战了整整10个小时，成功剥离肿瘤。这是世界上迄今成功切除的最大的脊髓内肿瘤,被国际同行称为"惊动世界的世纪之作"。

尽管手术死亡率已是世界最低,但王忠诚从不敢掉以轻心。他总是告诫学生:"人的实际情况太复杂,每个案例都不尽相同,经常有意想不到的情况,即使非常小心,有时也难免出错,所以,下诊断永远别说百分之百。所谓'好医生',不是不犯错,而是不断总结成功经验,吸取失败教训,尽可能少犯错。"

像爱护亲人一样爱护病人

行医一生,王忠诚救回了不计其数病人的生命。在许多病人和家属眼里,他就是"华佗再世"、救命恩人。但他总是讲:"救死扶伤就是医生的天职。病人也对我们的成长做出很大的贡献。我们要多为病人着想,像爱护亲人一样爱护病人。对于医生而言,一重技术,二重品质。没有好的医德,再好的医术也发挥不出来。"

每次术后,王忠诚总是不放心,经常去看望病人,或者打电话询问病人康复情况。他说:"我们不但要把人救活,还要让他能活蹦乱跳才行。"

进入 21 世纪,随着中国人口不断老龄化,因动脉硬化等引起的神经外科系统发病率日益增多,脑血管病和心血管病、癌症一起并称为现代人的"三大死亡杀手"。为此,除不断钻研医学技术外,王忠诚还耗费了大量心力推进中国神经外科事业的建设和完善。

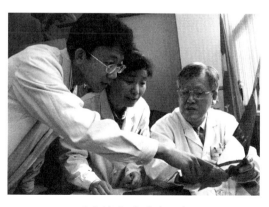

王忠诚和助手在一起

几十年来,在王忠诚和同

事的努力下,中国创办了《中华神经外科杂志》;组建中华神经外科学会,在全国各地设分会;又以北京天坛医院和中国神经外科研究所为依托,成立中国神经外科学院,广泛培养神经外科人才。此外,还成立了"王忠诚优秀医学人才奖励基金",用于支援偏远地区的神科外科建设。

王忠诚一生唯心系中国神经外科事业,心无旁骛。他幼年过过苦日子,生活一贯俭朴。他从不收病人的红包,获大大小小奖项的奖金,尽数捐出。

年过八旬后,他虽然放下了手术刀,但仍旧每天"朝十晚四"地按时上下班,参与诊断各种疑难杂症。在他办公室的白板上,日程总是安排得满满当当。他说:"人的中枢神经系统太复杂,我们目前所知道的仍是微乎其微。当医生真正是学无止境,活到老,学到老。我希望抓紧晚年的时间,再多做些有益的工作,为病人多解决点问题。"

王忠诚与同事们一起讨论病例

或因积劳成疾,他被查出身患癌症。为了不占用工作时间,他坚持每天凌晨四点开始锻炼身体,直至最后病重住院,才被迫离开他心爱的工作。

在医院里，他积极配合治疗，从无半句怨言，一直企盼病情好转，回去上班。因药物反应，他睡不踏实，常在夜里呓语，三句不离工作："我还有 8 个病号，你去看看都怎么样了……我还有很多材料没找，你帮我找找去……" ①

---

① 2012 年 9 月 30 日 16 时 8 分，王忠诚先生在北京病逝，享年 87 岁。其亲属好友、同事学生、医界同人、患者家属、社会各界代表及北京市有关领导参加了在八宝山革命公墓举行的追悼会。多位党和国家领导人敬献了花圈。他的一位学生含泪说："今天王院士走了，我们来送他老人家一程，更重要的是学习他老人家这一生对于事业的执着、坚持和追求，这些都是来源于他对患者无私、真诚的爱。"一位病人家属动情地说："王院士是我女儿的救命恩人。我相信，在天国里，他还会是一位医生。"

翁史烈 "中国动力"的不灭追求

翁史烈(1932—   ),动力机械专家,中国工程院院士,中国新一代热力涡轮机的开拓者之一。

"不能用别人的今天来装扮我们的明天。"

"创新性研究,失败在所难免,只要方向看得准,失败了就再来。"

"作为工程学科,只会发表论文没用,归根到底还是要能解决实际问题。"

引 言

Introduction

　　金边眼镜，挺括衬衫，花白头发梳理得齐齐整整，年过八旬的翁史烈始终保持着和年轻时一样的儒雅风度。

　　他曾任上海交通大学校长14年，曾是上海市科协主席及国内国际多个动力、能源相关专业学会的理事长或主席。而今，他多数时间生活平静简单，除少数不可推却的职务外，他将主要精力都放在了科研和指导学生上。他说："现在能安心地教书，没有后顾之忧地做研究，我对这个环境很满意。"

　　在翁史烈的心中，永远有两个不灭的目标，仿佛北极星一般光芒四射：一个是要造出全球最先进的发动机，另一个是要培养全世界第一流的人才。他深知实现这两个梦想皆非易事，但仍坚信"一步一步走，还是有希望"。

不用别人的今天来装扮我们的明天

翁史烈办公室的书橱，好似一个高科技装备模型的"宝库"，摆满了驱逐舰、主战坦克、歼击机、蛟龙号深潜器、和谐号动车组、海洋石油平台……它们的"心脏"，也就是发动机，无不需要用到翁史烈的专业"动力机械工程"。

1937年，5岁的翁史烈随父兄自家乡宁波移居上海。成长于战时"孤岛"，他目睹沦陷区满目疮痍，看见黄浦江边停靠着列强的商船和军舰，却没有一艘属于中国人，当即暗立志向：长大后，要"自己造大船"。

1949年，翁史烈如愿考入国立上海交通大学船舶轮机工程系，后被选派到苏联列宁格勒造船学院留学，1962年获得科学技术副博士学位，回国不久便被指派参加1000千瓦发电用重型燃气轮机的研制。

1952年翁史烈大学毕业照

"燃气轮机是20世纪继蒸汽轮机、内燃机之后出现的新发动机品种，马力大，重量轻，机动性好，烧天然气对环境又友好，海陆空都需要。它集新技术、新材料、新工艺于一身，是'装备制造业皇冠上的明珠'，但恰恰是我们薄弱的环节。"提起老本行，翁史烈滔滔不绝，一连串介绍脱口而出。

据他回忆，当年，他刚回国时，燃气轮机在国际上也不过刚起步几十年，中国的燃气轮机参照苏联技术进行自主研发，跟国外差距其实不算很大。"大家干劲十足，在南京连续运转试测时，三天三夜没有睡觉。"

可惜，后来国内能源严重匮乏，北京、上海的公交汽车都改烧煤炉，以

天然气和石油为动力原料的燃气轮机项目纷纷下马。直至"文革"结束后，中国的燃气轮机的研究才重新整装出发，却已错过国际高速发展期，与世界先进水平的差距增加数倍。而在船舶、航空等相关工程的建设中，过去很长时期，国内往往更重视船体和飞机主体本身的研制，却对通信、动力等配套系统重视不足，"导致现在中国船体制造水平很高，'心脏'却不够好，甚至我们造的飞机已进入国际市场，发动机却还是别人的"。翁史烈痛惜道。

多年来，翁史烈一直致力于国产燃气轮机的研究。他曾长期担任上海交大动力机械工程系副主任、主任，率先研制成功中国第一台陶瓷绝热涡轮增压复合柴油机，完成中国第一批陶瓷涡轮转子设计实验，实施中国最大的航空涡轮风扇发动机的多种用途改型研究，承担近十项国家重大科研项目，解决了一系列技术难题。即使担任上海交大校长期间政务缠身，他仍未停止对国产燃气轮机的研究和关切。

令翁史烈倍受鼓舞的是，近年来，动力系统逐渐得到与船舶和飞机主体同等的重视，时常是"两个体系同时立项，相互支撑"。同时，通过引进西门子、三菱、通用等跨国企业的先进技术，在国内实现自主规模化生产，中国燃气轮机的技术得到大幅提升。

翁史烈不无感慨地说："过去，中国军舰想远洋航行比较困难，现在却能远赴亚丁湾护航。还有'辽宁号'航空母舰及舰上搭载的飞机，动力系统的贡献功不可没，外行可能不知道其中的分量，我们看了十分鼓舞振奋。不过，这离习近平主席讲的'要把关键技术牢牢掌握在自己手中'还有相当距离。"

至今，翁史烈仍任上海交大燃气轮机研究院名誉院长，并亲自指导博士研究生。他十分坦率地讲，当前，中国燃气轮机的技术与国际先进水平仍然差距很大。他认为，过去引进西方技术有积极的意义，但不能一直"用别人的今天来装扮我们的明天"。至于如何加强国产燃气轮机的自主创新能力,他提出,应进一步改革生产和科技体制,尤其要加强有针对性的基础研究,制定高水平技术路线,集合全国力量逐个突破燃气轮机的设计、计算、实验、加工等关键技术。

翁史烈(右一)与上海图书馆馆长吴建中(左一)、中国科学院院士郑时龄(左二)、上海博物馆馆长陈燮君(右二)作为2010年上海世博会主题演绎总策划师,一同到上海世博会规划会址——黄浦江畔的原江南造船厂考察

"怕浮躁,不怕失败。进行创新性研究,失败在所难免,只要方向看得准,失败了就再来。我相信,坚持不懈地努力,或许到2020年就会有最好的材料、最好的工艺、先进的信息技术与我们的动力机械结合,造出世界先进的发动机。"翁史烈对未来满怀憧憬,也对年轻一代寄予厚望。

创世界一流大学,没那么简单

在上海市最繁华商圈徐家汇的东南隅,一片林立的商铺和滚滚的车流

中,静静地矗立着一座古色古香的庙堂式建筑,这是上海交通大学的校门。翁史烈大半生在这个校园里度过,1984年至1997年间曾出任校长,是上海交大历史上主政时间最长的一位校长。

"艰苦"是翁史烈走马上任之初最深刻的感受。当时,中国正处于改革开放初期,科研和教育经费捉襟见肘。有一年,他不得不下令,除了直接面向学生的教务处,其余所有部门的经费预算通通在原本就不算多的预算基础上再削减15%。"相比之下,现在的大学校长很幸福,科研和教学经费充足,各种基础设施都上去了。"他羡慕道。

恢复上海交大的理科和管理学科,完善学科体系,是翁史烈当年身为校长主抓的一件大事。

在世人眼中,上海交大素来以工科见长,其实它曾在相当长时期是一所理、工、管三足鼎立的综合性高等学府。其前身是史上著名的"南洋公学",甲午战败之后,于1896年由中国近代实业家盛宣怀集合一批有识之士创建,意在"自强首在储才,储才必先兴学"。该校历史上除培养出了钱学

俄罗斯圣彼得堡国家海洋技术大学授予翁史烈名誉博士学位

时任上海交通大学校长翁史烈（前排中）与毕业的 1992 届外国留学生合影

森、茅以升、吴有训等一批杰出科学家外，还走出了蔡元培、李叔同、邹韬奋等文化界翘楚。后来，历经多次变迁和院系调整，"文革"结束后，上海交大不仅失去了人文学科，理科也被并入复旦大学。

"工程都要靠物理，数学则是工具和思维方法。"翁史烈认为，哪怕仅从支撑工科发展的角度，"恢复交大理科的霸王地位"也势在必行。

同时，为适应市场经济的发展需要，翁史烈又着力重建管理学院，通过与国际顶尖管理学院合作，并寻求社会资金支持，逐步将其发展成为如今在全国管理学科中名列前茅的"安泰经济与管理学院"。他还在上海市及国家教委支持下，与欧共体合作创办世界顶级商学院"中欧国际工商学院"，并出任第一届理事长。

"我当时还没有勇气搞文科。"这位老校长坦率地说。不过，他很开心

地看到,在他卸任后,上海交大又陆续恢复和兴建了人文、法学、生命科学、农学、医学等学科,逐步完成综合性大学的学科布局。

"要建世界一流大学,需要有一流的学科体系,但要想真正'奔一流',仅做到这一点远远不够。"翁史烈认为,一流的大学,不在于发表多少论文,归根到底还是看能解决多少实际问题;一流大学所关注的,不应该是那些已经成熟的东西,而应该是那些前沿的、引领性的乃至有待探索的方向。

以上两点,对于任何一所大学都是很大的挑战,如何做到? 翁史烈以为,教师的水平是关键。他说:"大学期间理论基础打得越扎实的学生,往往发展越有后劲。问题在于,几乎每本书都有理论,那么,教师究竟把什么样的理论教给学生,他是否有优异的理论修养和深厚的实践锻炼,是否能把握住学科发展的前沿? 这就要看教师的本事。"

多年来,无论多忙,翁史烈始终坚持亲自指导博士生,并为上海交大机械与动力工程学院的本科新生上第一堂课,以及不定期做学术报告和讲座。这些工作需要耗费很多时间和精力,但翁史烈希望自己无论如何不要

翁史烈指导博士生

脱离教学工作。他希望能将自身所学传授给年轻一代,也希望以此激励自己不断进取。他常告诫学生:"学习最重要的是培养分析问题、解决问题的能力;宁可水平低一点,但一定要老老实实,不可弄虚作假;想舒舒服服成就大业,没门!"

为小朋友和老朋友服务

每天清晨,翁史烈走出家门,穿过一条马路,来到上海交大。他在校园里散步半小时作为锻炼,然后走进办公室,开始一天的工作;中午到教授食堂就餐,下午埋首继续工作,晚饭后再到校园里散步半小时,之后回家。

这就是翁史烈日常的一天。如今,他卸下了大多数社会职务,一心扑在科研教学工作上。不过,上海头脑奥林匹克协会会长,是少数他仍保留至今的职务之一,他获得这个头衔甚至早于他 1995 年当选为中国工程院院士。

所谓"头脑奥林匹克",是一项 1978 年发源于美国、旨在培养青少年创造力的活动,至今已发展成为一项国际比赛,在西方发达国家尤其受到重视。

翁史烈开始关注青少年的培养问题,始于 1984 年著名物理学家、诺贝尔奖得主杨振宁访华。杨振宁提出,中国经济起飞需要大量善于动手的人才,而中国的考试制度对培养动手能力不利,故倡导设立一个专门奖项以鼓励青少年加强动手能力的培养。翁史烈是少数几个积极响应者之一,并最终将"亿利达青少年发明奖"的总会设在了上海交通大学。

后来,翁史烈发现了"头脑奥林匹克"。这项比赛按年龄分组,从幼儿园到小、中、大学的学生均可参加,每年设不同题目,所有题目均无标准答案,但需要手脑结合,还需要团队合作、表达展示,由各国在国内先决出优

胜者,最后赴美国参加总决赛。

"在科学研究中,特别在工程领域,创新能力和动手能力格外重要。团队合作能力也不容忽视,一个人再行,单打独斗也搞不好工程。"翁史烈认为,这项组织规范的国际比赛是对青少年很好的锻炼,于是,1987年他主动承担起上海头脑奥林匹克协会会长一职,并坚持至今。

最初,中国赴美参赛的往往只有区区数人,而且总是名落孙山。然而,在2013年第34届世界头脑奥林匹克决赛中,中国共有20支队伍参赛,斩获4金4银,其中上海3金3银。尽管与美国学生囊括了10余项冠军相比仍有差距,却已是中国学生历年来成绩最好的一次。为了鼓励孩子们,翁史烈不惜"动用"市长资源——从老市长徐匡迪到现任上海市委书记韩正,均多次接见成绩好的上海小选手们。

"创新是一种素质,要从小培养。"翁史烈觉得,头脑奥林匹克这项工作很有意义,只要身体条件允许,他愿意继续当好"为小朋友们服务的志愿者"。

此外,翁史烈还有一个同样担任多年并保留至今的身份——上海市中国工程院院士咨询与学术活动中心(简称"上海院士中心")主任,主要是为"老朋友"院士们服务。

"上海的院士很多,仅工程院就有八九十位,科学院也差不多。但是,原来大家联系并不多,每年召开院士大会时济济一堂,散会后又各奔东西。虽然回去也都还各自发挥作用,但相互沟通少,不能形成合力。"翁史烈如此解释上海院士中心成立的初衷。

上海院士中心正式成立于2001年,是具有独立法人资格的事业单位,旨在把院士们的力量凝聚在一起,发挥智囊作用。翁史烈欢欣鼓舞地介绍说,自成立以来,上海院士中心已为上海市区域经济及国家重大项目、重大问题的战略决策提供咨询数十次；经常就科技、经济和社会发展中的难点、热点问题举办专题学术研讨和"院士沙龙"。院士们在沙龙中畅所欲言，思维非常活跃，碰撞出很多思想的火花，而这些火花往往又带出一些重大的咨询项目。

"工程院让我把这个工作继续下去，我看自己精神也还可以，就继续做。我平生也没什么大目标，只希望为中国再多做点事。"年过八旬的老人风度翩翩地微笑着说。

吴良镛 人当诗意地栖居

吴良镛(1922—   ),建筑学家、城乡规划学家和教育家,中国科学院院士、中国工程院院士,人居环境科学创建者,国家最高科学技术奖获得者。

"一个真正的建筑大师,不是看他是否设计出了像埃菲尔铁塔一样流传百世的经典建筑,而是看他是否能让自己国家的老百姓居有定所。"

"建筑的基本单位不是房子,而是'聚落'。聚落,不是物质事实,而是精神需要。"

引言
Introduction

　　他发如雪、眉如霜,拄着手杖,由人搀扶着,从电梯口缓缓走向写着"吴良镛"门牌的办公室。"上课之前,一切先不谈。"老人语气温和而态度坚决地向身边人下了"禁口令"。

　　在吴良镛眼里,素来是"上课大过天"。自1946年受梁思成之邀参与创办清华大学建筑系以来,吴良镛在清华的讲台上一站就是70年。媒体常称他为中国著名建筑学家、城市规划学家和建筑教育家,而他更喜欢称自己是一名"教育工作者"——在他的心目中,这个身份有着特别的分量。

　　作为梁思成的弟子、前国际建筑协会副主席和世界人居协会主席、目前唯一获得过国家最高科学技术奖的建筑学家,吴良镛最著名的代表作不是高楼、剧院、体育场馆之类宏伟的"大手笔",而是不起眼的普通民居"菊儿胡同"。在他心里,"建筑的意义不是怎么盖几幢房子传颂千古,而是怎么让普通人真正过上诗意的好生活"。

一堂课的幸福

2013年9月17日，刚下过雨，清华大学建筑学院楼前停满了自行车。当天下午，91岁的吴良镛要亲自授课，不少学生早早便来占座。

自2000年清华建筑系开设"人居环境科学导论"课程以来，每年为研一新生讲授第一课和最后一课，成为吴良镛必行的惯例。每次授课，他必定重新准备，绝不"炒冷饭"。每次课前半小时，是他进行最后准备的时间，就像奥运体操选手在赛前最后一次默习动作要领，此时所有其他的人和事都要"靠边站"。

吴良镛缓步来到办公室书桌前坐下，将随身带来的几本书展开，与一旁备好的讲稿仔细对照着看。他腰板挺得笔直，圆圆的、光洁的脸上戴着金丝眼镜，神情严肃而专注，仿佛正在进行某种神圣的仪式。房间里，其他人都不敢轻易出声，走路都蹑手蹑脚，生怕惊扰了"老爷子"。

"走吧。"离上课时间还有十分钟，他合上书，拿起手杖，让人扶着徐徐走向教室。能容纳一两百人的多功能厅早已座无虚席，在场的除了清华建筑学院的学生，还有许多其他院系慕名而来的学生，不少人从别处搬来座椅坐在了过道里。

"作为一个老年的科学工作者，今天能够跟各位在一起探讨，讲讲我点滴的心得，我感到非常幸福。"即便通

吴良镛在书架前

过扩音器,吴良镛的声音听上去仍有些微弱,但他思路非常清晰,讲了一个半小时,中间没有休息。除了用很多生动的故事来阐明自己创立的"人居环境科学"的起源、发展和核心理念外,这位年龄上的"90后"对台下年轻的"90后"们反复重申,他今天讲的最重要的内容是做学问的哲学和方法论:"如何找到问题的核心,如何抓住切入点,怎么解决问题,怎么在无数大大小小的成功与失败之上,仍然有继续前进的锐气。"

广义的建筑:从房子到"聚落"

"人居环境科学"理论,是吴良镛对中国及国际建筑学最重要、最有价值的贡献。它的诞生和发展,基本上是在他迈入花甲之年以后的近30年间。

1981年,吴良镛从西德讲学归来,作为"文革"后首批当选的中国科学院学部委员(1994年后改称院士)参加了中科院学部大会。听闻"走向科学"的旗号,他无比振奋,急切地想为中国建筑找到一条科学的发展之路。但具体怎么做,他仍是一片茫然。

"文革"时期,从理论到形式,中国建筑界陷入大批判,吴良镛也被卷入其中。在相当长一段时期,他苦苦思索:建筑的本质究竟是什么?

1984年,吴良镛从清华建筑系主任的职位上退下来,行政工作没有了,他个人学术生涯却迎来迟到的高峰。"想把'文革'失去的时间补回来,那种激情是其他时代没有的。"他说。

吴良镛从恩师梁思成1947年自美国讲学归来后的一次谈话中找到灵感。在那次谈话中,梁思成提出,"建筑"一词是由日文翻译而来,其实并不准确,易让人望文生义,使中国社会长期误以为建筑就等于盖房子。梁思成还提及"住者有其房"和"体形环境论",成为吴良镛创立"人居环境科学"最初的源头。

1984 年，吴良镛在四川进行科研调查时与老乡交流

"建筑，当然少不了房子，但更重要的是房子的内在。有关居住的社会现象都应该是建筑涵盖的范畴。"由此，吴良镛在梁思成观点的基础上发展出"广义建筑学"概念。

不过，这个广义的建筑是个"复杂巨系统"，如何才能加以研究？一些"零零碎碎"的见闻和思考，使吴良镛逐渐找到了"聚落"这个理想的切入点。

在墨西哥人类学博物馆，他看到人类早期居住的遗址；在中国历史博物馆，他看到陕西临潼姜寨发掘的新石器时代母系社会遗址；在西藏雅鲁藏布江的山坳里，他看到一个古朴村落的样貌；在中国南极科考站的照片上，他仔细观察揣摩这个"现代村镇"的生活……吴良镛从中领悟到：凡有人的地方就有"群居"，从人类最早期的遗迹开始，到现代化城市的出现，房子很少是独幢出现，而是多幢房子形成一个整体，这样人们才能更好地生活。

从此，吴良镛"从建筑天地走向大千世界"，创造性地提出将三个原来单一的学科——建筑学、风景园林学、城市规划学整合在一起，形成新的"广义建筑学"的核心，并将社会、政治、文化、教育、环境、地理、艺术等多学

20世纪70年代末，吴良镛（右三）与贝聿铭（右一）
讨论北京香山饭店设计方案

科的相关内容作为建筑学的外围体系，进而建设出真正宜人的、可持续发展的人居环境。

"建筑的基本单位不应该是房子，而是'聚落'。聚落，不是物质事实，而是精神需要。"这是吴良镛对建筑学认识的一次飞跃。

1993年，因感到"大兵团协同作战，离不开共同纲领"，吴良镛正式明确提出"人居环境科学"的概念。新理论一经提出，立即得到国内外建筑学界的赞赏。他撰写的《广义建筑学》一书，被业界评价为"建筑师的必读书"，并被誉为中国第一部现代建筑学系统性理论专著。

1999年，国际建筑师协会第20届世界建筑师大会在北京召开，吴良镛任科学委员会主席，起草了以人居环境科学理论为基础的《北京宪章》，并作大会主旨报告，获得与会者的一致通过。这是国际建协成立50年来的首部宪章，成为指导世界建筑发展的重要纲领性文献，以中、英、法、西、俄5种文字在全球出版。时任国际建协主席斯戈泰斯称赞这是一部"学术贡献意义永存"的文献。英国建筑评论家保罗·海厄特说，吴良镛以一种乐观和利他主义的姿态，提出了引导未来发展的"路线图"。

菊儿胡同：样本的成就与无奈

"一个真正的建筑大师，不是看他是否设计出了像埃菲尔铁塔一样流传百世的经典建筑，而是看他是否能让自己国家的老百姓居有定所。"这是吴良镛一以贯之的建筑观。

人居环境科学，对于吴良镛来说，绝非只是在象牙塔里造出来的一个抽象学术概念，而是实实在在、指导实践的建筑理论。在这一理论指导下，北京民居改造"菊儿胡同"项目应运而生，成为吴良镛最著名的代表作。

菊儿胡同，是一条距离紫禁城仅约 2 公里的小胡同。1987 年，这条胡同是北京市的"危房"典型。以"41 号院"为例，这个大杂院原是一座旧寺庙，挤住着 40 多户人家，共用一个水龙头、一个下水道，公共厕所远在百米开外，房屋残破不堪，布局杂乱无章，而且漏雨积水严重，一到雨天就成了"蓄水池"。

这个老北京胡同里的旧城改造项目，设计费仅 1 万元人民币，牵涉面广，难度不小，多数设计单位都不愿意碰，吴良镛却表现出极大的兴趣。

和梁思成一样，吴良镛最爱老北京城，认为它是"都市计划的无比杰作"。他希望，通过"菊儿胡同"这个项目，在"广义建筑学"和"人居环境科学"的理论指导下，为中国的旧城更新和危旧房改造探索出一条新路。为此，这个不起眼的民居项目享有了一个"超豪华"的研究设计团队。吴良镛带领数十位清华师生，前后研究 7 年，出了 95 张图纸，多篇硕士论文和博士论文在这个项目上完成。由于涉及面广，且有大量突破性的创新，项目审批费尽周折，审查了 7 次之多。吴良镛不厌其烦，反复修改，项目终获通过。

经改建后的菊儿胡同，精心保留了原有的百年老树，还是原来的占地，

还是白墙灰瓦,与周边老房子浑然一体,并不时以稳重的暗红色提示人们,这是一组皇城根下的建筑群。

改建后的菊儿胡同

新楼由一层扩建成三至四层,错落有致,合围成"新四合院",可容纳更多住户,由杂乱拥挤变得干净宽敞,却又不失老四合院的韵味氛围。每户面积40~90平方米,卫浴设施齐全。院内外增设花架、坐凳、石桌、铺地等,使孩子们有嬉戏之地,使大人们有驻足寒暄之所。不同院落之间仿照苏州大宅中的"壁弄",在院内新设"里巷",形成合院组群。登高远眺,院落群既有旧京城的古朴大气,又不失南方水城的灵动格局。

"衣服破了一定要扔掉吗?是不是可以想想办法,例如打个漂亮点的补丁,或者绣上图案。只要精心缝补,即使陈了,是百衲衣,也不失其美丽。"这就是吴良镛提出的"有机更新"旧城改造理论:保存完好的,修缮半好半坏的,拆除坏的加以重建。他提出,应该把旧城看作有生命的整体,不能大拆大改,也不能当作博物馆里的展示品,而应进行有机的新陈代谢,使其永葆生命力。

自菊儿胡同一期交付使用,该项目就作为"旧危改造的一个范例"不断在国内外获奖:联合国"世界人居奖"、世界城市建设荣誉工程、亚洲建筑师协会优秀建筑金奖……迄今,它已成为中国获得国内外大奖最多的一个建筑作品,被载入《世界建筑史》,获得国际社会的广泛认可和高度评价。

遗憾的是，菊儿胡同这个吴良镛倾注许多心血和理想、广受好评的"试点"并未能彻底完成。就在吴良镛探索如何为城市清除"死亡细胞"，更生"新细胞"，恢复"微循环"时，房地产业在中国悄然兴起。1994年，菊儿胡同二期工程完工后，尽管三期工程的图纸业已出炉，但因开发商称"不挣钱"而搁浅。同时，它得到的推广也很有限，普遍的反馈是"好是好，容积率太小，无法满足广大人民的居住需求"。某种程度上，菊儿胡同成了"孤例"。

1993年，吴良镛的"菊儿胡同"改建项目获得"世界人居奖"

匠人营国，哲匠为筑

2006年，清华大学建筑学院成立60周年时，吴良镛手书"匠人营国"四字，认为将其作为"院训"亦无不可。可以说，建筑实践、学术研究、教书育人，都只不过是他建设国家的方式。在他的身上有着浓厚的"天下兴亡，匹夫有责"的家国情怀，这与其青少年时代的成长经历有着密切的关系。

1922年，吴良镛出生于江苏省南京市，青少年时期，正值中国内忧外

患,战火频仍。1937年南京沦陷,他随家人流亡逃难,辗转在武汉、重庆求学,最终在四川合川(今重庆市合川区)中学学业。时至今日,他仍对1940年7月27日高考结束的那天下午难以忘怀。合川城遭遇日军空袭,当夜大火冲天,狗吠如哭诉,大火一直燃烧到第二天清晨降雨始息。"战乱的苦痛激励了我重建家园的热望,我最终断然进入重庆中央大学建筑系学习,以建筑为专业,这是一个开始。"吴良镛在一次演讲中说道。

大学期间,他获建筑大师梁思成赏识,于1945年春,协助梁思成在军用地图上标明华北及沿海各省战区的文物建筑,防止美军轰炸日寇时损毁文物。日本投降后,梁思成在清华大学创办建筑系,邀吴良镛担任助教,他毫不犹豫一口答应。

1948年,吴良镛得梁思成引荐,赴建筑大师伊利尔·沙里宁主持的美国匡溪艺术学院攻读硕士学位。其间表现出色,颇得沙里宁的赞赏,称其工作中灌注着一种"新与旧结合"的"中国现代性的精神"。1950年,吴良镛在美国收到林徽因口授、罗哲文代笔的信件,催促他回国参加新中国的建设。他立即借道香港回国,此后一直在清华建筑系工作至今。

"科学求真、人文求善、艺术求美",这是吴良镛追求的目标。他说,建筑师这个行当就是"匠人",但想做好这个"匠人",须是一个有理想、会思考、懂人文的"哲匠"。为了给国家多培养"哲匠",他悉心研究西方建筑教育的优点与缺陷,也认真总结中国建筑教学的经验和教训,提出了许多关于建筑教育的系统设想和建议。在他的努力下,清华建筑系从最初的两三个人、四五间房,成长为国内首屈一指的建筑院系。因其在教育方面的突出贡献,吴良镛于1996年获颁"国际建筑协会教育评论奖"。

吴良镛时常鼓励年轻人"先行一步",去探索属于自己的道路。这个道理是他在实践中悟来。那是抗战时在云南逃难,他发现大部队走过的山路总是泥泞不堪，难以下脚，只有赶在前面或另辟蹊径，才能走上干爽易行的路。这个理念深深地影响了他一生的为学："做学问，最重要的还是创新。创新不是拾人牙慧，也不是卖弄一些形式、技巧，只有经过消化，综合各方面理解，变成自己独立提出的、解决实际问题的学问，才能算是一种创造。"

在总结多年从事学术研究的心得时，吴良镛特别强调"贵有恒"。他说："学术巨匠的伟大之处，每每是在关键

1950 年，吴良镛在美国沙里宁建筑事务所画设计图

问题上有其特有的学术领悟。但是，牛顿被苹果砸中，于是发现万有引力定律，这样的故事在现实中少有。一个理论，往往不是一下子就出来，学问是由点滴的领悟逐步积累的。当一个人不断思索某个问题，有时会有一闪而过的灵感，如果没有抓住，它就会像一颗流星划过，什么也没有留下。而就算抓住了灵感，把它写了下来，仍是不够。还要有十年磨一剑的功夫，不断深挖下去，才有可能建立起属于自己的学术体系。"

对抗"半个人的世界"

新中国成立初期，梁思成和陈占祥共同提出的"古今兼顾，新旧两利"的北京城市规划方案未获采纳，成为许多人心中永远的遗憾。吴良镛却决定向前看，他说："过去的已经过去，现在的情况已是这样，最重要的是，在现在的基础上怎么让它变好。"

自 2012 年获得国家最高科学技术奖以来，他领导的团队又发表了多

篇学术文章,并出版了新书《明日之人居》,将"人居环境科学"理论又向前推进一步。

只是,学术的进步在蛮横的资本面前分明有些无力。2012年春节前夕,梁思成、林徽因的故居被开发商"维修性拆除",有人问吴良镛的感受,他的回答不是"气愤",而是"困惑":"困惑在于,学术上、原则上的道路跟现实的情况脱节。"吴良镛忆及,半个世纪前,梁思成借用美国一位大学校长的话,将过分重视技术、不理解人文,以致伦理道德沦丧的社会称为"半个人的世界"。梁思成曾严厉批评,修建广元铁路时,工程师为少绕一段弯路,毁坏了相当一批唐代摩崖石刻。

近年,在中国大规模的建设活动中,也常响起吴良镛的批评之声。他警告,中国不能沦为西方畸形建筑的试验场;他批评,中国一些城市建设是"好的拆了,滥的更滥;古城毁损,新的凌乱";他斥责一些毁弃历史文物的现象"无异于将传世字画当作'纸浆',将商周铜器当作'废铜'来用"……凡此种种,在吴良镛看来,都缘于"半个人",故而重新呼吁人文精神"已是迫切的、庄严的任务"。

2012年2月,北京市对违法拆除"梁林故居"的建设单位处以50万元罚款,并责令其将所拆除故居建筑恢复原状,7月,梁林故居复建。几年过去,有路过的网友发帖称,"周围都拆除了",复建的建筑是"一片荒芜中的一小块"。

在1999年第20届世界建筑师大会上,吴良镛在主旨报告中满怀深情地说:"我豪情满怀地目睹了祖国半个多世纪的进步,每每扪心自问,我们将把一个什么样的世界交给子孙后代?"

是的,我们该把一个什么样的世界交给子孙后代呢?

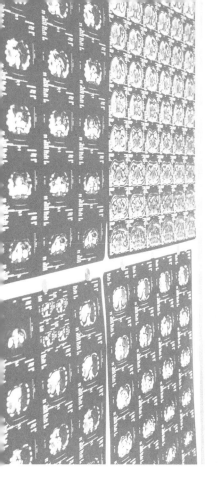

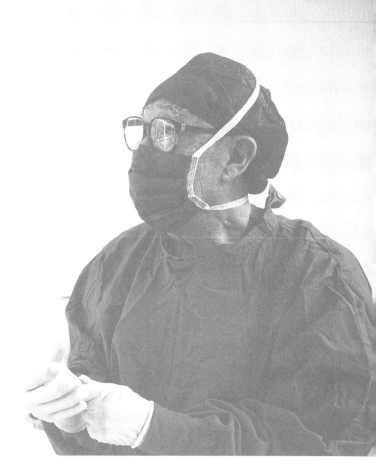

吴孟超 无影灯下的不老传奇

吴孟超(1922—　　　),肝胆外科专家,中国科学院院士,中国肝脏外科开拓者和奠基人之一,国家最高科学技术奖获得者。

"我是人,不是神,就是一个普通的医生。如果非要说有什么秘诀,就是专注和坚持。"

"我们当医生所做的一切,都关系到病人的生命和健康,一点都马虎不得。当医生首先要有仁爱之心,其次是责任心,技术排在最末。"

引 言
Introduction

　　吴孟超有一双异于常人的手。这双手白皙修长、灵巧有力，右手几个指头如鹰爪般弯曲，其中，食指指尖关节的侧弯尤为明显，与中指永远无法并拢，这是常年紧握手术刀所致。

　　就是这双手，曾在马来西亚割橡胶，曾为建筑大师梁思成描图；如今则被中国肝脏外科界誉为"上帝之手"，在人体肝脏的方寸间游刃有余，在无影灯下、手术台前创造了中国肝胆外科的传奇，令成千上万濒临险境的生命起死回生。

　　他说："我这一生唯一的爱好就是'玩刀'。"年轻时，吴孟超曾许下宏愿：要把中国肝癌大国的帽子扔到太平洋里去。从此，及至年逾九旬，他一直没有放下手术刀，毕生争分夺秒，马不停蹄，为实现这个理想殚精竭虑。

　　他翻译并出版了中国第一本肝脏外科方面的专著，创立了肝脏外科的关键理论和技术体系，率先突破人体中肝叶手术禁区。他领导的"三人研究小组"，逐渐发展成为国际上规模最大的肝胆疾病诊疗中心和科研基地。他于1991年当选为中国科学院院士，2005年荣获国家最高科学技术奖，被誉为"中国肝胆外科之父"。

　　他常把恩师裘法祖的一句话挂在嘴边："德不近佛者不可为医，才不近仙者不可为医。"

不老的"吴氏刀法"

临近中午时分,年逾九旬的吴孟超走出手术室,摘下口罩,用手拭去额头的汗珠。他刚刚作为主刀医生完成了一例肝癌切除手术,腰上背上的汗水浸湿了手术服,但老先生看上去心情不错——显然手术很成功。

这是吴孟超当天上午做的第二台手术。迄今,他已经完成了近 1.5 万台手术,是全世界仍站在手术台上的年龄最大的外科手术医生之一。至2017 年,95 岁的他仍保持着每年 200 台以上的手术量,只要不出差,仍坚持每周都要上手术台。

在医学界,吴孟超以"稳、准、快"的"吴氏刀法"著称。时至今日,虽然戴着老花眼镜,但他的动作依然灵巧如少年。刚做完的这台手术如行云流水般有条不紊,切除巴掌大的肝部肿瘤只用了 30 分钟,且病人出血量微乎其微,这让前来观摩的进修医生惊叹不已。

护士长程月娥是吴孟超的"黄金搭档",配合他手术已有 20 余年。她说:"吴老的手感特别好,就像是他的'第三只眼睛'。"有一次,病人术中大血管

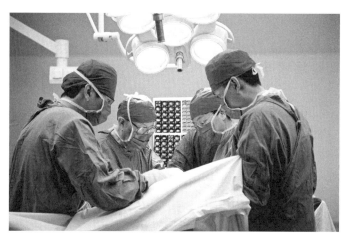

90 岁的吴孟超正在进行手术

破裂，腹腔内一团殷红，血肉模糊，所有人都紧张得不知所措，可吴孟超仅凭双手摸索就找到了破裂的血管，然后再神奇地一按一掐，血就止住了。

在吴孟超眼中，外科医生的一双手、一把刀，既是科学，也是艺术。他做手术"稳、准、快"，是因为早已将人体肝脏的内部结构和血管走向在心中揣摩千万遍，对每一个细节都烂熟于心，一旦来到无影灯下，拿起手术刀，便游刃有余。这也符合他的性格，他不喜欢"做事犹犹豫豫，拖泥带水"。

"这个肿瘤不算大，也不复杂，一点儿也不难。"对于刚切除的肿瘤，吴孟超觉得不算什么。毕竟，他曾经打过那么多著名"战役"：成功完成中国第一例肝癌切除手术，开创中国肝脏外科之先河；完成世界第一例中肝叶切除手术，把中国肝脏外科带到世界前沿；成功进行世界首例腹腔镜下肝癌切除手术，开启肝瘤手术新时代；为仅4个月大的女婴成功切除肝母细胞瘤，创下世界接受同类手术的最小年龄纪录；为安徽农民陆本海切除世界上迄今体积最大、重量最重的18公斤肝脏血管瘤……

曾有外国同行无法相信他这般高龄还能将手术做得又快又好，于是借中外医院交流之机摆下"擂台"，与吴孟超同时做手术，切磋技艺。结果，吴老先生两台手术皆已完成，对方的第一台手术仍在进行中。

一切困难都是纸老虎

吴孟超的高超手术技艺，被年轻晚辈们赞叹为"魔鬼级"。不过，他当年差点儿与自己心爱的外科无缘。

吴孟超于1922年生于福建省闽清县，是马来西亚归侨。5岁时，他随母亲赴马来西亚投奔父亲，边帮父亲割橡胶边念书。17岁那年，满腔爱国热忱的吴孟超泪别双亲，回国奔赴延安参加抗日，可在兵荒马乱中没能去成延安，滞留于昆明，只好进入战时西迁的同济大学附中求学，盼"读书救国"。

1943 年, 吴孟超考入同济大学医学院, 得以师从包括"中国外科之父" 裘法祖在内的多位医学名师。吴孟超最喜欢的课程是解剖学, 他常与同学想方设法找尸源, 练习解剖。"不研究清楚人体结构如何治病救人?"在吴孟超看来, 胆大心细是外科医生的必要素质, 连尸体都怕的人, 万万当不了外科医生。

当年的医学院有个惯例, 哪门课成绩最好, 就到相应的科室去工作。大学毕业时, 吴孟超的儿科考了 95 分, 而他最渴望从事的外科却只考了 65 分。他懊恼地说: "我也不明白是怎么回事。"学校根据成绩将他分配到同济大学附属医院的儿科工作。他不乐意, 跑去找负责分配的老师商量, 却被嘲笑: "看看你的个子, 一米六二能干外科吗?"

但吴孟超还是抱定念头: "我一定要做外科医生, 而且要做个最好的外科医生!"他转而报考华东军区人民医学院第一附属医院(即后来的长海医院)并被录取, 成为一名外科军医。几年后, 恩师裘法祖也来此任兼职教授, 吴孟超有幸再次成为他的学生。裘氏刀法以精准见长, 手术时不多开一刀, 不多缝一针, 尽量减少病人创伤, 后来的"吴氏刀法"亦源于此。

从基础的住院医生做起, 7 年后, 吴孟超升任主治医生, 并因表现积极和工作出色而入党。但他对自己未来的主攻方向仍感到有些茫然。裘法祖跟他讲, 如果有决心, 不妨试试当时中国仍一片空白, 却又疾病高发的肝脏外科。肝脏是人体最大的内脏, 血管多且细, 一向被视为手术禁区。中国是肝癌重灾区, 每年新发病例数占世界一半, 不计其数的患者备受煎熬或死于肝癌。吴孟超决定接受老师的建议, 勇闯禁区。

吴孟超向医院党委写了一份向肝脏外科进军、成立肝脏外科攻关小组的报告。院领导对其勇气和斗志表示赏识, 批准成立了由吴孟超、张晓华

和胡宏楷组成的"三人攻关小组",由吴孟超担任组长。

从研究外国文献开始,吴孟超埋头整理翻译出中国第一本肝脏外科译著《肝脏解剖入门》。他自制研究器材,制成中国第一具肝脏腐蚀标本。此后,在经历数次失败后,他使用乒乓球的生产原料赛璐珞,用四个多月时间,灌注出中国第一具结构完整的人体肝脏血管模型。[①]在此基础上,他通过大量研究,打破原来将肝脏分为左右两叶的观点,创新性地提出"五段四叶"的肝脏解剖新理论,一直被国际医学界沿用至今。

20世纪60年代,吴孟超和他的同事们已成功为数十位病人施行不同类型的肝叶切除手术

1960年,吴孟超主刀完成长海医院的第一例肝癌切除手术。多年后,他回忆说,当时一点也没有觉得紧张,因为"心中有数"。但他特别澄清,这

---

① 吴孟超先将乒乓球剪碎溶于丙酮,再将溶解后的胶状物倒出,发现很快便凝固定型。于是,他向乒乓球厂买来生产原料赛璐珞,然后注入红蓝白黄几种不同颜色,将其分别从肝动脉、肝静脉、门静脉和胆管注入肝脏,让它们充满肝脏内部纵横交错的粗细血管。待凝固后,再用盐酸腐蚀肝表面组织,最后用刻刀镂空剔净,肝脏内部如"枝杈"般复杂而粗细不均的血管构架便清晰呈现。

并不像很多媒体报道的那样，是中国首例肝癌切除手术，"在这之前，已经有前辈做过肝癌切除手术，不敢居功"。

自那以后，几十年来，吴孟超不断将肝脏外科手术理论和方法创新改进，使国内肝癌早期诊断率上升至98%以上，手术成功率达90%以上，术后5年存活率大幅提升；一些其他医院乃至外国同行不敢做的手术，他都大胆接手，并顺利完成，使许多濒危的生命得以挽救。

在吴孟超的带领下，"三人小组"先是成为长海医院普通外科下属的肝胆外科，后成立独立的肝胆外科科室；后来，一个科室不够用，又发展成为拥有一整幢楼的"院中院"；最后，发展成为独立的第二军医大学东方肝胆外科医院和东方肝胆外科研究所，是当今世界规模最大、水平一流的"科研与临床"合一的肝脏外科医学机构，培养了一大批肝胆外科人才。

"如果没有他，中国肝脏外科肯定不会是今天的局面。"吴孟超的得意门生、肝脏外科专家严以群说，"他最令人称奇的是，总能把常人以为不可能之事变为可能。"

不少人在私底下称吴孟超"老神仙"，但他本人似乎不太喜欢这个称呼。他说："我是人，不是神，就是一个普通的医生。如果非要说有什么秘诀，就是专注和坚持。任何困难，只要真心想解决，一定有办法。关键在于遇到挫折时能不能坚持住，只要坚持，一切困难都是纸老虎。"

不怠慢一位病人

吴孟超做手术之快，在国际医学界享有盛誉。不过，他问诊之慢，亦如他做手术之快一样出名。

每一位病人，他都会耐心地询问和解疑释惑。每一次查房，他必求逐字逐句仔细核查查房记录和医嘱。有时，有挂不上号的病人冲进来，扑通

跪下，求"神医"救命，他从不拒绝，所以，每次接诊时间总是延了又延。

很多人最钦佩吴孟超的不只是他的医术，更是他那几十年如一日的"仁心"，不论面对达官显贵，还是山野村夫，他都一视同仁。哪怕偶尔遇到蛮不讲理的病人，他也是一遍遍不厌其烦地解释。学生严以群说，最严重的一次，吴孟超也不过是出来后跟他嘟囔了一句"这病人真难搞"，如是而已。他的学生们都知道，吴孟超最恨医生怠慢病人，"见一次骂一次"；对于收受红包、拿药品回扣等恶习，更是深恶痛绝。

"不怠慢一位病人"，是吴孟超毕生的信条。他说："我们当医生所做的一切，都关系到病人的生命和健康，一点都马虎不得。当医生首先要有仁爱之心，其次是责任心，技术排在最末。"

在年轻晚辈眼中，吴孟超抱持着医者之道，严谨得近乎有些刻板。他坚持，医院的第一要务是治病救人，不是赚钱。至今，东方肝胆外科医院在保证效果的前提下，尽可能为病人省钱，高价药能不开的不开，高价设备能不上的不上。这里是全国最好的肝脏肿瘤专科医院，费用却十分低廉。例如，一台普通肝癌切除手术，其他医院通常需要六七万元，这里只要两万元。

吴孟超院士是著名的肝胆外科专家、2005 年国家最高科学技术奖获得者

由于较少"开源"，最大限度地"节流"成了维持医院运营的必然之选。吴院长规定，在医院开会不能使用一次性纸杯，打印会议材料只用半

张纸,下班时必须关灯……然而,即使节俭办公可以接受,但在同行中较低的工资奖金水平,医护人员难免抱怨,人才流失也在所难免。对此,吴孟超也在深思:难道工作的唯一目的就是为了钱? 他反观自己的生活,曾长期经济拮据,素来一身军装,很少买便服。为了出席一些国际会议等正式场合的需要,一件西服他穿了二三十年,袖扣掉了还在穿。"真是不觉得钱有那么重要。"他说。

医生要有一颗强大的心

若非亲见,很难相信,这是一位九旬老人的一天:上午完成两台肝癌手术,下午出席一场团体活动,在户外拿着扩音器演讲,活动来回一个多小时的车程,在车上接受采访,晚上又接连赶赴三场应酬。许多人纳闷:在早该享清福的年纪,他何苦如此操劳? 还有,他是如何做到的?

"不让他做手术,对他来说才是真的苦。"身边人无不了解这一点。而为了让自己保持最佳的健康和精神状态,吴孟超有一套自己的养生心得:心态平和,脑子常用,手脚常动,管住嘴巴,经常查体。二女儿说:"父亲今天还有这样的状态,和他的意志也分不开。"

年轻时,吴孟超立下志向:"要把中国肝癌大国的帽子扔到太平洋里去。"近年来,东方肝胆外科医院的接诊量越来越大,床位越来越多,排队入院的肝癌患者队伍却越来越长,离"消灭肝癌"的梦想还有很远的路要走,对此他有些焦急。2005 年,获得国家最高科学技术奖后,吴孟超立刻做了两件事:一是将 500 万元奖金全部用于设立肝癌研究基金;二是联合 6 名院士,写信给时任国务院总理温家宝,申请成立国家肝癌研究中心。

如今,在上海市郊的安亭镇,已由国家发改委立项成立的国家肝癌研究中心坐落于此。与它毗邻而居的是东方肝胆外科医院的安亭新院,是上

吴孟超和大女儿（右）、二女儿（左）在一起

海目前唯一一家设有康复病房的三级甲等综合医院。1500张床位、30个手术室、世界一流的医疗和研究设备，它们寄托着吴孟超的梦想。国家肝癌研究中心是国家拨款，而安亭新院投资达数十亿元人民币，全部由院方自筹。

为了建成新院，耄耋之年的老人四处应酬筹钱。秘书心疼地说："都不知道吴老如何排遣自己。"吴孟超却说："从事医生这个高风险的职业，首先就要有一颗强大的心，交到你手中的是一个个生命，你必须敢于承担风险和责任，不能瞻前顾后，顾虑重重。面对生死都不怕，何惧应酬？"

有些工作，比如媒体采访，他完全可以推辞。但是，只要时间允许，他总是尽可能地配合。他说，自己是军人，采访多由组织安排，他要服从安排，这是他的工作。再者，记者也不容易，何苦为难人家。更何况，多让公众了解些医生的生活，对缓解医患矛盾有帮助。

作为医生和院长，吴孟超对愈演愈烈的医患矛盾各方直言不讳地批评："确实存在有的医生不讲医德，甚至为了赚钱开高价药、过度检查、过度治疗等，这些情况当然会引发病人不满；但患者方面，很多人也对医生不够理解,缺乏起码的医学常识,医疗有风险,出事未必都是医生的过错;而媒体在中间没有起到积极的引导作用,反而大肆炒作,特别是有一些夸大乃至凭空捏造的假新闻,使此类矛盾不断激化。同时,目前国内医生的地位和收入与国际同行比明显偏低,这既不利于鼓励从业者,更不利于吸引最优秀的人才进入这个行业。"

那么,如何解决医患矛盾?他认为,关键在于制度建设,应制定一整套科学合理的医护规范,例如什么病该做什么检查,用什么设备和药物,价格区间是多少,等等。"其实,在许多国家都是这样,大家按规范办事,用法律说话,减少很多争端。"

吴孟超的病人和他非但没有矛盾,很多时候更似亲人。不少病人愈后都与他保持着联系,例如当年切除 18 公斤血管瘤、80 多岁仍然健在的陆本海,还有当年仅 4 个月大的女婴、如今已成为一名护士的小娜。每次看到他们,吴孟超由衷地感到幸福。然而,倘若手术失败,或是病人术后癌症复发去世,他每每都要难过上好一阵。而作为医生,这一切,必须自己承受消解。

2017 年央视春节联欢晚会上,95 岁的吴孟超精神饱满地和女儿女婿一起唱了一曲《紫竹调·家的味道》,吴孟超还向大家敬了个标准的军礼,庄严而温暖。

2017 年 6 月,以吴孟超为原型的电影《我是医生》公映。吴孟超现身由出品方上海电影集团组织的"电影党课"现场,与观众分享自己的从医经历。他说:"为人民群众的健康服务,就是我入党的时候做出的承诺,我将用一生履行这个承诺,一直到自己干不动的那天。"

没人敢劝吴孟超离开手术台,谁都知道他为自己设计的理想归宿:"如果有一天倒在手术台上,那就是我最大的幸福。"但吴孟超也说过,如果有一天无法再保证手术质量,一定会从手术台上退下来。至今,95 岁的他依

然坚守在手术台上。为了保持双手的灵巧,他得空就做那套自创的手保健操。他说:"手的神经与脑相连,手部经常运动,也可以锻炼大脑。"

谢家麟 物理学家的"加速梦"

谢家麟（1920—2016），加速器物理学家，中国科学院院士，中国粒子加速器事业开拓者和奠基人之一，国家最高科学技术奖获得者。

"中国过去太落后了，我们要争一口气，发达国家能做的，我们也能做。虽然我们条件不如他们，但是能力未必比他们差。"

"科研就是，没有路可走，自己想出条路来走。如果路都摆在那里了，你顺着走，还叫什么科研工作？"

引 言

Introduction

谢家麟的大半生都是在"加速"中度过：世界上第一台高能治疗肿瘤加速器、中国第一台高能电子直线加速器、中国第一台高能加速器北京正负电子对撞机、亚洲第一台自由电子激光装置……这些或为世界首创，或填补国内空白的高能加速器（又称粒子加速器），为开展粒子物理研究、探究微观物理世界基本规律创造了条件，同时也驱动着谢家麟个人的科学理想不断加速向前。

他毕业于燕京大学物理系，先后在美国加州理工学院和斯坦福大学获硕士和博士学位，于1980年当选为中国科学院学部委员（1994年后改称院士），获2011年度国家最高科学技术奖，被誉为"中国粒子加速器之父"。

"因真理，得自由，以服务"，这是谢家麟的母校燕京大学的校训。他说，当年在校时体会不深，后来在人生途中才逐渐理解其内涵。"这几个字就像一个'加速器'，自己的人生有意或无意中正是按这几个字描绘的轨迹行进。"

火炭风箱度乱时

1944 年，日军第二次入侵广西，坐落于桂林的中央无线电器材厂组织全厂人员紧急撤退，辗转于贵阳、昆明等地，其中包括 24 岁的谢家麟与女友范绪筦。他们曾是燕京大学物理系的同班同学，在校园里相知相恋。在兵荒马乱的极度混乱中，二人决定登报旅行结婚。在他们的蜜月行李中，有半箱是谢家麟临行前跑到中药铺买来的滑石，用于研制高温真空电炉。就在蜜月里，他仍不忘工作，曾找到一个铁匠铺做烧炼研究。对这段岁月，谢家麟曾作诗记曰：

"一心烧炼人笑痴，满箱密件是顽石。

春风蜜月谁为伍，火炭风箱度乱时。"

在旁人看来，谢家麟对工作的投入简直到了痴迷的地步。但于他而言，实验何尝不是最好的"玩耍"。从小到大，他最感兴趣的事就是动手捣鼓"玩意儿"。

少时，谢家麟曾寄居在无子嗣的伯父家，在老家河北武清县长大。他没有城里孩子的玩具，家里的各种家具摆设就是他最好的"玩具"。他曾偷偷用家里电灯中的铅砂、爆竹店买来的黑色火药、剥下来的火柴头和旧弹壳，成功自制出子弹，射程虽不及原装子弹，"效果却没有什么区别"。

初中毕业，他回到父母身边。父亲是哈尔滨知名的律师，后举家迁居北平。谢家麟入读著名的汇文中学，成绩平平，唯独喜欢物理课。他的业余时间几乎全部花在了摆弄无线电上。从矿石机到单管机、双管机，从低频到高频，在不断提高收音机性能的过程中，他获得极大的满足和成就感。1937 年，卢沟桥事变爆发，谢家麟自制的收音机成为全家了解战事的唯一渠道。

到了高三，谢家麟有了紧迫感，突击备考，成绩跃居前列，于 1938 年被

保送到燕京大学物理系。在美丽的燕园里,谢家麟继续痴迷于无线电,在大学同学中尤以实验和动手能力强而著称。

1941年,太平洋战争爆发,燕大停办。谢家麟先以沦陷区学生的身份在武汉大学"借读"了半年,后回到在成都复校的燕大。毕业后,他与范绪筦一同到位于桂林的中央无线电器材厂的研究室工作。他们白天一同做研究,下班后常在一起谈心,闲暇时到离厂不远的漓江边游山玩水。谢家麟想:"有相互关心的爱侣厮守,同时能做有趣的研究来对国家有所贡献,真是我们人生最大的幸福了。"

可惜好景不长,刚到桂林半年多,日寇进犯,谢家麟不得不携范绪筦一路逃难。

日本投降后,怀抱科技救国的想法,谢家麟参加了当时国民政府教育部举办的留美考试,获得用官价外汇出国留学的机会,后申请到美国加州理工学院的入学资格。1947年8月,他从上海乘坐阿德水手号运输舰赴美。此时,大儿子亚宁刚出生4个月。他完全没想到,与妻儿从此一别,竟是8年。

故国山河入梦游

之所以申请加州理工学院,是因为谢家麟听说这是所世界级名校,特别是他钟爱的物理系就有2位诺贝尔奖得主坐镇。

谢家麟只花9个月就以优异的成绩获得了硕士学位。但是,他发现,加州理工学院偏重物理基础研究,而他最感兴趣的偏实际应用的微波物理技术,却是斯坦福大学独占鳌头。因此,他找到时任加州理工学院校长、曾获诺贝尔奖的密立根教授(Robert Andrews Millikan),想请他写转学推荐信。因谢家麟曾选修过他的课且表现出色,密立根教授欣然应允,并在信中称,谢家麟是他教过的仅次于袁家骝（两获美国科技大奖的世界著名物理学家）的优秀中国学生。因此，谢家麟很快收到了斯坦福大学接纳他的回信。

忆及此次转学经历，谢家麟说，从中他获得了两点认识："第一，允许转系、转科、转学，对人才成长十分重要，因为学生很难从求学一开始就十分明确自己将要终身努力的领域和目标。第二，不同大学不应重复雷同建设，一个大学办得是否成功，主要取决于在特定的学术领域能否占据世界的前沿地位。"

在斯坦福物理系攻读博士期间，谢家麟崭露出了过人的才华。斯坦福物理系要求博士生每年参加包括笔试和口试的综合考试，名列前茅才能开始做博士论文，因考试难度大，考试日被称为"地狱日"。谢家麟第一年考试排名第四，后两年均名列榜首。博士论文答辩时，包括诺贝尔奖得主布

1950 年，谢家麟（前排右）与美国斯坦福大学同事在 1GeV 电子直线加速器控制台前

洛赫教授在内的答辩小组提出了许多问题,谢家麟对答如流,极为出色地解决了一些公认的难题,令答辩小组大加赞赏。

1951年9月,31岁的谢家麟踏上"克利夫兰总统号"邮轮,急切地想要见到阔别多年的妻儿,迫切地渴望用学到的本领建设国家。此前,在时任中国科学院秘书长钱三强的支持下,他还特地采购了一批建立微波实验室所需的器材,准备带回中国。然而,当轮船行至夏威夷州首府檀香山时,几名联邦调查员带着一份名单来到船上,将包括谢家麟在内的8名中国留学生强行带回美国,理由是根据有关立法,美国政府有权禁止交战国学习科技专业的学生离境。

下船后,谢家麟气愤不已,向白宫打了一个电话表示抗议。但他也深知,"显然,这只是幼稚地浪费电话费而已"。

在俄勒冈州立大学执教一年后,谢家麟回到斯坦福大学的微波与物理实验室担任助教。半年后,他被派到芝加哥一所医学中心,独立负责研制一台当时世界上能量最高的医用加速器,用其产生的高能电子束来治疗癌症。谢家麟带着一位50多岁的机械工程师,还有一位登报招聘到的退伍雷达老兵,经过两年多的昼夜忙碌,在完全无先例可循的情况下,克服了一系列技术困难,成功研制出世界上第一台使用高能电子束治疗癌症的装置,获美国媒体广泛报道。

科研成功是喜悦的,但"寄居异域,返国无期",始终是谢家麟心中所痛。一次,他驾车到一个山顶的小餐厅就餐,见一条大河在峡谷中奔流,他想起了当年日本投降后与妻子范绪筵横渡黄河的情景,当即写下一首小诗:

"峭壁夹江一怒流,小舟浮水似奔牛。

黄河横渡混相似,故国山河入梦游。"

谢家麟：物理学家的"加速梦"

盼了4年,谢家麟终于盼来了他日思夜想的归国机会。周恩来总理在
1954年日内瓦会议上与美国国务卿杜勒斯交涉了美国扣留中国学生的问
题。1955年年初,谢家麟接到美国移民局来信,要他在成为美国永久居民
和限期离境之间做出选择。他激动不已:这还用选吗? 离境! 回国!

《人民画报》1955年11期《回到了祖国的留美学生》专题报道谢家麟等留美
学生回国事迹

而今迈步从头越

回到阔别多年的故土,在与家人团聚的喜悦中,谢家麟重新认识和适应眼前的新中国,迅速投身于国家科技建设。他一边在中国科学院近代物理研究所(1958年改为原子能研究所)工作,一边在清华大学和中国科学院电子学研究所兼职。

他将自己的第一个重大目标定为,建造一台可向高能发展的电子直线加速器。

那时,国内几乎没有人了解谢家麟所研究的"加速器"。它的全称是"粒子加速器",又称"高能加速器",是用人工方法将带电粒子加速到接近光速、达到高能量状态的装置,是研究原子核和粒子、探索宇宙奥秘的重要工具,在多领域应用广泛。

回国之初,摆在谢家麟面前的问题是,实验条件极端落后,相关器材一无所有,却要设法研制出世界上最先进的科技装置。但谢家麟想,凭借自己从小搞无线电和在美国研究医用加速器的经验,"赤手空拳也能干起来"。他说:"中国过去太落后了,我们要争一口气,发达国家能做的,我们也能做。虽然我们条件不如他们,但是能力未必比他们差。"

于是,从自行研制各种微波元器件着手,谢家麟带着一批学生从零开始建造微波实验室、调制器实验室。他将其形象地比喻为"要吃馒头,先种麦子"。

谢家麟带领团队奋战8年,克服重重困难,于1964年建成中国第一台可向高能发展的电子直线加速器。使用它进行的第一个实验工作就是模拟核爆炸产生的辐射以进行相关研究。此间,他们还相继成功研制出国内第一台电子回旋加速器、脉冲功率最大的速调管等,均获全国科学大会奖。

谢家麟还牵头承担了国防科技课题,成功研制出引爆原子弹的中子管。

1972年,发生了一件在中国科学界影响深远的事。由物理学家张文裕牵头,包括谢家麟在内的18位科学家参与,联合撰写了一份报告。次年年初,在周恩来总理指示下,在原中科院原子能所的基础上成立了中国科学院高能物理研究所,由张文裕出任首任所长。

为什么说此事影响深远?正如要想观测宇宙空间离不开哈勃太空望远镜一样,要想进一步了解微观世界的物质结构与运动规律,就需要用到高能加速器。它就像是打开微观世界的钥匙,是基础理论物理和现代科技进一步发展的必要条件。能够开展高能物理实验研究,是中国物理学家们长期以来梦寐以求的理想。

"文革"结束后,中国的科学家们强烈感受到中国同发达国家之间的差距,提升科技水平的愿望极为迫切。其中,基础理论研究是许多其他学科

1978年,谢家麟(右四)率高能加速器设计考察组访问美国费米国家实验室,升起中国国旗后合影留念

发展的基石,而基础理论研究又需要依托实验平台,结论就是,中国迫切需要发展高能加速器。

1979 年,邓小平率中国政府代表团访美,签订中美科技合作协议,高能物理合作即为其中的一个子项。自此,作为中国研究高能加速器首屈一指的物理学家,已年过花甲的谢家麟开始频繁往来于中美两国,全身心投入北京正负电子对撞机工程的研制。

十年磨剑不寻常

正负电子对撞机,是使正负电子产生对撞的设备。它是世界高能加速器的一次革命,是当时国际最先进的前沿科技,技术难度大、投资高、牵涉面广、建造周期长。有人说,以中国薄弱的基础想要建成北京正负电子对撞机,就好比是站在铁路月台上,想要跳上一辆飞驰而来的特快列车——如果跳上了,则飞驰向前;若没抓住,则可能粉身碎骨。

谢家麟顶着很大压力,带领团队艰难起步。相比国外估价约 2000 万美元,北京正负电子对撞机项目总预算 9000 万元人民币已是大幅减少,但值不值得,够不够用,争议不断。项目启动初期,持怀疑、观望态度的人居多,人心涣散。谢家麟将自己比作“雪球”,唯有跋涉前行,才能将散落的“雪”吸引附着上来,越滚越大,汇聚成一股不断加速、勇往直前的力量。推进过程中,项目一度面临下马的险境,经诺贝尔物理学奖得主李政道极力说服,才得以保全。

谢家麟素来自认为只是一个普普通通的人,但他相信“天生我材必有用”,认为任何人只要朝着一个方向不懈努力,定能取得一番成就。“关键在于要有锲而不舍的精神,遇到困难时不放弃不自馁,要想办法克服和解决。当解决的困难多了,自己便会有更多的信心去解决更大的困难。”

一步一步，在曲折中前行，在困难中摸索……后来的结果大家都知道了：中国的高能物理研究成功地"跳上了飞驰的特快列车"。

1988年10月，北京正负电子对撞机实现对撞，被视为中国科技发展史上一个有重要影响的里程碑。对于这项普通人不太了解的高精尖技术，媒体报道时普遍使用的说法是：这是我国继原子弹、氢弹爆炸成功，人造卫星上天之后，在高科技领域取得的又一重大突破性成就。

欣喜之余，谢家麟曾写下一首小诗表达自己的心情：

"十年磨一剑，锋利不寻常。

虽非干莫比，足以抑猖狂。"

1990年，北京正负电子对撞机工程荣获国家科学技术进步奖特等奖，作为该工程的主要领导者和总设计师，谢家麟在获奖人员中排名第一。

没有终点的旅程

自青年时代起，谢家麟便自嘲怀有"不求上进""脱离现实"的人生观。他一生鄙薄权位，一心只求科学救国。见许多人关心升官发财、成名成家之类的事，他抱持完全鄙夷的态度。

新中国成立前，在桂林的中央无线电器材厂工作期间，谢家麟曾成功研制出一种新原理的地雷探测器。此事引来当时厂内国民党党部负责人邀请他加入国民党，并说如果不入党，未来难以被提拔到领导岗位，谢家麟当场回绝。

改革开放后，建设北京正负电子对撞机工程，谢家麟出任第一任经理，他自言是"国家需要，勉为其难"。当在工程建设中发现有更合适的经理人选，他立即提出辞呈，主动让贤。

谢家麟的许多学生都在中国物理学的发展中发挥了重要作用。有时，

见他在指导学生论文时做了大量工作,学术秘书便将谢家麟的名字也放在作者之列,谢家麟看到后坚决要求把自己的名字画去。他说:"对学术界'搭便车'的陋习,我是十分反对的。"

他获得过许多奖项,其中包括 2011 年度国家最高科学技术奖。但他并不很在意,一些重要的荣誉奖章或证书,可能很随意地就忘记了放在哪里。

"我们这一代人,最大的愿望就是做一个对国家、对人民有用的人,从来没有考虑过自己要取得什么成就,成为什么人物,获得多少报酬。"他称,由于深受"德先生、赛先生"口号的影响,自己一生"只顾埋首拉车,拙于人事交往"。但或许也正是得益于"思想简单",所以,他活得简单而快乐。

北京正负电子对撞机工程之后,谢家麟并未停下科研的脚步。年逾古稀,他仍成功研制出多种尖端技术的"混血儿"——自由电子激光,还使用创新的"前馈控制"方法提高了直线加速器的性能;80 岁高龄后,他成功研制出一种实用新型电子直线加速器,通过简化电子直线加速器的结构,既提高了性能,又降低了造价。

2007 年,谢家麟感到,"在人生旅途到站之前,有责任把自己的足迹记录下来",以供后人参考,于是躬身伏案写作一年多,完成自传《没有终点的旅程》,意为科学技术永远在发展中,科研探索是一次没有终点的旅程。

谢家麟说,科研的根本精神是创新:"科研就是,没有路可走,自己想出条路来走。如果路都摆在那里了,你顺着走,还叫什么科研工作?"他特别强调,在科技领域,理论与实验同等重要、缺一不可,鼓励未来有志于投身科技事业的年轻人要多注意"手脑并用","只有自己动手,才能知道问题的症结所在"。

2011 年,谢家麟指导最后一个博士生毕业,但他仍然坚持阅读英文专著和学术论文,每周一拄着拐杖到中科院物理所上班。他与老伴范绪篯晚

2011 年，谢家麟与妻子范绪筏、大儿子谢亚宁在北京家中

年住在北京海淀黄庄一幢普通的居民楼里。老伴说，谢家麟身体还可以，虽然运动少，但是性格好，无论遇到什么事，从不着急上火。谢家麟也自称乐天派，还夸自己是好父亲、好丈夫。说这话时，他的神情像个天真烂漫的孩子。

几十年来，时常有人问谢家麟，有没有后悔过回国，因为如果留在美国，他也许可能取得更大的成就。他回答说："我不但不后悔，而且感到非常庆幸，做了正确的选择，使我有机会施展自己所学的知识，为国家建设服务。我留在美国工作只是'锦上添花'，而回到祖国则是'雪中送炭'。"①

---

① 2016 年 2 月 20 日 8 时 12 分，谢家麟先生在京病逝，享年 96 岁。多位党和国家领导同志以不同方式表示哀悼。谢家麟亲属、生前友好、同事、学生及社会各界人士等近千人到北京八宝山东礼堂参加了遗体告别仪式。告别厅门口悬挂着挽联："十年磨一剑，北京正负电子对撞机建奇功；毕生献科技，中国高能粒子加速器铸辉煌。"

徐光宪 化学大家的幸福哲学

徐光宪（1920—2015），化学家、教育家，中国科学院院士，中国稀土化学开拓者和奠基人之一，国家最高科学技术奖获得者。

"科学没有国界，但科学家有自己的祖国。"

"做学问，一定会碰到许多困难。但我觉得，克服困难的过程就是一件快乐的事，甚至超过事后获得任何荣誉的快乐，要享受其中。"

"对教师来讲，上课比天大，科研比天大。"

引 言
Introduction

　　阳光穿窗而入，洒满了北京蓝旗营小区的这间客厅。老人穿着灰格子衬衫，系着黑红相间的领带，棕褐色的西服笔挺有型，坐在沙发上，一派温文尔雅的绅士风度。在他身后的墙上，老友黄苗子手书的集句联尤为醒目："海上生明月，人间重晚晴。"

　　他叫徐光宪，化学家，早年留学美国，获哥伦比亚大学理学博士学位。朝鲜战争爆发后，他毅然放弃在哥伦比亚大学留校任教的机会，克服重重困难回到新中国，执教于北京大学化学系。

　　勤勉耕耘半个多世纪，他在量子化学、配位化学、萃取化学、核燃料化学、稀土化学与串级萃取理论等多个领域取得卓越成就，当选为中国科学院院士，曾任亚洲化学联合会主席，荣获国家最高科学技术奖。他是中国稀土化学的奠基人，因他在稀土萃取领域做出的全面技术革新，使中国实现了从稀土"资源大国"到"生产大国"的飞跃，彻底洗牌全球稀土市场格局，被国际稀土界惊呼为"China Impact"（中国冲击）。

　　不过，在这位化学家的心中，关切的并非只有科学。那天，在我们大约 3 个小时的对话中，他嘴角时常保持微笑的弧度。他说："人生最重要的是幸福。"

"家有良田千顷，不如一技在身"

1937年，抗日战争全面爆发，杭州沦陷。16岁的徐光宪从杭州被迫转学至宁波，在乡下一所破庙里上学。他始终铭记母亲的教诲："家有良田千顷，不如一技在身"，即使在兵荒马乱的年代，也不肯放弃学业。

徐光宪自幼就是邻居口中"爱学习"的孩子。他1920年出生在浙江绍兴一户小康之家。父亲徐宜况毕业于政法大学，在一所律师楼供职，徐光宪名字中的"宪"字即取意自宪法。父亲精通《九章算术》，早在小光宪上学以前就教他下围棋和解"鸡兔同笼"问题，使他对数理逻辑产生了兴趣。不幸的是，在他中学时代，父亲病逝，家道中落，徐光宪考入杭州高级工业职业学校，希望早日帮忙贴补家用。

1939年毕业后，徐光宪与另外7名同学被"叙昆铁路"录取为练习工程员，不料途中差旅费被领队卷走潜逃。身无分文的徐光宪只好前往上海，投靠在那里做中学教员的大哥。

在上海，徐光宪谋到一份家庭教师的差事，包吃住，还能有一点零用钱。家教通常安排在晚上，白天闲暇之余，徐光宪重拾课本备考大学。半年后，他考入交通大学（今上海交通大学），这是他可选范围内学费最低的大学，每年只要10块钱，还设有奖学金。至于专业，徐光宪也是优先出于生计考虑："虽然更喜欢物理、数学，但考虑到毕业后找工作，学化学的可以进化工厂，机会更多些。"

1941—1944年，抗战时期的上海，战火纷飞中只有外国租界是相对安宁的"孤岛"。交通大学借来法租界里震旦大学（今上海交通大学医学院）的教室上课，没有宿舍，大家就各自回家住。化学系的实验室在一个很小的废旧工厂里。徐光宪回忆说："虽然条件比较差，但是，大家都格外努力，老

徐光宪（前排右二）与上海交通大学化学系的部分同学合影

师也都很好,要求很严格。我们受到了非常好的训练,打下了很好的基础。"

大学 4 年,徐光宪的成绩始终名列班级第一名。他还找到了自己的终身伴侣——班上唯一坚持到毕业并拿到学位的女孩高小霞。

"科学没有国界,但科学家有自己的祖国"

大学毕业后,徐光宪先在上海宝华化学厂出任技师,后回到交通大学担任助教。1948 年,徐光宪和高小霞一同考取"官价"购买外汇的赴美留学名额。他好不容易借来十两黄金(当时相当于 350 美元),但仅够支付一人的留学费用和一张三等舱船票。最终,先期成行的只有徐光宪一人。

在圣路易斯华盛顿大学化工系研究院攻读半年后,徐光宪考入哥伦比亚大学化学系,主修量子化学,并获"校聘助教"奖学金。在该校,他依然年年名列榜首,仅用两年零八个月就取得了博士学位,并先后当选为美国菲拉姆达阿珀西龙(Phi Lamda Upsilon)荣誉化学会会员和西格玛克塞(Sigma Xi)荣誉科学会会员,迎来学术生涯的第一个高峰。

虽身处太平洋彼岸，但徐光宪仍始终牵挂着中国的时局。1949年，中华人民共和国成立的消息传来，徐光宪欣喜不已。他与一些中国留学生一起，假借同学结婚的名义，租借国际学生公寓的室内篮球场，特别举行了庆祝中华人民共和国成立大会，有七八十人出席。

博士毕业后，徐光宪因表现优异获得留校做讲师的机会。导师贝克曼（C.D. Beckmann）亦看好其学术潜质，有意推荐他到芝加哥大学做博士后研究。这些对于美国本土学生来说亦是

1948 年，徐光宪与夫人高小霞在美国留影

相当不错的机会，前途一片光明。这期间，妻子高小霞也来到美国纽约大学半工半读。

但是，平静的生活没过多久就被战争打破。1950年6月，朝鲜战争爆发，徐光宪听闻，美国总统已提出法案，不许中国留美学生回国，要求全体加入美国籍。"再不回去，等法案得以通过，也许就要一直住在别人的国家里了。"当时高小霞尚未取得博士学位，但认真考虑后，夫妻俩当机立断，立即回国。1951年4月15日，徐光宪夫妇以华侨探亲的名义获得签证，登上了"戈登将军号"邮轮。这是后来"禁止中国留美学生归国"法案正式生效以前，驶往中国的倒数第三艘邮轮。

徐光宪说："如果没有抗美援朝，或许我还会在美国多待一段时间。但回国是一定的，科学没有国界，但科学家有自己的祖国。"

"享受在科研中克服困难的快乐"

1951年,经哥伦比亚大学校友唐敖庆(后任吉林大学校长,被誉为"中国量子化学之父")介绍,徐光宪夫妇双双到北大化学系执教,一教就是半个多世纪。

"那时,人心很团结,能在工作中体会到共同的乐趣。"徐光宪感到,尽管国内的科研条件与美国相比可谓天壤之别,但大家的工作热情很高,干劲十足。

徐光宪院士是中国稀土化学的奠基人

徐光宪在北大开授了"物理化学""核物理导论"等课程,培养了新中国第一批放射化学人才。他编写的《物质结构》一书,曾获国家优秀教材特等奖,在长达几十年里是该课程全国唯一的统编教材,影响了几代人。因国家建设需要,他多次变更研究方向,先后致力于量子化学、放射化学、配位化学和萃取化学等方面的研究,均取得杰出成就。而他轰动世界的事业巅峰,来自于有"工业维生素"之称的稀土工业。

稀土元素,是17种特殊元素的统称,自18世纪末开始陆续被发现,当时人们常把不溶于水的固体氧化物称为土,于是,"稀土"的称谓就在历史中遗留了下来。如今,稀土已成为世界上最重要的战略资源之一。从手机、电脑、电视机、照相机等现代人经常使用的物品,到石油、化工、冶金、纺织、陶瓷、玻璃、永磁材料等领域，还有各类军事设备中，稀土均不可或缺。

邓小平同志曾说："中东有石油，中国有稀土。"中国是稀土资源大国，但过去生产技术只掌握在国外少数厂商手中，中国长期以来只能出口稀土矿，再以高价进口稀土制品。

1972 年，北大化学系接到紧急军工任务，分离稀土元素中性质最相近的"孪生兄弟"——镨和钕。为了改变"空有宝山，却要受制于人"的局面，52 岁的徐光宪作为该课题的领军人接下了任务，从此奉献了 30 余年光阴。

徐光宪大胆摒弃国际上通用的离子交换法，另辟蹊径，独创"串级萃取理论"，使镨、钕的分离系数远超国际同行。在此基础上，他又推导出 100多个公式，成功设计出整套工艺流程并不断优化，使高纯度稀土产品的生产成本下降了四分之三。同时，他还举办"全国串级萃取讲习班"，推动新的理论和方法广泛应用于实际生产。中国生产的单一高纯度稀土产品，迅速占世界产量的九成以上，每年为国家增收数亿元，国际稀土界纷纷惊呼"China Impact（中国冲击）"。

尽管成就卓著，但徐光宪总是极为谦逊。他说："如果把科学家分为几类，有举重若轻的，有举轻若重的，而我属于'举重若重'的。"

徐光宪"举重若重"的办法就是"下苦功夫"。他说："做学问，一定会碰到许多困难。但我觉得，克服困难的过程就是一件快乐的事，甚至超过事后获得任何荣誉的快乐，要享受其中。艺术家常香玉说过一句话，'戏比天大'，这是一种高度敬业的精神。对我们教师来讲，就是'上课比天大，科研比天大'。"

"人生的目的是共同幸福"

徐光宪生性豁达。"文革"时期"抓特务"，他被隔离审查，关在一间学

生宿舍里,每天"交代问题"至凌晨3点,清晨6点又继续。徐光宪从未生出过自杀之类的念头,每天"改造"完,有时连棉衣都顾不得脱,倒头就能睡着。他想,有一段语录里说,共产党在一段时间内可能会犯错误,但党的伟大在于最终会依靠自身的力量改正错误。"总有一天,事情会搞清楚,错误会得到改正。"

在北大执教五十余载,徐光宪感到,能培养一批聪明勤奋的好学生,是他最幸福的事。如今,他的不少门生也已成为院士、长江学者或学科带头人,他也因此被冠以"教育家"的头衔。

学生们都尊称徐光宪为"先生",对他推崇有加:"先生教学几十年,从未迟到过一分钟";"先生平时很平易近人,使我们这些比较接近他的人,敢于提出自己的意见,而且所提的合理意见,先生一定采纳";"我因为病假扣工资,又需要自费买药,先生亲自拿来他的工资,要我用来治病";"先生在'文革'中自身难保,却在学生上台挨批时挺身而出,向造反派力保'他们绝不是特务'"……这类故事,数不胜数。

"推己及人"是徐光宪的处世信条,他将其比作"牛顿第三定律":"作用力等于反作用力,你怎样对别人,别人也会怎样对你。也就是儒家所说,己欲立而立人,己欲达而达人;己所不欲,勿施于人。季羡林先生曾说,考虑别人比考虑自己稍多一些,就叫好人。后来,王选讲,标准还可以降低一点,考虑别人和自己一样多,就是好人。"

生活中,徐光宪不仅是许多人心目中"大写"的好人,还是一个重情的人。他与夫人高小霞相濡以沫五十余载,一同在北大燕园"执子之手,与子偕老"。两人同为北京大学教授,1980年又一同当选为中国科学院院士。学生们的印象是:"两位老人家感情真是好,几十年夫妻,无论到哪,都是手牵手。"徐光宪则动情地说:"我一生中,最满意的是和高小霞相濡以沫度过

徐光宪与学生们在一起

的 52 年。我最遗憾的是，没有照顾好她，使她先我而去。"

作为父亲，徐光宪很少直接耳提面命地灌输做人的大道理，更重身体力行，率先垂范。他有 4 个女儿，其中 3 个各有不错的家庭和事业，令他宽慰。可是，大女儿徐红因在下放云南生产建设兵团时期受到刺激，从此性格孤僻，后来更离家出走，音信全无。"作为父亲，我始终觉得对不起她，没有及时做好她的思想工作。"那天，说到这里，脸上总挂着温和笑容的老人不禁黯然神伤，眼角闪动着泪光。

"所以，每家每户都有自己的困难和不开心的事。但是，我们还是应该尽量从快乐的方面去看。"很快，老人的言语和神情又恢复了阳光，还说起夫人辞世后，他曾有一年多时间沉浸在悲痛中，后来渐渐想通了："幸福和快乐是一种相对的感受。如果为失去一件事物而懊悔苦恼，那么，失去的就不仅是那件事物，还有心情、时间和健康。"

"人生最重要的还是幸福快乐。"老人总结道，"人生的目的，就是追求个人和最大多数人的幸福。邓小平同志提出'共同富裕'，其根本目的就是

共同幸福。如果你身边的人都不幸福，你一个人也很难幸福。"

荣获 2008 年度国家最高科学技术奖后，徐光宪将 500 万元奖金全部捐给以稀土为主的研究团队。他说："成果是集体工作的结果，荣誉主要归功于集体。至于金钱，在很少时还是很重要，因为要吃饭。但到某个程度，它就只是一个无意义的数字了。我拿院士工资，一个月有一万多元，已经用不完，不如用来帮别人。"

及至九旬高龄，徐光宪仍坚持每天工作五小时，累了就看报、休息或散步。他一边担任国家教育部、科技部、中国科学院等联合发起的"一万个科学难题"征询活动化学组顾问，一边在撰写题为《知识系统分类学》的新书。

他寄语年轻人说："人是社会的动物，一个人不可能离开他人而生存。年轻人要有时代幸福感、社会责任感和时代使命感。现在是中国历史上最好的时期，但也还有很多问题没有解决，未来需要年轻人负担起来——那时，我们这些人都不在了。"①

---

① 2015 年 4 月 28 日上午，徐光宪先生因病在京去世，享年 95 岁。多位党和国家领导人表示哀悼，他的家人、朋友、同事、学生及社会各界人士参加了在八宝山殡仪馆东厅举行的遗体告别仪式。灵堂门口悬挂着一副挽联："霞光普照育博雅英才成国家栋梁，睿思深革解稀土沉疴道自然玄机。"

杨 乐 万事不离其"数"

杨乐(1939—),数学家,中国科学院院士,华罗庚数学奖获得者。

"要把中国人的名字写在未来的数学书上。"

"数学是一种认识和描绘世界的有力工具,并且在现代社会越来越重要。数学的应用已无处不在。"

"成功没有固定模式。总体来说,勤奋比天分重要得多。"

引 言
Introduction

　　杨乐成名很早,还不到 40 岁时,便在"科学的春天"时代和华罗庚、陈景润、张广厚等一起跻身中国数学界的标杆人物。

　　1980 年,中国科学院进行"文革"以后的首次增选,他成为共约 400 名学部委员(1994 年后改称院士)中最年轻的一位。

　　杨乐一生学数学、爱数学、教数学、研究数学,想"把一生都献给数学"。在他眼里,数学既趣味无穷,亦是各门学科的基石,更对培养人的综合能力意义深远。无论是他的人生,还是他眼中的世界,万事皆不离其"数"。

"中科"的秘密

翻开杨乐的个人历史，"数学"是贯穿始终的主旋律。

1939 年 11 月 10 日，杨乐出生在江苏省南通市。父亲杨敬渊是南通通明电气公司主持工作的副经理，对杨乐的要求就是"好好读书，学点本领"。杨乐从小学习成绩就不错，中考时考入当地最好的南通中学。

他第一次感受到"数学的威力"，是在初二那年。那些用英文字母进行运算的代数，竟然可以简洁而巧妙地解决许多小学时代的复杂难题，这令他十分着迷。平面几何的推理和论证，他也觉得非常新鲜。他在反复研读数学课本时发现，其中多数定理均是以外国人的名字命名，便暗想："要是能把中国人的名字写在未来的数学书上该多好。"

学校的教学进度对杨乐来说"有点慢"。老师布置几道作业题，他经常课间十分钟就完成了。算得"不过瘾"，他便在课外找来数学参考书，把各种习题做个遍。外界盛传，他中学时代曾做过上万道数学题。向杨乐本人求证此事，他说，自己没有专门统计过，"但是，中学 6 年，共有约 2000 天，那时每天做一二十道题是常事，所以过万是肯定有的"。初三时，杨乐找来当年全国大学统考的数学试题，发现自己只有一道题不会做。那时，他便朦胧地有了一个愿望：上大学要读数学系，一辈子从事数学研究。

高一学年开学时，他给自己新的数学课本包上了漂亮的书皮，并在封面空白处悄悄地写下"中科"二字，意为希望今后能进入中国最高的学术机构"中国科学院"。因为害羞，怕被同学发现，于是他便简写成只有自己能理解的"中科"二字。

高中三年，杨乐是学校里颇有名气的数学高手。高一时，就常有高三的学长拿着难题来向他"请教"。一次数学考试，杨乐只考了 20 分钟便交

卷,监考老师差点以为他要交白卷,可仔细查看后惊讶地发现,全部考题均答得准确无误。

1956 年,不满 17 岁的杨乐考入北京大学数学系。北大求学 6 年,杨乐视其为"离我的'中科'之梦又更进了一步"。他不曾见到过北京香山的红叶、玉渊潭的樱花和十三陵的地下宫殿,只是尽情地畅游在数学的世界里,每天学习 12 个小时以上是常事。大三时,在一堂数学课上,他突然对授课老师、著名数学家庄圻泰教授说,关于他们正在学习的某个定理,他可以给出比教科书上更为简洁的证明,并当场演算。庄教授对此颇为赞赏:这个年轻人对经典著作提出了不算重要却值得赞赏的见解。大学后期,随着社会大环境的变化,搞学术研究成了走"白专"路线,遭到批判。杨乐便怀揣小笔记本,经常躲进偏僻人少的教室,继续钻研数学。后来,下放到湖北蒲

年轻的数学工作者杨乐

圻的工地劳动,他也不忘带上心爱的数学书,每天干完繁重的体力活,当别人在工棚里打扑克、聊天时,他就在一旁研究数学。

数学究竟有什么魅力如此吸引他? 杨乐说:"数学的魅力在于真和美。数学的'真'是指它对真理的追求十分纯粹,比如著名的哥德巴赫猜想至今仍是世界难题,即使可以用计算机验证上亿的数均符合,只要数学推理上没有严格证明,就不能说它成立。而数学的'美'也正是蕴涵在这种严密的逻辑推理之中。很多时候,越是高质量、重要的创新,其表达方式也越简洁、越美。"

"杨－张不等式"

1962 年,杨乐以优异的成绩大学毕业,如愿考入他向往已久的中国科学院数学研究所,成为数学大师熊庆来教授的关门弟子、华罗庚的同门师弟。

杨乐至今记忆犹新,当时年近古稀的熊庆来先生跟他们讲:"我年事已高,虽不能给你们多少具体的帮助,但老马识途。"那时,他跟随熊先生开始研究数学领域的前沿方向"函数值分布论"。这个方向在很长一段时间里处于世界数学的中心位置,文献和专著非常多。那么,该从哪里着手,读哪些书比较好呢? 杨乐觉得,如果让还是门外汉的自己选,他很可能会选六七百页的精装巨著,以为那最有分量。但是,熊先生推荐了一本只有 100多页的专著,作者是现代函数值分布论的创始人,读完之后,很快就接触到了该领域世界前沿的核心问题。

在熊先生的指导下,读研的头 3 个月,杨乐就完成论文《亚纯函数及函数组合的重值》,后发表于《数学学报》。1964 年,他和张广厚开始合作研究全纯与亚纯函数族,并获得了很好的成果,学术论文于次年发表在《中国科

杨乐（右）与张广厚在研究函数理论

学》期刊上。多年以后，他们才得知，当时的研究成果恰好解决了英国著名
数学家海曼于1964年一次国际数学会议中提出的《函数论研究中的若干
难题》中的一个问题，引起国际同行的重视。

正如从弓箭、手枪、大炮到导弹的变化一样，近百年来，人类在数学领
域也经历了加速发展的过程。在杨乐看来，即使掌握了中小学的初等数学、
大学的高等数学，再在研究生期间初步接触数学某一领域的前沿研究，也
只能被看作刚刚进了数学研究的门。一般而言，博士毕业后的几年，往往
处于创新最强、精力最旺盛的时期，同时又不必忙于各种事务，所以，通常
是从事研究最出成果的阶段。然而，正当杨乐蓄势待发，准备大显身手时，
"文革"爆发，中科院数学所的研究工作完全中断，杨乐已完成博士论文，却
未能正常毕业。在此后的四五年里，他连碰数学书的机会都没有，只能在
脑海里"走走神"，抽象地思考一些数学问题。

直至 1971 年文化禁锢有所松动,周恩来总理亲自过问中科院的工作,并肯定基础理论研究的重要性,杨乐才得以逐渐恢复研究工作,开始可以到图书馆查阅文献。他加倍努力地埋头工作,陆续发表高质量的学术论文数十篇。其间,他再次与张广厚合作,首次发现函数值分布论中的两个主要概念"亏值"和"奇异方向"之间的具体联系,为国际数学界所瞩目。后来,该成果被命名为"杨－张定理"或"杨－张不等式",杨乐少年时代"把中国人的名字写在数学书上"的梦想终成现实。

数学的应用已无处不在

1978 年 3 月,全国科学大会在北京召开,杨乐与华罗庚、陈景润、张广厚等中科院数学所的同事们一起出席了此次盛会,并获"全国科学大会奖"。他终于和中国的科学家们一起迎来了"科学的春天"。

在 1978 年召开的全国科学大会上,华罗庚(右二)与著名青年数学家陈景润(右一)、杨乐(左一)、张广厚(左二)亲切交谈

　　同年 4 月,经党中央批准,杨乐和张广厚赴瑞士参加苏黎世国际函数论会议,成为十年浩劫后首次走出国门进行个人学术交流的中国学者。杨乐还记得,刚到会场,就被不少外国学者误以为是日本人——毕竟有太多年没有在国际学术场合出现过中国学者了。在大会上,杨乐用英语做了《整函数与亚纯函数的一些新成果》的学术报告,非常成功,改变了许多国外学者对中国数学家的看法。报告会后,年逾八旬的芬兰著名数学家、近现代亚纯函数论的创始人奈望林纳(Nevanlinna)对杨乐说:"刚才你说,你们是来向欧洲数学家学习的。现在我认为,欧洲数学家们应该向你们学习。"

　　改革开放以来,杨乐又陆续发表了《值分布理论及其新研究》等不少具有影响的学术专著和论文。他先后到普林斯顿大学、哈佛大学、瑞典皇家科学院等世界多所著名大学和研究机构做访问教授,多次应邀到许多国家的多所大学和研究机构做学术演讲和交流。

　　由于学术上的突出贡献,杨乐于 1979 年当选为中国数学会常务理事,1980 年成为中国最年轻的中国科学院学部委员(1994 年后改称院士),1982 年出任中国科学院数学所副所长,1987 年任所长;曾连任五届全国政协委员,第五、六届全国青年联合会副主席,并担任中国数学会理事长、中国科协委员和常委、国务院学位委员会委员等职。

　　至今,年逾古稀的杨乐,仍在每个工作日的上午到中国科学院数学与系统科学研究院上班。虽然不再做一线的学术研究,但他的大部分工作和数学学科的发展密不可分。

　　尽管对数学有着无比浓厚的兴趣,但杨乐仍然坦言,从事学术研究工作是一项非常艰苦的工作。每次在学术攻关的紧要关头,他都是"食不甘味,夜不能寐"。有时,演算到半夜一两点才睡下,凌晨四五点又起来继续工作,因为"根本睡不着"。去食堂吃饭,平时喜欢的饭菜吃到嘴里也不知其味,因为脑子里想的全是面临的难题。这种状态一般会持续几个星期,直到学术难关被攻克。

在杨乐看来,改革开放以来的30余年,是中国数学研究飞速发展的时期。他认为,数学是一种认识和描绘世界的有力工具,并且在现代社会越来越重要。半个多世纪前,数学主要应用在物理、天文等方面,而今,不仅是工程类的高新技术,在包括生命科学、经济、金融、管理等在内的各个方面,随着学科发展的不断深入,过去的定性研究已不能满足需求,越来越多的学科都需要依赖数学进行定量化、精密化的研究。

杨乐举例说,目前世界高端的生物学研究中应用了许多数学工具,华尔街的许多金融家是学数学出身,还有预测全国粮食产量、国防安全中反导弹系统的研制,等等。"数学的应用已无处不在,而这些还只是普通人比较容易理解的数学应用实例的冰山一角。"

对个人而言,杨乐认为,数学可以培养一个人的逻辑推理、分析归纳、创新等综合能力。所以,他提倡,即使是大学文科生也应该学习数学。他

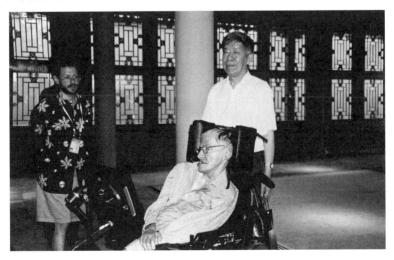

2002年8月,英国著名理论物理学家斯蒂芬·霍金来到北京,
杨乐作为中方代表主持接待霍金

认为"我天生没有学习数学的头脑"这种想法不科学,并相信"兴趣可以培养",关键是方法要得当。"成功没有固定模式。总体来说,勤奋比天分重要得多。"

叶铭汉 用"大机器"探索"小宇宙"

叶铭汉（1925—　　　），实验核物理学家，中国工程院院士。

"物理很奇妙，可以追究事情是如何发生的。"

"总想争第一，太计较分数了，可能反而学不好，只要尽自己的努力就可以了。"

"人一辈子都要学习。技术发展很快，问题摆在面前，新东西、新发现会不断出现。"

引言
Introduction

　　叶铭汉是中国物理学界"一代宗师"叶企孙之侄。如今，叶铭汉亦成为中国著名的物理学家。

　　如何制造出能量更高、探测更精准的粒子加速器和探测器，探索物质微观"小宇宙"内部更深层的奥秘，是粒子物理学的前沿课题，也是叶铭汉毕生致力的工作。

　　见面那天，他穿着白衬衫、黑夹克、灰呢长裤，满头银发，很瘦，总是温和地笑着。修养极佳、思维敏锐，是他给人最突出的印象。他娓娓讲述起，自己如何辗转步入原子核物理领域，如何参加中国最早的粒子加速器研制，如何主持标志中国高能物理实验跃居国际先进水平的北京谱仪和北京正负电子对撞机的研制……讲述之时，他既无得意之情，也无过分谦虚之辞，只是平静地谈论往昔，特别是那些有趣的工作。他说："物理很奇妙，可以追究事情是如何发生的。"

叶铭汉：用"大机器"探索"小宇宙"

找到自己的道路

横跨瑞士和法国边境、深埋地下 100 米、长达 27 公里的欧洲大型强子对撞机，被称作是"世界上最大的机器"。它的功率达到最大时，数以亿计的粒子在加速器环内以每秒近 30 万公里的速度急速穿行，相当于光速的99.9999991%。

用世界最大的机器，研究最微观的粒子，探索宇宙的奥秘，这是粒子物理学家们所做的工作。叶铭汉觉得，这工作很有趣，也很适合自己。不过，当年他却是经过一番波折才逐渐找到了这条道路的。

叶铭汉 1925 年出生在上海一个知识分子家庭。其祖父是清朝举人，父亲曾任上海市南市区电话局局长。他自幼体弱多病，性格内向，不擅运动，小学成绩属中下水平，唯独喜欢"翻家里的书，乱看一气"。初二那年，他因在一次作业中表现出色，意外受到老师表扬，"不知不觉对念书专心起来"，学期末第一次考了全班第一。

1942 年，叶铭汉受叔父叶企孙之邀，前往重庆继续学业，以避上海战乱。两年后，他同时考取中央大学、西南联大和上海医学院。出于"学工容易有饭碗"的考虑，他最终选择了西南联大土木系学水利。

当时，叔父叶企孙也在西南联大执教。叶企孙被誉为中国近代物理学的奠基人，是早年清华学堂的首批学生，后留学美国芝加哥大学和哈佛大学，获博士学位，回国后曾任清华大学物理系主任、理学院院长。杨振宁、李政道、王淦昌、赵九章、钱伟长、钱三强、王大珩、朱光亚、周光召、邓稼先等一大批赫赫有名的物理学家都曾是叶企孙的学生，因而有人称他是"大师的大师"。叶铭汉自幼对叔父崇敬有加，视其为人生楷模。在他的成长过程中，叔父多有支持，他中学的学费均由叔父资助。不过，叶铭汉说，对于

1946 年，叶铭汉就读西南联大时与同学在一起。左起依次为楼格、李政道、叶铭汉、陆祖荫

他的学业和人生抉择，叔父从不干涉。

进入大学后不久，日军疯狂进攻中国西南部，爱国心切的叶铭汉于 1945 年 1 月在校加入青年远征军抗日，随军坐飞机到了印度，被编入汽车兵团。其时战争已近尾声，他并未真正上战场，只是参加了一段时间汽车驾驶训练，抗战胜利前和战友们开着美国吉普回到国内，抗战胜利后不久便返校复学。

不过，这段特殊经历却意外改变了叶铭汉的人生轨迹。因在青年远征军交到的一些好友是物理系学生，受他们影响，叶铭汉对物理产生了兴趣。一年后，西南联大停办，清华、北大、南开分别迁回原址，叶铭汉通过转系考核，如愿转入叔父主持的清华物理系学习。他自言并未受到叔父特别荫庇，回京后也未住过叔父在清华园的寓所——雅致的北院 7 号。他回忆说："叔父做人很严谨，做事公事公办。我也向他学习。"

后来，叶铭汉一度萌生再次转系、改学气象学的念头，因为他发现自己对物理学的部分课程很有兴致，但对一些纯理论内容却没什么兴趣。大三学年末，后被称作中国原子能科学事业创始人的钱三强回国，在清华大学做了一场关于原子核物理的学术报告，促使叶铭汉最终决定继续留在物理系。他想："有实验事实才能发展理论。我觉得，实验很适合我，我比较合适搞一些不是太'玄'的东西。"

中国最早的粒子加速器

叶铭汉在青年时代就有机会在多位名师身边学习工作，这令不少人羡慕不已。

1949 年，本科毕业后，叶铭汉考取清华大学硕士研究生，导师就是深刻影响了他人生道路选择的钱三强。叶铭汉一心想从事原子核物理的研究，在量子物理等相关课程中表现优异。导师钱三强称赞他是同学中学得最好的，并给了他一本从国外带回的关于回旋加速器的参考书。

回旋加速器是粒子加速器的一种。继 1897 年发现原子由原子核和电子构成，1932 年发现原子核由质子和中子构成之后，科学家们又陆续发现众多比质子和中子更小、更基本的"粒子"，于是形成了粒子物理学（又称高能物理学）。要研究这些微观粒子，人类无法像使用显微镜观察细胞那样直接进行观察，只能通过粒子加速器，将这些微小粒子加速到接近光速的高速，通过"打靶"或轰击，改变其状态，进而分析和了解微观物质的组成和运动规律。

"钱先生回来是有打算的，就是要在中国开展核物理实验。"叶铭汉回忆道。核物理实验是人类认识微观世界的手段，也是现代科技进一步发展的必要条件。中国要缩小与西方的科技差距，须尽快开展核物理实验。粒

子加速器是其中重要的实验装置。1949 年起,叶铭汉即在导师钱三强的指导下开始相关的调研工作。

一年后,限于当时的条件和政策,粒子加速器只能在中科院建造,叶铭汉遂受导师之命转到中科院近代物理研究所,在王淦昌、萧健领导的宇宙线研究组工作。不久,在人类历史上首次观测到正电子、后被称为“中国原子能之父”的核物理学家赵忠尧冲破重重阻拦回国,在近代物理所创建静电加速器组,叶铭汉便受调参加中国第一台粒子加速器——质子静电加速器的研制。

当年,国内的核物理基础近乎空白,经费有限,物资匮乏,科研条件简陋,核物理实验器材更是奇缺。他们形容当时的工作为“要吃面包,先种麦子”,从研制一些基础设备开始。赵忠尧回国时带回一批在美国费尽心思采购的静电加速器部件和核物理实验器材,对推动中国核物理的发展起到了重要作用。他设计了静电加速器的总体方案,将不同部件的具体任务分配给研究组成员。叶铭汉被安排负责主要部件之一离子源的研制。

虽然条件艰苦,工作紧张,但叶铭汉感到每天都在学习进步,心情很愉悦。1953 年,中国第一台 700 千伏电子静电加速器建成。这台静电加速器的能量不算高,进行的科学研究不多,后来便转到大学里用于学生实验。但是,它标志着中国的粒子加速器成功迈出了第一步,探索了技术,培养了人才。叶铭汉说:“我们从未研制过这个,一些现在看来很简单的东西,当时花了

叶铭汉 1953 年留影

不少时间。但它让我们有了一种信心，别人能做到的事，不管多困难，只要我们认真努力去做，最终一定可以克服困难，一定能够做到。"

1957 年，叶铭汉参加中国第二台静电加速器的研制，其能量于 1959 年成功达到设计值 250 万伏。建成后，叶铭汉作为静电加速组副组长负责其运行和改进工作，率先研制和发展多种粒子探测器，开展了中国第一批低能核物理实验，并于 20 世纪 60 年代初做出了国际水平的成果，测出一条国际上从未在实验中测出的 Mg 原子核（24Mg）新能级。

"发现新能级当然很高兴，但其实是个很小的工作，它的意义是标志着我们的技术达到了一定水平。"叶铭汉谦逊地说，"当时国外进展也很快，已发展出串联静电加速器，能量达到千万伏。很明显，我们刚入门，与国际差距还很大。但我们看到了希望，发展不是遥遥无期。"

"跳上飞驰的特快列车"

就在叶铭汉怀抱希望，准备与同事们快马加鞭赶上国际水平时，他却懊恼地发现境况"每况愈下"。

1964 年，国家原本批了 1000 万元拟研制串联静电加速器的项目被叫停，叶铭汉被安排下乡参加"社会主义教育运动"。不久，"文革"开始，他成了"反革命分子"，是重点批判对象。叔父叶企孙更被揪斗、抄家、关押。叶铭汉甚至一度想到自杀，所幸后来看开。后于 1969 年被下放湖北潜江"五七干校"，他每天干完活就偷偷看书，心情渐渐舒畅。

1972 年，各地"干校"陆续解散，叶铭汉回京投入静电加速器的应用研究。次年，中国科学院高能物理研究所成立，叶铭汉调任高能所物理一室大组长，陆续开展了多丝正比室、漂移室、闪烁计数器、重粒子磁谱仪等高能物理实验常用的粒子探测器的研制，并在国内首先实现多丝正比室计算

机在线数据获取。

1978年，全国科技大会召开，"科学之春"到来。建造一台中国的高能加速器被明确列入国家自然科学发展规划。此时，历经十年浩劫，中国的基础科研举步维艰，与国际先进水平的差距愈来愈大。中国的高能加速器发展该走哪条道路，是先建一台技术"十拿九稳"的质子加速器，还是将目光直接瞄准当时国际上更为先进、但国内基础一片空白的正负电子对撞机？各方意见莫衷一是。

叶铭汉介绍说，早期的粒子加速器都是用高能粒子束轰击静止靶，就像用手枪打固定靶。而对撞机是两个高能粒子束相向撞击，相当于用子弹打子弹，它是更有效产生高能反应的实验方法，但无疑技术更复杂、标准更严苛、研制难度更大。

"第一，我们资金有限；第二，质子加速器在国际上已不具竞争力，而对

1984年，叶铭汉（右）与李政道讨论工作

撞机则可以做国际前沿的工作。"叶铭汉赞成对撞机的方案,这也是国家最终确定的方案。他回忆说:"有人说,我们好比站在月台上,想跳上一列飞驰而来的特快列车。如果跳上了,从此走在世界前列,否则将粉身碎骨。"

为帮助中国早日建成对撞机,美籍华裔物理学家、诺贝尔物理学奖得主李政道专门设立了一个访问学者项目,让中国学者可进入美国最尖端的高能物理实验室工作。叶铭汉因该项目于1979年年底到普林斯顿大学做访问学者,1981年又到犹他大学做访问教授。在美国边工作边学习,他切实感受到中美之间的学术差距,但也更确信"只要条件允许,我们一样也能做到"。

1982年,叶铭汉回国担任中科院高能物理研究所物理一室主任,全面负责北京正负电子对撞机的"眼睛"——大型粒子探测器"北京谱仪"的研制。两年后,他升任高能所所长,领导全所建设北京正负电子对撞机。

1988年,叶铭汉(左一)陪同中国核科学的开拓者和奠基人之一王淦昌(左二)参观中科院高能物理研究所

叶铭汉称,北京正负电子对撞机赶上了"天时地利人和"。"天时"是改革开放,包括达成中美高能物理合作协议,使一些国内当时无法生产的材料可在美国购买,一些研制中遇到的问题可与美国专家讨论。"地利"是研究所设在北京,国家又对该项目大力支持,经费、物资等均优先照顾。"人和"是当时有一批高水平人才,大家不计名利、团结一心地忘我工作。

1988 年 10 月 16 日,北京正负电子对撞机首次实现正负电子束对撞。中国终于拥有了最先进的研究物质微观世界的"武器",被称作"中国继原子弹和氢弹爆炸成功、人造卫星上天之后,在高科技领域又一重大突破性成就"。1990 年,"北京正负电子对撞机与北京谱仪"获国家科学技术进步特等奖。

一辈子都要学习

叶铭汉生性内敛,从未有过定要做出何等成就之类的"雄心"。在教育子女时,与许多望子成龙的家长不同,他对孩子直言"不必争取第一",理由是"总想争第一,太计较分数了,可能反而学不好,只要尽自己的努力就可以了"。

在科研方面,叶铭汉受钱三强、赵忠尧等恩师影响,认为解决问题要服从科学的方法,要严谨,还要积极发动大家的力量。无论当"大组长"、室主任还是高能所所长,他都坚持"尽量放权,不瞎指挥",遇到难以决定的事,则由他来拍板和承担责任,"让大家放心做"。

1995 年,叶铭汉当选为中国工程院院士,1996 年后出任中国高等科学技术中心学术主任。年至耄耋,他始终坚持工作,最关心的始终是中国粒子物理的发展。在他看来,作为一门以实验为基础的学科,粒子物理的发展史是实验与理论不断相互促进的历史,也是人类对物质世界认识不断深化

叶铭汉：用"大机器"探索"小宇宙"

1985 年，叶铭汉（右）与导师钱三强（中）及时任中科院高能物理研究所常务副所长张厚英（左）在一起

的历史。粒子物理学看似离人们的生活较远，但物质微观结构的研究是各学科研究的基础，激光、通信、新材料、生物、医学、农业等学科的许多新技术都由原子物理学的成果转化而来。例如万维网，最早就诞生于高能物理领域，是全球范围的科学家利用互联网进行信息交流和信息查询的工具。

邓小平当年参观北京正负电子对撞机时曾说："中国必须在世界高科技领域占有一席之地。"叶铭汉表示，如今，这"一席之地"已稳稳占住。

北京正负电子对撞机自建成运行以来，已取得一系列国际先进水平的成果，并经过持续改造成为国际最先进的对撞机之一。叶铭汉说，目前，世界规模最大的粒子物理研究机构是欧洲核子研究中心。未来中国的粒子物理如何发展，是否要建一个类似规模的中心，以及如何合理改进基础研

究的评审方法和管理体制等,是中国物理学界当前需考虑的问题。①

　　"人一辈子都要学习。技术发展很快,问题摆在面前,新东西、新发现会不断出现。"满头银发的叶铭汉乐呵呵地说,他最近新买了一个智能手机,正在学着用微信。"不过,我不喜欢一天到晚总看手机,因为我工作时不希望被打扰。"

---

① 这篇采访完成于 2014 年 3 月。2015 年 10 月,中国科学院高能物理研究所宣布,中国将于 2020 年至 2025 年间开始建造世界最大粒子加速器,比目前全球最大加速器（欧洲核子研究中心的强子对撞机 LHC）还要大上 2 倍,以帮助科学家们进一步探索物质世界的奥秘。

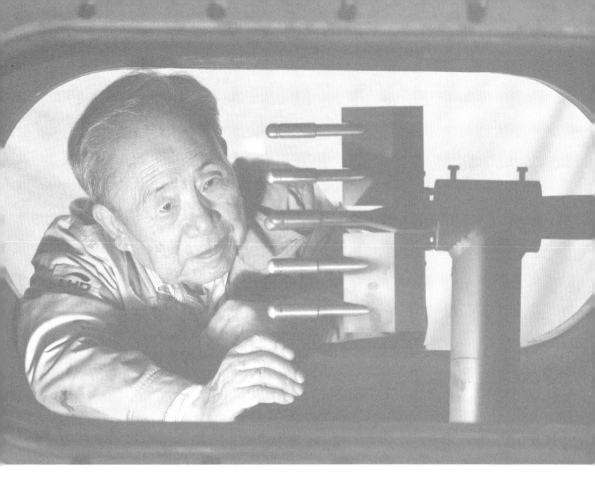

俞鸿儒 在地面造"天空"的人

俞鸿儒(1928——　　　),气体动力学家,中国科学院院士,中国激波管、激波风洞研究开拓者和奠基人之一。

"先生并不要求我们成为飞黄腾达的'龙',而是叮嘱我们做踏实干活的'牛'。"

"科研最关键的是人,是创新,而不是钱。"

"科学研究是开创性的工作,就像哥伦布发现新大陆。至于怎么开发,则是工程的范畴,二者各司其职。"

引 言
Introduction

　　他白发苍苍,穿着灰色制服,灵巧而专注地在为"风洞"做调试。那个叫作"风洞"的管道状设备看似平淡无奇,却是中国航空和航天工程发展中举足轻重的角色。

　　他叫俞鸿儒,中国气体动力学家,中国科学院院士,国际激波学会终身资深会员。他最早在国内开展激波管研究,成功研制出中国第一台能够模拟气体超声速流动的激波管;建成中国第一个性能达到国际水平的激波风洞;在多个飞行器的研制中协助解决了各种疑难问题。

　　所谓"风洞",被称作飞行器的"摇篮",可人工产生和控制气流,相当于在地面人造一个"飞行天空",是研制飞行器必不可少的大型气动实验装置。现代飞机、导弹、人造卫星等无不需要在风洞里"吹"上千百次后才能上天。

　　得益于俞鸿儒独创的爆轰驱动技术,目前,中国在世界上率先拥有了可复现高超声速(高于5倍声速)飞行条件的地面试验设备。倘若飞机能成功以相应速度飞行,那么,从北京到纽约所需飞行时间,将由14小时大大缩短至2小时。

"风洞"里的风景

2016 年,中国学者姜宗林荣获美国航空航天学会地面试验奖,这是该奖项设立 40 多年来首次授予亚洲学者,旨在表彰他所带领的团队在世界上率先成功研制"可模拟真实高超声速飞行条件的世界最大激波风洞"。姜宗林教授为中国科学院力学研究所研究员,是俞鸿儒亲自选定的接班人。

4 年前,国际首座可复现高超声速飞行条件的长试验时间激波风洞在北京怀柔建成。这是一根架起来有半人多高的金属管道,长 265 米,管道时粗时细,隔一段换一种颜色,外观乍看毫不起眼,却被国际同行称为"超级巨龙"(Hyper-Dragon)。按照中科院力学所的激波风洞系列,它被命名为"JF12"。

俞鸿儒可以说是"JF12 之父",因为 JF12 就是在他所独创的爆轰驱动技术的基础上构思出来的。

俞鸿儒在中国科学院力学研究所激波管实验室

据俞鸿儒介绍，自 20 世纪初飞机发明以后，人类就一直在设法提高其飞行速度。由于流体在超过声速流动时将产生激波 ①，当飞机速度越来越接近声音在空气中的传播速度，想要从亚声速提高到超声速时，飞机研发面临了很大的技术障碍，被称作"声障"。螺旋桨飞机要想跨过声障非常困难，后来发明了喷气式发动机，突破声障的难题才得以解决。

"马赫数"是用于方便描述飞行速度的术语，其数值为飞行速度与声速的比值。当马赫数小于 1 时，表明飞行速度低于声速，称为亚声速；当马赫数大于 1，表明飞行速度高于声速，称为超声速；而当马赫数大于 5，则称为高超声速，这意味着飞行速度远高于声速，在 5 倍声速以上。

在超声速飞行得以实现后，人们便开始不断向高超声速飞行发起挑战。今天，世界上的飞机速度最高能达到马赫数 3 左右。这是因为当马赫数到达 5 时，又遇到了新的技术障碍，被称为"高超声障"。目前，关于如何越过高超声障，实现高超声速飞行，仍是国际性难题，世界各国都在努力攻关。和当年"声障"的突破一样，要想突破"高超声障"，首先急需符合要求的发动机。而想要研制出符合高超声速要求的发动机，首要条件是必须能够在地面开展超高声速飞行试验，也就是需要能够产生超高声速试验气流的地面实验设备。

20 世纪 80 年代，美、德、日等国相继研制由澳大利亚学者思滔克（Stalker）发展的自由活塞激波风洞，但这种风洞不仅造价高昂，且性能也不完善。经过独立探索研究，1988 年，俞鸿儒创立了激波风洞爆轰驱动技术。

---

① 激波，又称冲击波，是运动气体中的强压缩波。气体中微弱扰动是以当地音速向四周传播的，当飞行器以超音速飞行时，扰动来不及传到飞行器的前面去，结果前面的气体受到飞行器突跃式的压缩，形成集中的强扰动，这时出现一个压缩过程的界面，被称为激波。激波管，是产生激波和利用激波压缩实验气体，以模拟所要求工作条件的一种装置。

1988 年，俞鸿儒应邀到西德亚琛工业大学参加高超声速、高焓流动专题研究

这种技术不仅造价相对低廉，而且性能优异，获得国际同行的普遍赞誉，被视为中国力学事业近年的重大成就之一。

基于爆轰驱动技术的 JF12 风洞，正式立项于 2008 年，历时 4 年建成。俞鸿儒介绍说，高超声速吸气发动机的地面试验，需要的试验时间至少为 60~70 毫秒，国外的激波风洞能做到约 30 毫秒，而 JF12 已经超过 100 毫秒，马赫数达 5~9。

马赫数 9 是什么概念呢？如果飞机能以该速度飞行，那么，从北京到纽约所需的时间，将由目前的 14 小时大大缩短至 2 小时。有人形容，当飞行速度达 9 马赫时，对于飞机的发动机点火来说，就像是在龙卷风中点燃一根火柴，还要保证它能够持续燃烧。JF12 可以在地面完全复现"龙卷风"的状态，这就为研发高超声速发动机创造了条件。

"据我所知，这个设备是世界唯一的，不仅在于它产生的流场区域大、气流速度高、试验时间长，更重要的是应用了最独特的爆轰驱动技术，克服了自由活塞驱动技术的弱点。你们将为获得的可靠的高超声速试验数据

感到骄傲。"在参观了 JF12 激波风洞后,国际著名激波管技术专家、国际激波研究院创始人高山和喜对其表达了高度赞誉。

俞鸿儒则将目光更多地看向了未来。他说:"JF12,将为高超声速吸气式推进技术的发展提供可靠的地面试验基础,但离真正实现高超声速巡航飞行还有相当距离。需要继续做下去,一点一点把没解决的问题搞清楚,然后挨个解决。"

独立思考,不怕犯错

如今,俞鸿儒已近鲐背之年。满鬓霜雪的他,工作起来专注严肃,放下工作时则和蔼可亲。他说话带有含混的江西口音,个性爽朗,对自己推崇或反对的事物,向来是直抒胸臆,爱憎分明。他说,这种个性与父亲的影响不无关系。

1928 年,俞鸿儒生于江西省广丰县的偏僻山区,父亲是位精明的烟草商人,崇尚行事务实。俞鸿儒记得,父亲 50 岁生日时,庆祝方式不是像别人那样大宴宾客、举办庆典,而是将一段崎岖的要径修成了平坦的新路。父亲常教导他,不要盲从别人的看法,观察任何事物,不要被表面现象迷惑,要弄清其实质。

俞鸿儒的学生时代正逢战乱不断。"求学条件艰苦,有时连教科书也没有,动不动就要钻防空洞躲飞机轰炸。"但在他看来,也有值得今天学习借鉴的长处:"那时念书讲究灵活应用,能考七八十分就是好成绩,不用死记硬背去追求高分,不容易染上临时抱佛脚、追名逐利的习性。所以,那个年代其实出了很多人才。"

1946 年,俞鸿儒考入同济大学数学系。当时,国家仍处于混乱之中,学生运动不断,俞鸿儒也积极参与其中。1949 年 8 月,为更好地投入新中国的经济建设,他重新考入位于老解放区的大连大学(今大连理工大学),毕业后留校任教。

1956 年,中国科学院公开招考研究生,这成为俞鸿儒人生的重要转折点。"受钱学森先生回国的感召",他报考了力学研究所钱伟长先生的研究生,后来报到时得知,以钱伟长和钱学森的名义招收的学生都转由刚刚回国的郭永怀先生指导。"招生时,郭先生还没有回来,但是已经知道他要回国,所以,两位钱先生特意帮他招收学生。"俞鸿儒解释道。

郭永怀是中国近代力学事业的奠基人之一。在 1938 年中英庚子赔款基金会举行的留学生招生考试中,他与钱伟长、林家翘一起被录取。在美国,他曾师从国际航空航天领域大师冯·卡门,完成有关跨声速(接近声速的速度,马赫数在 0.8 至 1.2 之间)的出色论文,获博士学位,后成为康奈尔大学航空研究院的三位主持人之一。郭永怀先后解决了一系列跨声速流动的重大理论问题,特别是与钱学森合作发现了上临界马赫数,以及为解决跨声速气体动力学的难题,探索开创了被国际上称为"PLK 方法"的奇异摄动理论,因此驰名世界。1956 年冬,他设法回国,和钱学森一起投身于中科院力学所的建设,出任常务副所长,在后来"两弹一星"的研制过程中解决了许多关键性的技术难题。

俞鸿儒和另 4 名同学正式转到郭永怀名下,成为他回国后的首批弟子。俞鸿儒至今记得,郭先生第一次和他们谈话时严肃地说,他回国是为了给国家的科学事业作铺路石,希望他们也要有这种思想准备。"我意识到,先生并不要求我们成为飞黄腾达的'龙',而是叮嘱我们做踏实干活的'牛'。"俞鸿儒说。

在俞鸿儒的回忆中,郭永怀指导学生是启发诱导式的,他总是提出问题,却很少会具体地说怎么做,即使偶尔给一点建议,也会立马跟一句:"这只是建议，希望你想出更好的做法。"

为研究超声速飞行，1958 年，郭永怀宣布在力学所成立激波管组，并指定俞鸿儒任组长。俞鸿儒说："本来应该是郭先生当组长，但是，他说自己没有实验工作经验，只不过知道大致方向怎么搞，所以他不当，让我当。他还说中国人的实验能力不足，让我们要多加强这方面。"

在郭永怀的鼓励与支持下，俞鸿儒提出研究氢氧燃烧驱动激波管。这是当时基本已被国际上弃用的一种实验方法，因为其虽然费用低廉，驱动能力强，但试验气流品质低，容易出事故。郭先生问俞鸿儒，激波管打算怎么做。俞鸿儒认为，国际流行的方法价格昂贵，技术复杂，还是氢氧燃烧驱动更适合中国国情，并认为其缺点可以改进，虽然怎么改一时也说不清，但相信好好研究一下，应该能找到解决办法。郭永怀于是坚定地支持俞鸿儒放手去做。

1956 年，俞鸿儒在大连工学院执教时留影

起初，实验过程多次发生事故。最严重的一次，临时搭建的实验室整个被炸毁。但每次事故后，俞鸿儒不仅未遭责难，反而受到安慰和鼓励。尽管也有非议的声音，但包括钱学森、郭永怀等所领导无不大力支持。力学所索性一次性地申请了许多水泥和木材，每次实验室炸坏了就立刻重建。最终，俞鸿儒彻底摸清了事故原因并采取了防范措施，他创立的氢氧燃烧驱动方法沿用至今，几十年来再未发生过严重事故。

"从事科学研究，一定要勇于独立思

考，不盲从，不怕犯错。"俞鸿儒说，当年，郭永怀和钱学森大概也是看中了他的这一点。他在中科院力学所原本是带薪读研，身份仍是大连工学院的教师。1962年广州全国科学工作会议期间，钱学森特向大连工学院的钱令希教授提出，希望将俞鸿儒留在力学所，作为交换，他们可以到力学所任意挑一个年轻人。于是，俞鸿儒被留在了力学所，工作至今。

后来，当俞鸿儒自己培养学生时，他最喜欢的也是能说出独到见解、乐于创新的学生。他笑着说："有个学生，能力很强，什么话都敢说，也不怕得罪领导，我就喜欢这样的学生。"

少花钱，多创新

半个多世纪以来，俞鸿儒始终坚持着一个追求：以尽可能低的费用，研制出尽可能高性能的气动实验装置。

"科学研究最关键的是人，是创新，而不是钱。有创新，再穷也能用自己的办法干好世界上独一无二的工作。没有创新，花再多钱，仿制国外再多的先进技术，也是赝品，做不出真正有价值的科学成果。"俞鸿儒反复重申和强调这一观点。而这个观念还是源于导师郭永怀的影响。

1960年前后，三年困难时期，力学所的许多科研项目被取消，俞鸿儒的项目虽得以保留，但经费少得可怜。郭永怀多次跟他讲："钱少亦能工作，应该学会用最省钱的方法解决困难问题的能力，那才是真本领。"

起初，俞鸿儒以为郭先生的话主要是针对当时困难的环境而鼓励他们。1967年春，在经费很有限的条件下，俞鸿儒建成了一台高性能的大型激波风洞，但郭先生看到后竟然非常生气。俞鸿儒感到很纳闷，不解老师为何生气，直到郭先生当面责问他："你究竟从哪里弄来这么多钱？"俞鸿儒这才意识到，原来老师误会他是花了大价钱才完成研究工作。因为当时北京

大学加工了一台规模和性能低得多的激波风洞，仅加工费就高达 80 万元，所以，郭先生以为，他建成如此高性能的激波风洞，至少花费了数百万元。俞鸿儒赶紧向老师汇报，他是如何收集和利用废置设备，如何寻找最便宜又能保证质量的加工厂，加工费一共仅 8 万元。郭先生听后终于舒展笑颜，并询问能否把试验区再延长。

此事让俞鸿儒真正意识到，郭先生那番"钱少亦能工作"的话并非仅仅针对困难环境而言的权宜之计，更是认为科研工作者不应该把精力耗费在找钱上，也不应该花费国家过多的钱，而应该尽可能采用简单巧妙的方法解决问题，这才是做好研究工作的有效途径。

从此，尽量少花钱、多解决问题，成为俞鸿儒延续至今的一贯作风。据悉，建成羡煞国际同行的 JF12 风洞，共花费 4600 万元人民币。正是由于采用了俞鸿儒独创的爆轰驱动技术，这一费用远比国外同类风洞低得多。作为 JF12 风洞项目组负责人的姜宗林说："没有创新思想，4 个亿也未见搞得出来。"

俞鸿儒还特意提到，JF12 激波风洞是由国家财政部和中科院共同支持的 8 个重大科研装备研制项目之一，使用的是专门经费。这笔经费专项用于研制外国没有的技术，以切实改变国内科研仪器大部分依赖进口和仿制的局面。

"科研项目的评估，就像买古董，只有识货的人才能分清什么真正有价值。如果总是跟着外国人走，仿得再像，也永远落后于别人。另外，绝不能以钱来作为衡量科研价值的标准，未必花钱更多的就更有价值。"俞鸿儒语重心长地说，"要想真正加强国内的自主创新能力，需要人们集体转变观念并改进完善体制，绝非任何人凭一己之力可以做到。"

他指出，当前有一些科研部门将科研和工程混为一谈，这是错误的：

"科学研究应该是科学技术工作最前面的一环,是开创性的工作,就像哥伦布发现新大陆。至于怎么开发,则是工程的范畴,二者各司其职。如果每个人都既忙发现,又忙开发,那就像要求大厨炒菜从种菜做起,是行不通的。"

2015年,俞鸿儒荣获首届"钱学森力学奖",以表彰他在激波与激波管技术领域做出的创新性贡献。他在获奖感言中说:"钱先生是我仰慕并敬重的师长,获得以他名字命名的奖项感到十分荣幸。得奖后首先想到的是钱先生晚年的两个忧虑:一是科技创新人才问题的'钱学森之问',已广为人知;二是重要科技创新成果的问题,却未引起人们的注意。1995年元旦,他给王寿云等六同志的信中写道:'60年代,我国科技人员先于夸克提出层子理论,率先合成了人工胰岛素,成功实现了氢弹引爆独特技术,但是今天呢? ……我认为,目前太迷信洋人了,胆子太小了! 如果不创新,我们将成为无能之辈! '钱先生的忧虑是关系民族复兴、国家强盛的大事,大家该为消除他的忧虑而努力。我虽已年老力衰,但仍愿与有志于此的青年同志一起继续努力。"

"只有创新,才可能使高超声速飞行以及其他各种科技的进步成为现实。"说到自己追求了一生的帮助中国人实现高超声速飞行的梦想,俞鸿儒不自觉地提高了音量,百感交集道:"创新不能光靠我们这些老年人,关键还要靠年轻人啊! "

郁铭芳 化学纤维织就梦想

郁铭芳（1927—　　），化学纤维专家，中国工程院院士，中国化纤领域开拓者和奠基人之一。

"科研也需要讲究唯物主义辩证法。"

"每个人都应为自己的人生负责。我们一生中会遇到很多问题，最重要的是要乐观。"

"化纤行业仍然焕发着新的生命力。从纺织到工业、国防、航空航天，应用非常广，有许多新产品、新领域有待研究，有许多潜力有待发掘。"

引言
Introduction

在上海东华大学松江校区材料学院一间陈设简朴的办公室里，白发苍苍的郁铭芳穿着深蓝夹克、灰长裤，坐在款式不算新的台式电脑前工作。老人很瘦，耳朵比一般人略长，眼睛不大却很有神，说起话来有浓重的上海口音。

他是地道的"老上海"，在这里出生、求学、工作，大半生都是与作为上海"母亲工业"的纺织业相伴走过。

他自中学时代酷爱化学，大学毕业后涉足纺织工业，曾迷茫过，也曾遭遇种种困难，但始终坚持自己的追求——用化学方法造出更多更好的"人造丝"。

从纺出中国第一根合成纤维，到生产出第一批国产军用降落伞丝；从主持"丙纶喷丝成布"项目，到领导碳纤维、芳纶等新兴高性能纤维的研制；从解决国人穿衣问题，到解决国防装备的材料问题……郁铭芳亲历并参与推动了中国化纤科技从无到有、由弱到强的全过程。

他说："我们从零起步，如今已经是化纤大国，但距离成为化纤强国仍有很长一段路要走。"

"稀奇"的化学

少年时，郁铭芳的理想是成为一名天文学家。他生于上海小康之家，父亲擅英文，在外国洋行工作。母亲常给他讲一些中国传统故事，如牛郎织女、嫦娥奔月，令他慢慢对遥远的夜空充满遐想。中学时代一堂化学课，令他改变了追寻的方向。

那堂课的场景，他至今记忆犹新：老师将一种无色透明液体倒入另一种无色透明液体中，混合后变成了红色，再倒入第三种无色透明液体，混合后又变回了无色。老师说，这是因为发生了化学反应，产生了新物质。"这个好稀奇，两种物质放在一起，竟然可以产生新的物质。"从此，郁铭芳开始对化学产生浓厚兴趣。

郁铭芳是家族里的长子长孙，在旧式家庭中，既感荣光，又不无责任和压力。父亲重视子女教育，郁铭芳亦自幼读书勤勉用功。1944年，他以东吴附中总分第三名的成绩入读东吴大学化工系。战火纷飞中，东吴大学无固定校舍，他随校四处辗转迁徙，但学习从未因烽火连天而稍有停歇。大学4年，他打下了扎实基础，加深了对化学的兴趣，并对恩师顾翼东先生的"一个化学家必须为人类留下某些有用的东西"、"五个W"等治学理念印象深刻。

1948年大学毕业时，郁铭芳谢绝了老师荐他去台湾石油化工厂工作的机会，和许多同学一起投考中国纺织建设

1948 年郁铭芳在东吴大学的毕业照

公司,成为最终被录取的三人之一。因当时上海第十七棉纺厂负责纺织浆料分析的化验室急缺人才,郁铭芳被分配到那里任练习助理技术员,而没能加入他所向往的印染实验室。

"印染出不同颜色,这是化学,纺丝织布则主要是物理,并没有新物质产生。"郁铭芳一度陷入迷茫。有前辈建议他去学习纺织,他摇头不肯,心里还是盼望,有朝一日能从事与化学相关的工作。

用化学解决国人穿衣问题

在棉纺厂的纺织浆料分析化验室,郁铭芳一待就是五六年。用他自己的话说:"在学术上浪费了五六年,但在政治上进步了。"

学生时代的郁铭芳一向不问政治,对于一些同学为政治搞罢课而影响了正常教学很不赞同。毕业后,一位党员同学和他一起到上海第十七棉纺厂工作,不时请他帮忙刻印党的一些宣传材料,加上新中国成立后整体社会氛围的影响,郁铭芳逐渐在思想上接受了马列主义、毛泽东思想,申请加入了中国共产党。

他从事化学工作的转机出现在1955年,周恩来总理在全国知识分子工作会议上发出"向科学进军"的号召。随后,上海各系统均出台了"用非所学"的技术人员可申请"归队"的政策。郁铭芳在厂领导支持下给上海纺织局写了一封信,表达了想参与化学纤维研究的愿望。

郁铭芳回忆说:"当时,布匹实行供销制,人们买布都要凭布票。要想解决人民穿衣问题,单靠棉花产量远远不够。国家纺织工业部已经决定发展化学纤维,而上海的纺织业在全国首屈一指,我感到,这是我的一个顶好的机会。它跟化学有关,我又比较晓得纺织的一些基本情况,所以,我想要搞化学纤维。"

郁铭芳：化学纤维织就梦想

1957 年 11 月，11 名技术人员被抽调到上海纺织局新组建的化纤筹建处，郁铭芳是其中的三名党员之一。几个月后，上海合成纤维实验工厂成立，主要任务是研究衣用纤维。在这里，郁铭芳历任实验室主任、生产技术科长、副总工程师等职。他终于如愿以偿地步入化纤研究领域，但前方的路仍然困难重重。

5 万 ~10 万年前，随着体毛退化，人类就开始使用兽皮、树皮、草叶等天然纤维来遮体保温。后来，绒毛、棉花、亚麻、蚕丝等天然纤维被广泛应用于纺织。科学家最早提出开发化学纤维的构想是在 17 世纪，但 200 余年后才成为现实。19 世纪末 20 世纪初，世界化学纤维工业发展迅速，涌现出一批新的工艺和产品。然而，纺织历史悠久的中国当时正处于长期战乱中，直至新中国成立之初，中国化纤工业仍是一片空白。

1957 年年底，在一排简陋的平房里，郁铭芳和同事们从零开始，边干边学。他们不舍昼夜地查阅国外资料，研究化学纤维的原理，了解工艺和品种，搜寻国外研究设备的图纸，大范围地调研国内工厂的生产能力。

当时，国内的科研和生产条件都比较落后，但他们想方设法、因陋就简地开展工作。原料聚合用的高压釜缺少耐高温、耐腐蚀的不锈钢材，他们就请老凤祥银楼的师傅用白银打成薄片制作内胆；纤维后加工没有拉伸加捻机，他们就用棉纺厂淘汰的细纱机加装拉伸区而成；缺少设备零件，他们就把图纸带回原来工作过的老厂"回娘家"加工……经过不懈努力，1958 年 6 月，他们利用"土设备"成功纺出中国第一根合成纤维 [①]——锦纶 6 长丝。

1959 年，郁铭芳带着利用锦纶 6 长丝制成的一张 5 公斤重的渔网到北京参加国庆十周年成就展。1960 年，他和同事们成功研制出中国第一根军

---

① 化学纤维分为两大类：以天然高分子物质为原料的称为人造纤维，以合成高分子物质为原料的称为合成纤维。

用降落伞用锦纶长丝,彻底解决了国内军用降落伞原料的供应问题。这一成就吸引了时任全国人大常委会委员长朱德前来上海合成纤维实验工厂参观,并与郁铭芳握手交谈。

郁铭芳由衷地为自己能有机会用化学的方法为国家解决问题而高兴。他诚恳地说:"一个人的一生,最重要的是做一些对国家、对人民有用的事情。"

科研也讲唯物辩证法

改革开放初期,"的确良"曾是一个时代的集体记忆。其实,早在20世纪60年代,这种化纤布料就开始进入中国,但价格昂贵,一度被视作"身份的象征",主要原因是其原料涤纶短纤维依赖进口。

为解决"的确良"的原料问题,1964年,由原上海合成纤维实验工厂改组而成的上海合成纤维研究所接到了国家科委下达的"年产300吨涤纶短纤维中试"项目任务。当时,37岁的郁铭芳任研究所副所长兼总工程师,承担了该项目的领导工作。

经过充分的调查研究,郁铭芳认为,当时国内化纤厂普遍采用的炉栅纺丝技术存在质量不匀、进料堵塞、需定期停产清洁等问题,于是决定从西德引进国际先进的螺杆挤压纺丝设备。然而,设备安装试行时,出现了堵料、漏油等诸多问题。郁铭芳顶着压力,组织技术人员"对洋设备动手术",前后改装二十几处,又通过持续实验摸索温度、湿度等工艺条件,终于成功实现中国纺丝技术的升级换代。后来,这套"中国版"螺杆挤压装备技术和工艺成为国内熔融法纺丝的主流技术,为解决国人的穿衣问题立下汗马功劳。

20世纪70年代,郁铭芳又成功领导研制出强度比钢高、密度比铝小、能耐高温的高性能纤维材料——高强Ⅰ型碳纤维。这一材料可用于火箭喷口、导弹端头、卫星等高精尖设备的制造。他还领导在芳纶、聚酰亚胺纤维等方面进行了卓有成效的研究探索，并因其在高性能纤维方面的开拓性贡献，多次荣获国家有关部委的通报嘉奖。

郁铭芳总结多年的科研经验认为，科研也需要讲究唯物主义辩证法："事物总是在变化发展中。研究一个问题，要随时调查研究，了解国际有什么比较新的研究成果，人家为什么要这样做，有什么意义。然后，你自己有什么想法，发现了哪些不足，有没有方法来解决问题，怎么开展接下来的工作？"看似轻描淡写的总结，却道出了科学研究的"真经"。正是在这种思路的指引下，郁铭芳在不同时期总是走在中国化纤领域科技发展的前沿。

20世纪80年代初，郁铭芳通过外国科技期刊得知了非织造布技术，立即意识到这种由高分子聚合物喷丝直接成布、无须纺纱织线的先进技术，可以大大缩短纺织工艺过程，成倍提高生产效率，用此技术生产出的产品且成本低、用途广。于是，他极力争取上海纺织局、国家纺织工业部的支持，在国内率先建立"喷丝直接成布"研究课题，获纺织部拨款220万元、上海市贷款900余万元。

以当年的物价水平，背负900余万元贷款，郁铭芳压力不小，但他相信科学，认为一定会成功。为确保工程质量，年届花甲的他坚守在施工

1984年11月，郁铭芳在美国纽约考察

341

现场,与技术人员、工人们一起"三班倒",同吃同住。这个"丙纶喷丝成布"项目最终于 1989 年顺利投产,不到 3 年就还清了全部贷款,有力推动了中国纺粘法非织造布技术的快速发展,为日后中国纺粘布产量领跑世界奠定了基础。郁铭芳因此获得 2011 年中国纺织品行业协会非织造布分会授予的"终身成就奖"。

1990 年,为改变上海纺织化纤原料依赖外来供应的局面,已到退休年龄的郁铭芳应邀出任上海纺织局有史以来最大的投资项目——"年产 7 万吨聚酯项目"的总工程师。他赴世界多国考察,凭借过硬的技术和流利的英文,在与外方技术谈判的过程中提出一系列改进意见,并为维护中方利益据理力争,被外方称为"忽悠不得的谈判专家"。该项目于 1994 年 6 月成功投产,当年即实现赢利和创汇。

1995 年,郁铭芳当选为中国工程院院士。他特地去看望了已从复旦大学退休的恩师顾翼东院士。在各种场合,郁铭芳总是说:"我只是做了应做的工作,却获得了许多荣誉,其实都是大家的功劳。"

人生最重要的是乐观

在 3 个儿子的记忆里,郁铭芳总是很忙,常常很晚到家,假日里总"霸占"着家中唯一的写字台书写和阅读。

在同事、学生的印象中,郁铭芳是个做事认真、一丝不苟的人。他的开门弟子钟继鸣永远难忘,自己当年做毕业论文时共引用了 60 余篇参考文献,导师郁铭芳竟然花了整整 2 天时间把所列文献一个不漏地校阅了一遍。郁铭芳曾应上海纺织局之邀任鉴定委员会主任,有人希望他别太认真,"手抬抬就过去了",但他坚持:"要么别请我,签字就要负责任。"

"每个人都应为自己的人生负责。我们一生中会遇到很多问题,最重要的是要乐观。"郁铭芳举例说，自己一生中遇到最大的困难是生病，从小学、中学、大学到工作后，不同时期都患过重病，但这反而使他比别人更深刻地意识到健康的重要性，于是坚持每天锻炼，至八九十岁高龄仍能保持比较健康的身体状况。老人和蔼地吐露心得："健康是前提。没有健康，不仅不能工作，还会影响他人。"

2001 年，郁铭芳应邀加盟东华大学（原中国纺织大学，前身是 1951 年创建的华东纺织工学院），任材料学院教授、博士生导师。为国家培养更多化纤人才，一直是他的心愿。至今，他虽不再直接参与前沿研究，但仍尽心尽力地培养学生、担任顾问、参加学术会议……继续为中国化纤的发展献计献策。

令他欣慰的是，"当年我们从零起步。如今中国毫无疑问已经是化纤

2005 年，郁铭芳在国际学术会议上演讲

大国"。目前,中国的化纤产量占世界60%以上。人们常见的含有聚酯纤维、粘纤、腈纶、氨纶等成分的服装都是化纤产品。全世界每两件服装中就有一件是中国制造。

但令他心有不甘的是,"我国仅是化纤大国,仍远非化纤强国"。他坦言,中国距离成为化纤强国仍有很长一段路要走,尤其在高性能纤维和机械设备等方面,与世界真正的强国仍有较大差距。

回望自己的科研路,郁铭芳既为自己有机会用化学方法为国家和人民做贡献而高兴,同时也为这些工作多是实现了将国外已研发成功的设备或产品引进中国,缺乏自主原创性成果而深表遗憾。

2009年,郁铭芳偕夫人姜淑文与他的学生们留影

郁铭芳将希望寄予年轻一代,希望今天的年轻人能不断开拓创新,终有一天实现全方位"赶超世界先进水平"。他说:"当前,化纤行业仍然焕发着新的生命力。从纺织到工业、国防、航空航天,应用非常广,有许多新产品、新领域有待研究,有许多潜力有待发掘。"

袁隆平 用杂交水稻战胜饥饿

袁隆平（1930—　　　），杂交水稻育种专家，中国工程院院士、美国国家科学院外籍院士，国家最高科学技术奖获得者，联合国教科文组织"科学奖"和联合国粮农组织"粮食安全保障荣誉奖"获得者。

"粮食，实乃农业重中之重！"

"科学研究和艺术创造一样，也需要灵感。"

"上了船，你就要划到对岸去。"

"在不被人理解时一定要坚持下去，厄运过去便是曙光。"

引言
Introduction

　　他无疑是中国当代最负盛名的科学家之一。他的故事被写进多个不同版本的中小学语文和英文课本,他讲过的一段话被编成了高考作文题,连他单位门口的一条路、银河系里的一颗小行星也都被用他的名字来命名——他就是"杂交水稻之父"、中国工程院院士袁隆平。

　　他自幼学习并不出众,倒是以"齐天大圣"孙猴子为人生楷模,大学同学送他"爱好自由,特长散漫"的评价,他引以为豪。直至而立之年,他仍只不过是湘西偏远山区一所农校里默默无闻的穷教员。

　　然而,世上怕只怕"认真"二字。在饱尝饥荒之苦后,他痛下决心,立志要用科学解决中国人"填不饱肚子"的问题。从此,无论遭遇何种质疑、磨难、艰辛,他从未易改其志。曾经那个不名一文的年轻人,终成一番伟业,成了"米菩萨""当代神农"。与此同时,中国人也在短短数十年间由饥荒奔向小康。袁隆平终于得偿平生夙愿——战胜饥饿!

饿出来的追求

1960 年，在湖南省西部的雪峰山脚下，偏僻的黔阳县安江镇东郊，坐落着由古刹的十几间房改建而成的安江农校。30 岁的袁隆平是这里的一名普通教员，负责教遗传学和俄语。他已经在这里教了 7 年书，从未获得升职的机会。

起初，他住在砂墙泥地的老屋，后来搬进了砖木结构的单身宿舍。他曾有过一段恋情，却因"家庭成分不好"以失败告终，对方最终选择了另一位"出身较好"的男青年。学生们都说，这位大城市来的老师说话文绉绉的，老在课堂上谈哲学、念诗歌、引经据典，还喜欢讲些古今中外的趣闻故事。傍晚时分，时常会从他的宿舍里传出悠扬的小提琴声。田野里的老农们则说，这个袁老师不太像老师，倒越来越像是地道的"泥腿子"，就连农活最棒的老农也对他竖起大拇指，赞叹"袁老师干活太实在"。课余时间，这位年轻的袁老师经常带着比他小不了多少的学生们在实验田里劳作，他常说"学农，实践更比听课重要"。

就在那一年，中国发生了全国性的大饥荒，粮食已连续两年大减产。[①]袁隆平和农校师生们都饱受饥饿之苦。夜晚入睡时，袁隆平常感到浑身冰凉，在梦里大口吃肉，醒来却只能嚼草根树皮。他的身体渐渐浮肿，想看书却怎么也打不起精神，更别提下地干活。他多次在马路边亲眼看见饿死的瘦骨嶙峋的可怜人。

这种饥荒的经历，令自幼家境不错的袁隆平大为震撼。他出生在北平，在家族中排"隆"字辈，故名"隆平"，是家中次子，乳名"二毛"。其祖父曾

---

① 1960 年，中国粮食年产量 14385 万吨，人均 217.3 公斤。世界粮农组织认为人均 400 公斤可满足营养均衡。2016 年，中国粮食年产量 61624 万吨，人均 446.55 公斤。

任广东文昌县县令。其父袁兴烈毕业于东南大学中文系,早期在平汉铁路局供职,抗战爆发后弃笔从戎,在冯玉祥第二集团军任上校秘书,新中国成立前曾任南京国民政府侨务委员会帮办。其母华静在英国教会学校念过书,能说一口流利的英文,喜欢哲学,常用讲故事的方式给孩子们讲做人的道理。

幼时的袁隆平十分活泼调皮。他曾为模仿木匠而把铁钉衔在嘴上,却一不小心把铁钉吞进了肚子里。抗战爆发后,有一次日军空袭,他嫌防空洞里太憋闷,便偷偷溜出去游泳,把全家人急出一身冷汗。他从来不是循规蹈矩的好学生,学习全凭兴趣,喜欢的课程全情投入,不喜欢的则奉行"三分[①]好,三分好,不贪黑不起早,不留级不补考"。他很喜欢游泳。中学时湖北省举行游泳比赛,因发育晚、个子小,体育老师未推荐他参赛。他便偷偷尾随参赛同学溜进赛场,最后竟夺得男子自由泳汉口赛区第一名、湖北省第二名的好成绩。

这个不安分的少年,如何萌生了学习农业的志向?这源于一次"美丽的误会"。6岁那年,袁隆平上小学一年级,老师组织同学们到郊区一位实业家的园艺场参观。在那儿,他看见了五颜六色的花、红得诱人的桃、成串的葡萄……那幅画面令他终生难忘。从小生活在大城市的他,误以为那就是传说中的农村,心想"这农村可真美啊"。从此,一个朦胧的念头开始在他心里生根、萌芽:"长大后就学农。像卓别林演的《摩登时代》一样,打开窗户就能吃到葡萄,多美好!"

1949年夏,19岁的袁隆平面临高考,一心憧憬美好乡村生活的他报考了重庆相辉学院农学系。一年后,该系与另九所大学的农学系合并为西南农学院。

---

① 当时的学校考试实行五分制,"三分"即相当于百分制里的60分。

大学时代，同学送给袁隆平的评价是"爱好自由，特长散漫"。他喜欢睡懒觉，每次总要等到紧急集合铃响，才一边扎裤腰带，一边往教室跑。他自言最怕"紧箍咒"，虽然有老师动员，但他始终没有入团，因为觉得自己"起不到模范带头作用"。

4年后，袁隆平毕业了。一向向往自由的他，在毕业分配志愿书上写的是："到最艰苦的地方去，到祖国最需要的地方去。"他被分配到了湘西的安江农校当老师。他翻出地图，查了半天也没找到安江究竟在哪儿。后来，他先乘火车，再坐汽车，然后换马车，最后背着行李徒步翻越一座大山，历时半个多月，终于来到了唐代诗人王昌龄曾被贬任职的湖南省黔阳县。

安江农校的生活很是清苦，全然不是他梦想中的"摩登时代"的模样。现今，忆及"误入斯门"，袁隆平自嘲道："人生第一次的印象总是最深的。要是早知道真正的农村那么脏累苦，可能就不学农了，哈哈。"

袁隆平生性开朗，很快便适应了"真农村"的环境。在当年全国轰轰烈烈建设祖国的大潮中，袁隆平一边授课，一边领着学生在实验田里搞农业研究，倒也感到生活平和充实。关于自己的研究方向，袁隆平做过很多设想和尝试。他想过主攻园艺、种果树，后来又考虑过研究红薯。直到饥荒之年来临，自己和身边人无不饱尝饥饿之苦，袁隆平才猛然如醍醐灌顶："粮食，实乃农业重中之重！"

上了船就要划到对岸

"而立之年了，再也不能'东一榔头，西一棒子'了，就研究这个：能填饱肚子的水稻。"得到饥肠辘辘的肚子的启示，袁隆平强烈地感到，找到了未来人生的方向。

从此，袁隆平成天泡在安江农校的半亩实验田里，头顶炎炎烈日，脚踩

袁隆平院士是中国研究杂交水稻的创始人、世界上成功利用水稻杂交优势的第一人

冰凉的稻田。春来秋去，寒来暑往，他极为细心地呵护着每一株实验稻苗的成长。

那时，中国正流行"学习苏联老大哥"。苏联专家米丘林和李森科是整个生物学领域最闪亮的明星。受他们的"环境影响比遗传更重要"、"无性杂交简便易行、立竿见影"等学说影响，袁隆平尝试着把西红柿嫁接到土豆上，又把南瓜嫁接到西瓜上。第一年，他从土里挖出了土豆，从茎上收获了西红柿，还种出了既不像西瓜、又不像南瓜的"怪瓜"，惹得学生们哄堂大笑。第二年，袁隆平再把收获的这些"奇花异果"的种子种到地里，最终结出的果实和从前未经嫁接过的作物并无任何差别。袁隆平感到自己像"迷途羔羊"，看不到"无性杂交"的前途在哪里。

"科学研究和艺术创造一样，也需要灵感。"这是袁隆平从事科学研究多年后的感悟。

他获得的第一个科学灵感，源于偶然发现的一株"鹤立鸡群"的水稻。这株稻穗大、粒多且饱满，按其单株产量计算亩产可高达五百公斤，而当时国内产量最高的水稻也不过亩产两三百公斤。袁隆平如获至宝，他将这株水稻结出的稻种悉心收集起来，第二年精心播种在瓦罐中的培养土里，日日查看，勤加呵护，"望种成龙"。然而，结果令他大失所望，那株稻的所有后代"没一个赶得上它们的'老子'那么好"。

当时的他，就像是在迷雾漫漫的大海里航行，好不容易发现某个方向透出一丝微光,倾尽全力全速前进,结果那道微弱的光却"啪"的一声灭了。可就在他懊恼灰心之时,一道比之前更明亮的光取而代之地出现了。

袁隆平猛然想到,从遗传学的分离规律看,纯种水稻的第二代不会有性状分离,只有杂种第二代才会出现性状分离现象。所谓"性状分离",即子代产生与亲代不同的性状。那么,既然实验里的那些"子代"出现了"儿子不像老子"的性状,这就表明,它们的"亲代"——那株鹤立鸡群的水稻,一定是一株天然杂交水稻,并且它表现出了其他普通水稻望尘莫及的优势。

"杂交水稻有优势!"这是一个突破性、划时代的结论,袁隆平由此萌发了利用杂交优势提高水稻产量的大胆设想。这是灵感降临的瞬间:"众里寻他千百度,蓦然回首,那人却在,灯火阑珊处。"

袁隆平为自己的突发奇想兴奋不已。然而,这个设想不仅不符合当时占统治地位的米丘林、李森科等人学说,与经典遗传学理论中"稻麦等自花授粉作物自交不退化,杂交无优势"的结论也相悖。所以,袁隆平的想法并不被当时的多数人接受,不少人甚至讽刺其为"伪学说"。

带着心中的疑问,袁隆平自费到北京拜访专家。幸运的是,北京农业大学教授、遗传学家鲍文奎对他的想法大为赞赏,对他说:"从事杂交水稻的研究,是洞悉生命的本质,推动生命的进程,是培植人类文明的事业。从事这样的事业,是生命的价值所在。"袁隆平记住了鲍教授的话,他对自己说:"上了船,你就要划到对岸去。"

"东方魔稻"的诞生

当时,杂交玉米已在国际上大获成功。在日本、印度、美国等,也有人在研究杂交水稻,但迟迟未有突破。原因在于,玉米是雌雄同株异花植物,

容易进行杂交,而水稻是自花授粉作物,雌蕊和雄蕊包覆在同一朵花苞中,想实现不同植株之间的杂交,很不容易。

袁隆平又开始了漫长的黑暗迷雾中的航行,但这一次,他更加确定了心中那道微光的方向所在。功夫不负有心人,最终,他设计出了后来轰动世界的"三系法"循环杂交技术路线:第一步,寻找雄性不育稻株,其雌蕊发育正常而雄蕊发育退化或败育,不能自花授粉结实,进而培育出能稳定遗传这种雄性不育性状的"不育系";第二步,将正常发育的特定品种的花粉授予雄性不育系的雌蕊,使不育系性能一代代保持下去,从而培育出"保持系";

伏案工作的袁隆平

第三步,寻找和培育一种水稻和雄性不育系杂交,使它们的后代不仅具有较强的优势,而且育性恢复正常,能自交结实,进而培育出"恢复系"。最终,通过三系循环杂交,就能培育出具有明显的生长优势和产量优势的优良杂交水稻组合,可进行大规模生产。

1964 年,发生了两件对于袁隆平意义重大的事:一是与同样"出身不好"、同样学农的邓哲结婚;二是在安江农校周边勘查了数不清的稻株后,他终于找到了雄性天然不育株。前者使他从此不再孤单,有了支持他从事杂交水稻研究的坚强后盾;后者则使他更进一步坚定了研究杂交水稻的信心。

两年后,在 1966 年第 17 卷第 4 期《科学通报》上,袁隆平发表论文《水稻的雄性不孕性》。这是国内首次刊发论述水稻雄性不育性的论文,也是《科学通报》因"文革"爆发而停刊之前刊发的最后一期杂志。时任国家科委九局局长赵石英看到文章后，旋即致函湖南省科委及安江农校，认为"杂交水稻研究很有意义"，希望给予袁隆平"大力支持"。这一纸书函，使得原本已被划为"黑五类狗崽子"的袁隆平成了保护对象，于乱世中仍得以继续潜心科研。

即便如此，在那段动荡的岁月里，袁隆平还是被一些人诬为"学术骗子"，而他倾注全部心血培育的杂交水稻秧苗，先后两次被人暗地里砸得稀烂。一天夜里，袁隆平梦见了"苏格拉底"，醒来后，他想："应该像自己一直崇拜的这位偶像那样，在不被人理解时一定要坚持下去，厄运过去便是曙光。"

此后很长一段时间，袁隆平和他的助手像候鸟一样南北辗转，春夏在长沙，秋至南宁，冬到海南，既是为了尽快找到合适的雄性不育株，也为了使水稻在同一年里多长几代，加速研究进程。自 1964 年首次发现天然"雄性不育株"后，袁隆平又花了整整 6 年时间，做了 3000 多个杂交组合育种实验，却始终没能培育出不育株率和不育度都达到 100% 的"不育系"。

事情的转机出现在"野败"的发现。1970 年，袁隆平的助手李必湖在海南找到一株天然的雄性败育野生稻。后来，袁隆平为其取名"野败"。他们将"野败"的不育基因导入栽培稻，其后代雄性不育特征实现了 100% 遗传。这意味着"三系法"第一步、也是最难的一步——培育不育系，终于大功告成！袁隆平高兴得连续好几天睡不着觉。

不久，湖南省农业科学院正式成立杂交稻研究协作组，袁隆平调至那里工作。国家科委将杂交稻列为全国重点科研项目，组织全国 10 余个省市的 30 多个科研单位协作攻关，用了上千个品种与"野败"的后代进行了上万次杂交试验。1974 年，杂交水稻三系配套宣告成功。1976 年，杂交水稻首先在湖南推广，随后在全国遍地开花结果。当年推广杂交水稻 200 余万

袁隆平与种植杂交水稻的菲律宾农民在一起

亩,平均亩产量从两三百公斤一下子提高到五百公斤,极大地解决了中国人的吃饭问题。

改革开放后,袁隆平不断受邀出访世界各国,帮助培植杂交水稻。这种表现出很强生产优势的杂交水稻被一些国际友人称为"东方魔稻",还有人称它是中国继指南针、火药、造纸术和活字印刷术之后的"第五大发明"。

1982 年,在菲律宾马尼拉召开的一次国际学术会议上,当印度农业部前部长斯瓦米纳森将袁隆平引向主席台时,会议厅的大屏幕上赫然出现一行特大号的英文:"杂交水稻之父袁隆平"。斯瓦米纳森郑重地说:"我们把袁隆平先生称为杂交水稻之父,他是当之无愧的。他的成就不仅是中国的骄傲,也是世界的骄傲。他的成就为世界带来了福音。"

自然探秘永无休

袁隆平一举成名了。这在他看来却成了件麻烦事:"人怕出名猪怕壮。

走到哪儿都有人认得你，跟你要签名、要合影。你得谨言慎行，不能出一点错，麻烦大了。"

袁隆平无意为官。湖南省农业科学院想聘他当院长，他婉言谢绝。后来推却不过，他担任了湖南省政协委员，再后来成为全国政协常委。他把这些工作看作自己对社会应尽的责任，最关注的内容永远是国家粮食安全和农民收入。

1993年，湖南省为袁隆平申报中国工程院院士，三评不中，第四次才评上，一时间成为街谈巷议的新闻。对此，他本人倒并不在乎："咱争那些干什么。评上评不上，不过是多个新名号，对于真实的自我能有多大改变？"

杂交水稻技术创造了极大的经济效益，而袁隆平多年除工资外分毫不取，技术免费向全国推广。美国一家种子公司使用他的专利，每年给他1.5万美元，他全部用作科研经费。他荣获国际各类大奖数十项，国内奖项更数不胜数。国家科技发明特等奖、国家最高科学技术奖等多项大奖，他都是首届获得者，而所有奖金他照样全部用于科研或科学奖励基金。

袁隆平没想到，自己竟有朝一日会成为亿万富翁。2000年12月11日，

袁隆平在育种家委员会开放会议上进行杂交水稻主题演讲

"隆平高科"在深圳证券交易所挂牌上市,成为中国第一家以农业科学家名字冠名的公司,湖南农业科学院为控股方,袁隆平出让姓名权,同时任公司名誉董事长,持有原始股250万股(上市首日每股收盘价40.37元)。关于此事,袁隆平的解释是,他原本坚决不同意,后来又同意的原因是:一来,依托上市公司更有利于把杂交水稻推向全世界;二来,可一定程度解决多年来犯愁的科研经费问题。

袁隆平最牵挂的始终是那片实验田。他曾做过一个梦:"我梦见,杂交水稻的茎秆像高粱一样高,穗子像扫帚一样大,稻谷像葡萄一样结成一串一串。我和助手们在稻田里散步,在水稻下面乘凉。"

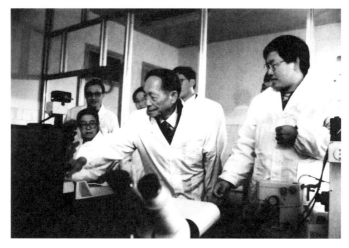

袁隆平在指导学生

"战胜饥饿"是袁隆平为之奋斗一生的梦想。为实现这个梦想,他设立了两大目标:一是实现亩产1000公斤的超级稻;二是使杂交水稻走向全世界,造福全人类。

如今,这两个目标可以说皆已实现。2016年10月,由袁隆平指导、湖南杂交水稻研究中心选育的实验品种"超优1000",经验收,实测亩产量达到 1013.8 公斤,创造了新的杂交水稻高纬度亩产世界纪录。同时,杂交水稻自 1979 年首次走出国门至今,已在全球数十个国家和地区进行研究和推广,并在美国、巴西、印尼、印度、缅甸等十几个国家进行大面积商业化种植,对在世界范围内减少饥饿做出了卓越贡献。

1994 年,曾有一位外国学者的疑问引起广泛讨论:21 世纪谁来养活中国? 今天,这个问题已不再成为问题,其中,杂交水稻功不可没。

至今,只要时间允许,袁隆平仍坚持下田。在田间地头解决问题,是他数十年来的老习惯。在他的书房里,挂着一幅自己手写的七绝:"山外青山楼外楼,自然探秘永无休。成功易使人陶醉,莫把百尺当尽头。"

张金哲 小儿外科"魔术师"

张金哲(1920—　　　),小儿外科学专家,中国工程院院士,中国小儿外科开拓者和奠基人之一,国际小儿外科最高奖"丹尼斯·布朗金奖"获得者。

"中国人甚至能在一颗米粒上刻诗,真心想做一件事,哪有什么做不了的?"

"如果总是遵循别人的常规,只能做个'二手医生'。学生应该超过老师,而且必须超过老师。"

"一生努力,两袖清风,三餐饱暖,四邻宽容。"

引言
Introduction

　　曾经,中国的小儿外科一片空白,张金哲眼睁睁地看着一个个幼小的生命逝去,自己却束手无策。

　　从在自己女儿身上成功实施第一例小儿外科手术,到创建中国第一个小儿外科门诊,再到当选为中国工程院院士,被誉为"中国小儿外科之父",荣获国际小儿外科界最高成就奖"丹尼斯·布朗金奖"、世界小儿外科学会联合会终身成就奖,张金哲见证并推动了中国小儿外科的发展,挽救了成千上万婴幼儿的生命,使无数先天畸形儿童恢复健康。

　　已近百岁高龄,他仍坚持出诊。在孩子们眼里,他是会变戏法的"老朋友";在家长和医界同行眼里,他是妙手回春的"魔术师"。而他的想法很简单:"想为孩子们多做些事。"

真想做事有何难

这是北京儿童医院普普通通的一天：周边道路堵得水泄不通，医院内人山人海，孩子哭声此起彼伏。有人说，春运的紧张是一年一次，而儿童医院的拥挤几乎是天天如此。每天都有许许多多来自全国各地的患儿家长怀着焦急的心情来到这里。

在门诊楼6层，有一位满头银发、高挑清瘦、戴着眼镜的老人，脸上挂着和善的微笑在接待病患。他就是人称北京儿童医院"镇院之宝"的张金哲，已经在这所医院工作了半个多世纪。

中国古时曾有"宁治十男子，莫治一妇人；宁治十妇人，莫治一小儿"之说。直至半个多世纪前，中国的儿科治疗仍很不成熟，儿童手术死亡率近30%，是同期成人手术死亡率的六七倍。一些在今天看来很轻微的病，当年随时可能要了孩子的命。

1945年，兵荒马乱之中，张金哲辗转就读于燕京大学、协和医学院、上海圣约翰大学、上海医学院等多所大学的医学院，毕业后来到北京中央医院（新中国成立后更名中央人民医院，现为北京大学人民医院）当一名外科住院医师。那时，很少有医院专设儿科，张金哲甚至从未听说过"小儿外科"这个医学门类。他之所以开始关注儿科，后来更选择了小儿外科这个当年无人问津、不受重视、不被看好的方向作为毕生的道路，缘于几次偶然事件。

年轻时的张金哲

一天,张金哲在医院值班,恰逢他的一位中学老师带着未满一周岁的女儿来看病。孩子患的是白喉,这是一种急性呼吸道传染病,易导致呼吸困难,当时已经奄奄一息。老师见到他特别高兴,认为孩子有希望了。张金哲学过,治疗这种病要做气管切开手术,但他刚毕业,做不了这项手术,赶紧请示上级大夫。大夫告诉他,没有人给小孩做过气管切开,医院也没有合适孩子手术用的器械。最后,大家只能眼睁睁地看着孩子死去。

"这明摆着是能治的病,结果就因为没人做过、没实践、没设备,孩子就死了。"张金哲痛惜无比。他至今记得,老师抱着孩子离开时,一句话也没有说……

3年后,一种后来被命名为"新生儿皮下坏疽"的传染病席卷了全国各地的产房,感染患儿死亡率高达100%。那时,张金哲已升任住院总医师,每个病例都要经他"拍板",他亲眼看着一个又一个孩子刚出生不久就去世,却无能为力。为此,他查阅了大量资料,通过仔细分析,大胆提出能否在感染大面积扩散前将婴儿的患处切开,放出脓血以缓解病情。他的建议得到病理科同事的支持,却遭到临床大夫们的一致反对:中医讲"熟透"了才能开刀,西医讲"圈住"了、不再扩散才能开刀,而张金哲的想法无论中西医都不能认同。

1948年8月,张金哲的第二个孩子出生,尽管一出生就立即出院,但还是未能幸免地感染了"新生儿皮下坏疽"。张金哲当机立断,亲自给女儿按照自己的设想实施了手术。"看得太多,我知道,不切这刀,她必死无疑。这种情况,我也不用再请示谁了,也没有别的办法,只能孤注一掷。"就这样,张金哲的女儿成为全国"新生儿皮下坏疽"术后成活的首个病例,也成为张金哲进行小儿外科手术的第一个创举。后来,张金哲又用相同方法成功治疗了几名患儿。很快,这种办法不胫而走,在全国得到推广,使"新生儿皮下坏疽"的死亡率迅速下降至 10%。

张金哲感触良多地说："小儿外科难，关键难在没人去做。中国人甚至能在一颗米粒上刻诗，真心想做一件事，哪有什么做不了的？"

外科医生至少是个木匠

1950 年 7 月，新中国第一届全国卫生代表大会在京召开，会议提出要加强妇幼保健工作，在各省建立儿童医院。会上，著名儿科专家诸福棠向时任中央人民医院院长胡传揆提出："能不能支援我们一个外科大夫？"胡传揆院长指着恰好站在他身旁的张金哲笑着说："你看他怎么样？"诸福棠询问张金哲的意愿，当时，专攻小儿外科已成为张金哲的心愿，他毫不犹豫欣然应允。

不久，张金哲在中央人民医院挂出了中国第一块"小儿外科"的门诊牌子。许多人劝张金哲放弃这个专业，因为国内的小儿外科毫无基础，不仅条件艰苦，而且危险系数太高。不过，时任中央人民医院儿科主任的秦振庭教授很支持他，专门送他一本从美国带回的《小儿外科学》，并分给他五张病床，配备了相关医护人员。

张金哲没想到，他遭遇的第一个困难不是疑难杂症，而是没有病人。5张病床一直空着，连个挂号的人都没有，因为没有人知道有个"小儿外科"。就在张金哲感到快要坚持不下去时，一个从污物桶里捡回来的孩子，让他又坚定地把差点"关张"的诊室开了下去。

一天，医院有位产妇生下了一个先天畸形的孩子，脑袋后面长着一个比脑袋还要大的"球"。孩子生下来就没有呼吸，浑身紫黑，家长和医生都放弃了，婴儿被扔进了污物桶。后来，清洁员在打扫卫生时听见了孩子的哭声，赶紧通知护士，孩子便被带到了张金哲的小儿外科。张金哲立即为孩

子实施切除手术,家长闻讯匆匆赶来,孩子术后恢复得很好。消息一经传出,张金哲一下子"火"了。"外界传言我能起死回生,能切'大脑袋'。其实,手术很简单,但是在这种宣传下,开始有病人来了。"张金哲回忆道。

1955年,张金哲被调到新建的北京儿童医院任外科主任。15张病床、2间手术室,这是当时全国最大的小儿外科中心。

当年,西方对中国实施技术封锁,国内医疗条件简陋,技术力量薄弱,张金哲只能从一些简单的手术做起,同时不断结合实践进行研究。凭着苦心钻研和奇思妙想,他逐渐摸索出一套适合小儿外科手术的麻醉方法,以及适合孩子的检查和诊断方法,还发明了一系列适合小儿外科手术用的医疗器械。

在张金哲的家里,有一个保留至今的手工作坊,由一把扶手椅改造而成,上面摆满了钳工、木工、电工的各种常用器具。在张金哲的童年,他的父亲有一家制作工具的小工厂,他常去玩耍,对学习使用刨子、锯子之类的工具很感兴趣。长大后,他仍喜欢"手脑不闲",一些给成人患者用的医疗器械,用于小儿疾病诊断和手术操作起来很不方便,他便自己动手改良或创造。先后有50余项发明在他家的这个小手工作坊诞生,其中包括后来被国际同行广为称道的用于巨结肠手术的"张氏钳"、使无肛门手术避免开腹的"张氏膜"、胆道再造手术防返流的"张氏瓣"等原始用具模型。这些发明有不少在全国免费推广,部分至今仍在一些第三世界国家被广泛应用。

"外科是要动手的,白求恩都说了,外科医生至少是个木匠。"张金哲经常强调,"要当好小儿外科医生,务必手脑并用。"他曾手书一幅"博思勤动"的书法作品挂在家中,作为自己的座右铭。

2000年,张金哲在意大利获颁被视为国际小儿外科界最高荣誉的英国皇家医学会"丹尼斯·布朗金奖",获奖理由是:他代表了13亿人口大国儿科医生的技术水平；他的张氏钳、张氏瓣、张氏膜等发明，丰富了国际小儿外科技术。2010年，他又荣获世界小儿外科学会联合会颁发的终身成就奖。

2000年，张金哲（中）接受国际小儿外科界最高荣誉——英国皇家医学会"丹尼斯·布朗金奖"

张金哲将各种荣誉归功于国际社会对中国小儿外科的认可，而非仅仅缘于他个人的成就。同时，他总结自己多年的临床和科研经验说："临床遇到问题，碰到不顺手的地方，想着怎么解决和改进，这就是创新。一点小的

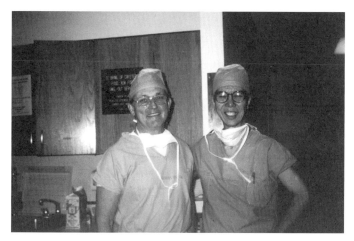

张金哲（右）与国际同行在一起

成果,可以提高疗效,增加安全度;一个大的改进,往往需要突破常规,上升到理论。过去的医学传统是学生跟着老师学,现在不是这样,信息时代发展太快,一些曾经轰动的科研成就,现在大部分都被淘汰了,包括我的所谓张氏膜、张氏瓣。如果总是遵循别人的常规,只能做个'二手医生'。学生应该超过老师,而且必须超过老师。"

先交朋友,再做手术

"您好,请坐,我是张医生,有什么我能帮助你吗?"从医60余年,张金哲坚持对每位病人笑脸相迎,起身相送。他早被公认为"中国小儿外科之父",但所有见到他的人,感受到的永远是老人一以贯之的真诚、直率和谦逊。

他常跟年轻后辈提及,在他几十年前读的《克氏外科学》的扉页上,有一行大字:"先交朋友,再做手术。"在张金哲穿过的每一件白大褂胸前,都有他自己用笔描的较为显眼的"外科张金哲"五个字。他说:"病人把命都

在北京儿童医院的联欢会上,张金哲表演的魔术是很受欢迎的保留节目

交给你了，你得让人一进门就知道，他是把命交给了谁。"

张金哲的白大褂，就像哆啦 A 梦的百宝箱，里面经常"变"出一些小纸条、小器械。纸条上是打印好的关于一些小儿常见病的症状、治疗要点、护理注意事项等简要介绍，以方便家长更好地了解病情和照顾孩子。小器械中有一些是用于诊断的小工具，还有一些是给孩子变魔术用的小道具。有时，检查身体时难免遇到孩子哭闹不停，他就会变一个小魔术，在转移孩子注意力的同时，顺利摸清楚孩子的身体情况。

张金哲说，要做一个好的儿科医生，首先要爱孩子。"你不喜欢孩子，就很难让孩子喜欢你。好的儿科医生，应该让孩子愿找，让妈妈放心。"

他还提出，身为大夫，要练就两个"拿手活儿"：一个是"三分钟艺术"，在三分钟之内用老百姓能听明白的话把病因、病理、治疗讲明白；另一个是"一分钟检查"，要尽量在患者进来后的一分钟内摸清楚大致是什么问题。

数十年来，张金哲解决了不少医学难题，为成千上万的婴幼儿成功实施手术，挽救了许多幼小的生命，使许多先天畸形的新生儿恢复正常，健康

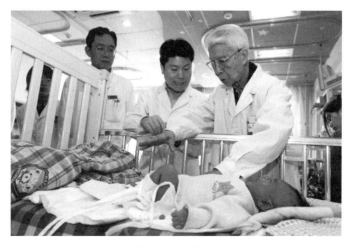

张金哲（右一）与学生王焕民讨论诊断患儿的病情

成长,并创造了小儿阑尾炎手术 30 年 15000 例无死亡、急性绞窄性肠梗阻包括坏死休克患儿连续 100 例无死亡的纪录。他当年一手建立的北京儿童医院小儿外科,如今已发展至拥有骨科、胸外科、肿瘤外科、心脏外科、神经外科及新生儿外科等 10 余个专业。

1997 年,张金哲当选为中国工程院院士,成为中国小儿外科界的第一位院士。很多人向张金哲表示庆贺,他则特意写下一幅书法挂在家中:"一生努力,两袖清风,三餐饱暖,四邻宽容",以免被"庆贺得晕头转向"。

他自言,自己的前半生几乎没有平稳过。他 1920 年生于天津市宁河县,父亲是制盐的"民族资本家",家境还算富裕。但从他记事起就总是在逃难,在军阀混战和抗日战争中辗转多地,艰难完成从小学到大学的学业,特别是从中学起就戴着沦陷区学生的"亡国奴"帽子,让他感到很自卑。起初,他的梦想是当空军飞行员,可惜视力不达标,被拒之门外。他自幼喜欢画画,本打算退而求其次学美术或建筑,没想到高考时报考了 3 所大学,最

2002 年春节,张金哲与夫人在他作的书画扇前合影

先寄来录取通知书的是燕京大学的医学预科。完成 4 年学业后,他进入协和医学院,从此走上医学之路。尽管医学并非他最初志向,但他渐渐感到"学进去了","特别是取得了一定的成绩,愈学愈深,愈发有兴趣,给病人治好病就很高兴。"

张金哲说:"人活着,最重要的就是要干活。人要是不干活,就算活着也没意思。"他强调,从事科研的目的应该是改进工作,推动科学发展,而不应该是为了名利。"一个人可能取得了很大的成绩,但没有赶上机会,不一定能得到利益上的东西,这里面有机遇的问题。但名利跟科研没有直接关系,也不应成为我们做科研追求的目标。"

除了坚持每周两次出诊和查房,已近期颐之年的张金哲仍在指导学生,工作之余大部分时间坐在电脑前批改论文或写书。除了听力不太好,他身体的各项指标仍很健康。他说:"昨天能干的事儿,今天一定也能干;今天能干的,明天也照样能干。总这么去考虑、去执行,就无所谓老了。"

郑哲敏 爆炸力学家的家国情怀

郑哲敏(1924—　　　),力学家,中国科学院院士、中国工程院院士,中国爆炸力学的开拓者和奠基人之一,国家最高科学技术奖获得者。

"人终归是要死的。一个人活着的价值,还是要做一些事,为社会做点贡献。"

"科研有突破的那一刻很快乐,但更多的时候是枯燥的、艰苦的,是在一遍又一遍的错误中寻求突破,在反反复复的试验中总结创新。"

引 言
Introduction

郑哲敏最令人难忘的是他的笑容,笑容中透着的那份孩童般的天真和机灵,很容易让人忘记他是当今中国力学界德高望重的泰斗。

他身材瘦小,行动灵活,思维敏捷,总是无邪地笑着,说话时常带着几分孩子气地手舞足蹈。可以说,他走过了一条典型的"学霸"之路:自幼聪颖好学,考入名校,师从名师,游学西方,归国报效,成就斐然。

在旁人看来,他是饮誉海内外的著名力学家、中国爆炸力学的开拓者和奠基人之一、国家最高科学技术奖得主,同时是中国科学院院士、中国工程院院士及美国国家工程科学院外籍院士。但在郑哲敏看来,"一切都是机缘和运气","我胸无大志,不够勤奋,所以没能做更多的事,只是一个普普通通的科研人员"。

而当我们更加深入地走近他、了解他,似乎又慢慢读懂了,老人阳光的笑容和奉行"一蓑烟雨任平生"的淡泊背后,其实是他面对命运时浪漫的天性,还有对家国始终放不下的情怀。

遵父命，不经商

在郑哲敏的人生中，父亲是第一个对他影响深刻的人。父亲郑章斐出生在浙江宁波的农村，自幼家贫，念书不多，但聪敏勤奋。16 岁到上海打拼，从学徒做起，最终成长为著名钟表店"亨得利"的合伙人，分号遍布全国多地，说得一口流利的英文。

1924 年，郑哲敏在山东济南出生，是家中次子。他幼年顽皮，心思不在读书上，喜欢搞恶作剧。一次，仅仅因为对父亲店铺里一个男伙计女性化的打扮不满，他就发动弟弟妹妹搞起了"小游行"。

在郑哲敏的印象中，父亲正直善良、崇尚文化，虽身为商人，但绝不唯利是图，也不娶姨太太，朋友大多都是医生或大学教授。父亲决心不在子女中培养一个商业接班人，而子女们在其影响下，也都一生刚正，一心向学。在郑哲敏 8 岁那年，父亲跟他讲："经商让人看不起，以后不要走做生意这条路，要好好读书。"这一句话，他铭记了终生。

成长在兵荒马乱的年代，加上少年时心脏不好，郑哲敏的求学经历多次被迫中断。但因为父亲对子女教育极为重视，不论在战乱中，还是生病时，其学业从未荒废。即便休学期间，父亲也会特意为郑哲敏请来家庭教师，为他补课；还时常带他到全国各地游历，让他开阔眼界；给他买《曾国藩家书》，教他做人做事的道理；带着他大声朗读英语，使他渐渐能使用原版英文书自学数学、物理等课程。郑哲敏说，这些点滴往事，影响了他一生，使他养成了喜欢自学、不喜求问于人的习惯。

1943 年，郑哲敏以优异的成绩同时被西南联合大学[①] 和国立中央大学录取，因为哥哥郑维敏已于前一年考入西南联大，郑哲敏毫不犹豫也选择跟随他从小敬佩的哥哥，前往西南联大工学院电机系学习。

---

① 抗战期间国立清华大学、国立北京大学和私立南开大学在昆明合办的大学。

进名校,遇名师

因家境富裕,当年郑哲敏是坐着飞机去昆明上大学的。不过,1943年至1946年在西南联大读书的3年里,课堂就设在茅草房里,学习和生活条件极为艰苦。他有机会见到了梅贻琦、沈从文、闻一多等名教授,他们生活简朴,教学一丝不苟,令他印象深刻。聆听名师们的报告,受到整个学校浓厚学术氛围的耳濡目染,郑哲敏渐渐树立了"学术上要有追求,做人要有追求"的思想。

同样使他记忆犹新的还有学校里浓厚的民主气氛。持不同政见的学生们时常辩论,而郑哲敏属于"中间派"。他也会思考国家前途,并逐渐意识到社会的许多问题恐怕根源于体制问题。但他生性淡泊名利,认为"政治太危险",还是学习要紧。他开始认真严肃地思考"人为什么活着"之类的哲学问题,特意到图书馆的哲学书丛中寻求答案,最后得出结论:"人终归是要死的。一个人活着的价值,还是要做一些事,为社会做点贡献。"他想,如果和哥哥学不同专业,也许可以一起为国家做更多贡献,于是申请从电机系转入机械系。

最初,郑哲敏的理想是当飞行员或工程师,因前者可在前线抗战,后者可在后方建设国家。但他最终却走向了"力学"这条理论研究的道路,缘于他遇到了第二位对他影响深远的人——著名物理学家钱伟长。

1946年,抗日战争胜利后,北大、清华、南开三校迁回原址,郑哲敏所在的工学院回到北京的清华园。同年,钱伟长从美国回国到清华大学任教,在他的课上,郑哲敏首次接触到弹性力学、流体力学等近代力学理论,钱伟长严密而生动的分析和讲解引起了郑哲敏的极大兴趣。钱伟长也非常赏识这个聪明的年轻人,常叫他到家里吃饭。郑哲敏毕业后留校为钱伟长先生当了一年助教,见到了回国探亲时到清华演讲并在钱伟长家小住的钱学森先生。

多年后,郑哲敏回忆说,钱伟长先生对他的重要影响在于,使自己从此确定了研究力学的道路,并重视数学和物理等基础学科。此外,在政治思想方面,钱伟长先生是当时有名的"进步教授",积极参与爱国学生运动,常跟学生讲对美国社会的认识,认为美国"虽有很多科学创造,但都不能为人民所用",这些同样影响着郑哲敏。

1948 年,经过清华大学、北京市、华北地区及全国等四级选拔,同时在清华大学校长梅贻琦、恩师钱伟长及清华机械工程学系主任李辑祥等人的推荐下,郑哲敏在众竞争者中脱颖而出,成为全国唯一的"国际扶轮社国际奖学金"获得者,前往美国加州理工学院留学。

国所需,吾所求

美国加州理工学院是世界久负盛名的理工学院之一,培养了众多诺贝尔奖得主,中国多位知名科学家曾在该校留学深造。在那里,郑哲敏用一年时间获得了硕士学位,随后跟随年长他 13 岁、当时已誉满全球的钱学森先生攻读博士学位。钱学森也因此成为郑哲敏人生路上第三位影响深远的导师。

在加州理工,郑哲敏有机会聆听许多世界知名学者的课程或报告。他尤其受钱学森所代表的近代应用力学学派影响深远:着眼于重大的实际问题,强调严格推理、表述清

1948 年 9 月,郑哲敏在美国加州理工学院的留影

晰、创新理论，进而开辟新的技术和工业。这也成为郑哲敏后来一生坚持的研究方向与治学风格。

郑哲敏出国留学的目的，是为了更好地报效国家，"从来没想过不回国"。然而，新中国成立后，美国留学生集体归国受阻，郑哲敏毕业后被迫继续留在加州理工学院当了2年助教。尽管多数美国人很友好，但他仍觉得一些微笑的面孔背后带着歧视，"似乎与你交往是对你的施舍"，自己在美国就像一叶浮萍，扎不下根来。

1955年，郑哲敏与钱学森师徒二人相继回国。归国前夕，钱学森特意找他谈心，告诉他回国后不一定能做高精尖的研究："一直在美国，也不知道国内科研水平如何，只能是国家需要什么，我们就做什么。"此后50余年，郑哲敏的科研人生，始终与恩师钱学森如影随形，也始终在践行老师的这句话："国家需要什么，我们就做什么。"

回国后，生活条件的确不如美国，但郑哲敏从未说过一个"苦"字。他更看重的是，街上的秩序不乱了，物价不再像旧社会那样一天一个价了，买东西不再用麻袋装钱了，商店的橱窗里居然还有了一些国产的电子和五金产品。他专门到书店里买了一部《宪法》，认认真真地研究这个呈现在他眼

郑哲敏（右）与老师钱学森在一起

前的新社会。

郑哲敏投奔恩师钱伟长，来到了中国科学院。当时，中科院没有力学所，力学研究室就设在数学所里，钱伟长专门在力学研究室设立了一个新方向——弹性力学组，由郑哲敏出任组长，重点研究水坝抗震，后来又领导大型水轮机的方案论证。钱学森先生回国后，带领创建中科院力学所，郑哲敏自然参与其中，成为该所首批科研人员。

郑哲敏（右）与中科院力学所另一位著名物理学家郭永怀讨论学术

1960年，中苏交恶，苏联专家从中国撤走，郑哲敏受航天部门委托研究爆炸成型问题。此时，钱学森预见到一门新学科正在诞生，遂将其命名为爆炸力学，并将开创这门学科的任务交给了郑哲敏。

郑哲敏及其所领导的小组也果然不负所托，成功研究出"爆炸成型模型律与成型机制"，并应用这一理论基础，成功研制出高精度的导弹零部件，为中国导弹上天做出重要贡献。同时，相关理论和技术还广泛应用于其他国防和民用领域。4年后，在大量实验和计算分析的基础上，郑哲敏独立地与外国同行同时提出了一种新的力学模型——流体弹塑性模型，为中国首

次地下核试验的当量预报做出重要贡献,并为爆炸力学学科的建立奠定了理论基础。

"文革"期间,郑哲敏被迫中断研究。他被隔离审查过,也到干校劳动过。但多年后,再次提及这段往事时,他只是淡然一笑说:"很多事我都已经忘了。"

1971年,郑哲敏从干校返回中科院力学所,继续致力于爆炸力学的研究。经过10年努力,他先后解决了穿甲和破甲相似律、破甲机理、穿甲简化理论和射流稳定性等一系列课题,得出了比当时国外同行更有效、更符合实际的相关模型和计算公式,有力地改变了中国常规武器落后的状况。此外,他还将爆炸力学和固体力学应用于工业实践,解决了瓦斯等生产爆炸中的力学分析、港口建设中的海淤软基处理等一批重大实际问题。

1984年2月,郑哲敏接替钱学森出任力学所第二任所长。尽管不再担任爆炸力学实验室主任,但他仍始终心系爆炸力学的发展,时常对一些具体工作进行理论指导。他开始将更多精力投入力学学科及相关学科的发展规划上,积极倡导和推动多个新兴力学分支学科或领域的建立和发展,促进了一系列科研创新和突破,为中国力学的发展做出许多重要贡献。

1980年,郑哲敏在杭州力学会上讲连续介质与断裂问题

事科研,需耐心

及至耄耋之年,郑哲敏依然每天到中科院力学所上班。他喜欢散步和听音乐,最喜欢巴赫与贝多芬,常把做家务当作一种锻炼。

尽管别人看他早已是功成名就,但他讲自己"胸无大志",从未一门心思想过要成就什么;还说自己"不够勤奋",所以没能做更多的事;而且"有些胆怯",让一些该抓住的机遇溜走了。

有人曾将郑哲敏与比他年长 5 岁、在加州理工结识且交情甚笃的学长冯元桢相比较,认为若论聪明才智,郑哲敏绝不在冯元桢之下,而当年选择留在美国的后者,如今是赫赫有名的"美国生物力学之父",获美国科学界最高荣誉"美国国家科学奖章"。

对此,郑哲敏说,人到晚年,他也曾和冯元桢在美国会面,谈起过二人不同的道路,彼此都羡慕对方——一个是功成名就,一个是尽忠报国,二者很难比较。

如今,郑哲敏最关切的问题是如何培养好晚辈。他表示,中国的力学发展,多年来虽有长足进步,但与国际先进水平相比仍有不小差距。他还特别提到,学术界如果风气浮躁,将成为制约科研发展的重要阻碍。

"当科学家不像看上去的那么美。科研有突破的那一刻很快乐,但更多的时候是枯燥的、艰苦的,是在一遍又一遍的错误中寻求突破,在反反复复的试验中总结创新。"他语重心长地说,"从事科研,需要耐心。现在,有一些人急于求成,沉不下心来坐冷板凳,这样做出的最多是中等成果,很难有出色的、有重大影响的杰出成果。还有一些人急于要实效,不重视基础理论研究,最终将会极大地制约整体科技的发展。"

后　记

这是一本故事集,收录了 32 个真实的故事。

"故事是人生的设备。"美国修辞学家、文艺评论家肯尼思·伯克（Kenneth Burk）如是说。一册绘本、一个童话、一则新闻、一次闲聊、一篇小说、一部电影……人们在故事里认知世界、理解生命。

那么,32 位院士的故事,告诉了我们什么呢?

他们有一些显而易见的共性:大多生于 20 世纪 20 至 30 年代,经历了中国近一个世纪的动荡与巨变;虽所事各有不同,但都在科技前沿求索,并取得卓越成就,书写属于自己的传奇。

乍看上去,他们似乎距离我们有点远。毕竟,其成长环境与当今中国迥然不同,一般以科研为职业者又是少数,成为院士者更是凤毛麟角。

然而,不论时代,不分职业,不问追求,人们对于一些问题多少怀着相同的好奇:同是数十载春秋,为什么有人硕果累累,而有人却一事无成?

我们很难企望用 32 个故事便完全解答,但它们的确带来一些极有益的启发。

"起跑线"

时下,许多父母为了不让孩子"输在起跑线上"而殚精竭虑。那么,我们不妨首先来检视一下 32 位院士的"起跑线"。

他们之中,有人出身于名门世家。实验核物理学家叶铭汉,是中国物理学界"一代宗师"叶企孙的侄子,23位"两弹一星"元勋中就有13位师承于叶企孙先生。也有人生于富足的小康之家。爆炸力学家郑哲敏,父亲是百年钟表店"亨得利"的合伙人,家境殷实,1943年考上西南联大时是坐着飞机去昆明报到的。

然而,出身贫寒者,亦大有人在。被誉为"万颅之魂"的神经外科专家王忠诚,父母靠摆地摊糊口,他从小到大争取各种免费求学机会,直至考入免学费的北平医学院。工程爆破专家冯叔瑜,自幼失怙家贫,多年未买过一册课本,学习全凭课上勤记笔记、课后借书看,他当时最大的梦想就是和母亲能吃饱饭。

可见,英雄不问出处,若人生是一场马拉松,"起跑线"的重要程度实则有限。反观之,就算在相同家庭长大,不同的孩子还是可能走向截然不同的未来。

航天技术专家王永志的故事颇为典型。他生于穷苦佃农之家,从小便悟出"读书能改变命运"。他请求上学,却被父亲斥为"瞎耽误工夫"。但他没有放弃,瞒着父亲到学校报名,第一年就捧回"一甲学生"奖状,争得父亲支持。这才有了后来一步步迈向中国载人航天工程"大总师"之路。

人生中有许多岔路口。即使处境相同,不同的思维方式也会带来不同的选择,通向不同的道路。所以,控制论与人工智能专家戴汝为说:"人生最重要的是要有智慧,而智慧源于独立思考。"

天分

是否有人天生就是更适合做某些事的"料"?

32个故事里,有人打小就是"别人家的孩子"。如数学家杨乐,是同学眼里的"数学天才",时有学长找他释疑解惑,初三便能解答高考数学题。

而有的人,没人指望他有大出息。如金属学家师昌绪,小学一年级时是全班少数背不下课文的学生,为人老实巴交,连母亲也唤他"傻子"。

还有些人,学生时代特立独行,成绩平平。如"杂交水稻之父"袁隆平,自幼以"齐天大圣"为楷模,奉行"三分好,不贪黑不起早",获大学同学送评语"爱好自由,特长散漫"。

可以说,32位院士在学生时代性情与表现各异。真正的共性,更多地是表现在各自明确"心之所向"以后。

有的人,早早找到人生方向。如杨乐,中学时就想"要把中国人的名字写在未来的数学书上",后来果真有了"杨-张不等式"。他最大的爱好是算数学题,在"天才"背后,是他中学时代做题上万道,"每天做一二十道题是常事"。

有的人,早早懂得勤能补拙。如师昌绪,自认"天资平庸",但未自暴自弃,反而加倍刻苦,得"书虫"之名,从小学三年级到大学一直名列前茅,留美也以全A成绩毕业。

而有的人,"开悟"姗姗来迟。如袁隆平,而立之年仍是偏远农校的穷教员,因饱尝饥荒之苦,决心研究能填饱肚子的水稻,从此日琢夜磨,无论遭遇何种挫折从未易志,终创"东方魔稻"。

"天才"杨乐曾说:"成功没有固定模式。总体来说,勤奋比天分重要得多。"

在32个故事里,几乎人人焚膏继晷,周末和节假日都不愿休息。数学家陈景润日均只睡4小时,他有句名言:"攀登科学高峰,就像登山运动员攀登珠穆朗玛峰,要克服无数艰难险阻,懦夫和懒汉不可能享受到胜利的喜悦和幸福。"

他们有的儿时也曾贪玩调皮,勤奋并非DNA里的异常天赋,也无须非凡意志力来悬梁刺股。某种程度,工作是他们现实版的"游戏",沉浸其中,愉悦不断,乐此不疲。就像"书虫"师昌绪说:"别人看我,可能觉得我活得挺没意思的,但是我觉得挺有乐趣。"

机遇

那么,如何找到自己的"心之所向"? 在 32 个故事里,这可能源自一本书、一堂课、一个人或一件事。此事,有时也需要一点机缘。

"中国卫星之父"孙家栋,若非贪恋学校食堂元宵节加餐的红烧肉,可能就与空军航校招人的机会擦身而过,人生从此改写。

"中国质量管理之父"刘源张,少时志向是工程师,考入燕京大学念的也是机械系,若非赴日游学且因战事滞留,也不会受日本战败思潮影响而转投经济学。

可见,人生充满偶然,未来并存多种可能,最后实现的是其中一个。

孙家栋是幸运的。他因一碗红烧肉,进入梦寐以求的航空领域。但若非他足够努力优秀,不可能又通过层层选拔,获得留苏机会。后来,他带着金质奖章回国,成为"中国航天之父"钱学森先生"十分欣赏的一位年轻人",造导弹、发卫星、探月球。可以说,他幸运地抓了一手"好牌",打得更是精彩,令人叹服。

刘源张是不幸的。他想报师恩,顺便赴东瀛长见识,哪知竟被当作中国特务抓进日本监狱。好不容易回国,又被当作外国特务关进秦城监狱长达九年。但即便流落他乡,他仍考入日本排名第二的京都帝国大学,后获导师推荐赴美留学。即使身陷囹圄,他仍带着镣铐做研究,琢磨出"全面质量管理"新概念。改革开放后,中国大力发展经济,他如鱼得水,成果卓著,声誉日隆。对此,九年狱中努力亦功不可没,他称其为"一生中最长的一次反省"。

在这本书里,类似故事不胜枚举。个人在时代洪流中穿行,如汪洋大海中一叶扁舟,遇见什么气候和风浪,难以预料。但无论好运厄运,最重要的是，"舵手"选择如何面对。美国政治家布赖恩（William Jennings Bryan）说："天命不是机遇，而是选择。命运不靠等待，而靠努力。"

创新

一个人，若有机缘，找到方向，也足够勤奋，是否必成就非凡？答案是"不一定"。如果没有不断创新与突破，再勤奋也不过是在原地打转，就像拉磨的驴。

很难找到比院士们当年更差的创新条件了。经济一穷二白，政治动荡不断，有的人甚至搞科研时吃着野菜团子，住着"干打垒"土坯房，驻扎在荒郊野岭的山沟里，或是杳无人烟的戈壁雪原，但还是做出了跻身世界先进行列的惊世成果。

气体动力学家俞鸿儒曾花费8万元，做出了令导师郭永怀以为需花费数百万元的激波风洞。他深有感触地说："科学研究最关键的是人，是创新，而不是钱。有创新，再穷也能用自己的办法做出世界上独一无二的工作。没有创新，花再多钱，仿制国外再多的先进技术，也是赝品，做不出真正有价值的科学成果。"

创新，是这本书里被院士们提及次数最多的关键词。

建筑学家吴良镛讲过一个抗战年代在云南逃难的故事。他发现，被大部队走过的山路往往泥泞不堪，难以下脚，唯有赶在多数人前面或是另辟蹊径，才能走上干爽易行的道路。由此，他素来提倡，凡事要先行一步，探索自己的道路。

创新，意味着敢为天下先。如物理学家谢家麟顶着压力出任北京正负电子对撞机总设计师，被外界喻为站在月台上想要跳上飞驰而来的特快列车——如果跳上了，则飞驰向前；如果没抓住，可能粉身碎骨。

创新，也意味着精益求精，永不止步。如水利水电工程施工专家谭靖夷对工程质量的要求是"吹毛求疵,以实现无疵可求"。

创新,还意味着既要开放思维,也要脚踏实地。雷达工程专家王小谟曾用一页纸拉来5000万元国际订单,签约时别说样品,连设计方案也无。但他并非胆大妄为,而是成竹在胸,"搭积木而已,一点问题没有"。

想要创新,为前人所不能之事,失败在所难免。这本书里的主人公们无不深谙此道。"中国炼油催化剂之父"闵恩泽说:"科研就像'西游记',前往西天取经,哪怕历经九九八十一难也毫不动摇决心,方能取得真经。"

赤子

这些令人敬仰的先生们给我的印象究竟是什么?想了许久,应是"赤子"。

他们如此爱国,为祖国强盛而夙夜匪懈。留学苏联的一个个捧回金质奖章,留学美国的冲破重重阻挠也要归国报效。亲历过国破家亡的切肤之痛,他们深信"中国必须强盛起来,国家强大才有幸福的国民"。

他们那样纯粹,一心追求学问,"爱科研就如同爱热恋中的情人",认为"克服困难的过程就是一件快乐的事,甚至超过事后获得任何荣誉的快乐"。他们挨过苦日子,一生节俭,不在乎物质享受,"把事业看得很重,把名利看得很轻"。

因为爱国,他们志存高远,不为解决个人温饱而积累财富,而为富民强国而攻坚克难。心大,成就也大,收获满满的自我实现的幸福。金怡濂院士回忆起科研成功的时刻曾说:"那种喜悦,难以言表,一般人很难体会得到。"

因为纯粹,他们不贪不惧,无欲则刚,甘冒身败名裂的风险,也要做有价值的事,而非明哲保身。如谢家麟院士所言:"我们这一代人,最大的愿望就是做一个对国家、对人民有用的人,从来没有考虑过自己要取得什么成就,成为什么人物,获得多少报酬。"

由于不计个人得失，不论身处何境，他们始终全力以赴、自得其乐，较少怨天尤人。动力机械工程专家倪维斗两度留苏，却长期无法学以致用。在下放"劳动改造"时，他用力学原理研究挑担，从一只担只能挑 4 块砖增至 16 块；他用自制的标尺把秧插得笔直整齐，心生欢喜，做好了一辈子留在农村的准备。

由于心有所系，对他们来说，连年龄也不那么重要了。有人四五十岁大器晚成，有人 60 岁迎来学术高峰，有人 80 岁拿出一流成果，有人 90 岁还站在手术台上。小儿外科"魔术师"张金哲已近期颐之年仍在工作。他说："今天能干的，明天也照样能干。总这么去考虑、去执行，就无所谓老了。"

最后的话

感谢您读到了这里。

这些故事的大部分内容是我从当事人那里面对面地听来的。惭愧的是，受个人阅历、眼界、能力等所限，成稿有诸多遗憾与不足。但无论如何，我想我尽力了。

您大概也发现，这些故事里，优点说得多，缺点谈得少。这些院士当真是为人做事之楷模，而师其所长也正是我们的初衷。若硬要"挑骨头"，他们一生淡泊名利，有时可能对市场、财富的理解有所偏颇；他们常年忙于工作，少有时间陪伴家人，此事古难全。

无论如何，倘若在这些故事中，某些篇章、某个段落乃至某一句话，能令您心有所想，或有一星半点现实的益处，我也将为之欢欣。

致　谢

在我的职业生涯中，拜访求教于数十位两院院士，是莫大的幸运。这份幸运能够成就本书，离不开领导的提携、师友的教诲，以及同事和各界朋友的支持与帮助。

没有安徽人民出版社各位同人的创意策划和高效工作，就没有这本书的出现。责任编辑陈娟爱书懂书琢磨书，对这本书充满热爱，在"只争朝夕"的今时今日悉心打磨，逐篇推敲，力求精品。她使整个出版过程顺畅而愉快，也使我不只收获一部作品，还收获一份友谊。

这本书与《人民画报》密不可分。徐步总编辑、王继雨副社长拍板创设"走近院士"栏目，一系列院士故事滥觞于此。于涛社长、李霞副总编辑对这个小栏目关爱有加，常予嘉奖，给我莫大的鼓励与支持。2008 年，时任画报中文版执行主编罗先勇放手让我这只刚入职两年的"菜鸟记者"担当重任，采访两位国家最高科学技术奖得主王忠诚院士和徐光宪院士，此后我人物报道越写越多，其中最多的便是院士，冥冥中缘分似有天定。心中常常感怀各位领导的知遇之恩。

文章都署我的名字，但报道绝不是我一个人的功劳。同事王洋在栏目创设的第一年帮我联络中国科学院，每每月初，看他抱着电话言辞恳切地请对方推荐人选，真是说不出的感动。没有他的努力，幼小的栏目或会夭折,后面的一切都不会发生。中国工程院吴晓东处长对这个项目充满热忱,他和他的同事们在两年内为我推荐了几十位院士,每当采访联络受挫向他求助,从未听过他有推托的只言片语。王蕾、王麒、陈玉洁、梁凤芳、陈飚、黄丽巍……我这些可敬又可爱的同事们,每人都读过我的文稿,提出中肯的意见,给予宝贵的建议,如果您喜欢这些故事,他们居功至伟。画报那些优秀的摄影记者,徐讯、刘嵘、段崴、陈建、万全、董芳,总是充满热情和活力,用善于发现的镜头把院士们内心丰富的世界凝结成照片中决定性的瞬间。他们精彩的照片,是这本书不可或缺的部分。中国专题图库的同事闻礼华耐心细致地整理了书中的大量图片。能够与他们共事,向他们学习,是特别愉快和荣幸的经历。

同事中,我要特别感谢画报网络部主任、中国专题图库总编辑吴亮,他一直对院士系列报道青眼有加,热情地向出版社推荐,最终促成了本书的出版。

有很多朋友,在这里没法一一具名。他们是院士的家人、同事、朋友,悉心地帮助安排采访,细致地整理资料,不厌其烦地回答我天马行空地问东问西,给予最大的耐心和努力,这本书里同样凝结着他们的付出。

还有我在清华大学新闻传播学院的师长们,给予我新闻传播的启蒙,教给我治学的方法。我的研究生导师金兼斌为学严谨,为人谦和,教给我许多做人的道理,是我人生的楷模。

而我的家人和朋友,一直鼓励我听从兴趣的指引,放手去做热爱的事,在我受挫低落时鼓舞我,在我盲目乐观时警醒我,给我许多很棒的意见和建议,他们是我最坚实的后盾,也是我思想和灵感的源泉。

当然，最要感谢的，还是那些拨冗接受我采访的院士们。他们有问必答，知无不言，自有坦诚率真的赤子之心；他们年事已高，多至耄耋，但仍在科学的高峰上不懈攀登；他们成就斐然，权威在手，但始终认为自己只是普通的科技工作者，做的是分内的工作；他们一生波折，屡遭不公，但矢志不改"用毕生投身于祖国伟大建设"的志向；他们粗茶淡饭，安之若素，但研究成果为国家创造的财富却数不胜数。他们的故事和经历、勤勉和成就、旷达和谦虚、精神和气度，是我一生取之不尽的精神财富。现在，我把这些财富与您分享。

最后，谢谢您，每一位读者。如果说书是交流的媒介，那么出版只是完成了交流的一半，而您的阅读将完成至关重要的另一半。

李舒亚

二〇一七年十月